AVENTURES

DE

ROBINSON CRUSOÉ

Propriété des Éditeurs.

DANIEL DE FOÉ

AVENTURES
DE
ROBINSON CRUSOÉ

TRADUCTION REVUE

PAR E. DU CHATENET

LIMOGES
EUGÈNE ARDANT ET Cⁱᵉ, ÉDITEURS.

AVIS DES ÉDITEURS.

Robinson Crusoé a été écrit en anglais, et pour la première fois publié vers 1719.

Voici quelles principales circonstances décidèrent son auteur, Daniel de Foé, à la composition de ce volume, si opposé, semble-t-il, aux goûts et au genre littéraires qu'il avait manifestés jusqu'alors.

Né en 1663, fils d'un simple artisan, il devait, selon la volonté de sa famille, embrasser une profession dans l'industrie. Il obéit, mais peu de temps, s'occupant beaucoup moins de travaux manuels que de poésie ; il fit bientôt de celle-ci son étude et sa vie.

L'Angleterre se trouvait alors à la veille d'une révolution. Refusant de croire à la trahison de ses ministres, surtout aux menées ténébreuses de son gendre Guillaume d'Orange, stathouder de Hollande, le malheureux Jacques II laissait le protestantisme pousser cet ambitieux à usurper sa couronne. Daniel de Foé prit part à ce complot contre un monarque qui n'avait d'autre tort que d'être franchement catholique et de trop compter sur la loyauté des ennemis que sa bonté ménageait.

Il publia donc des satires qui le firent condamner à deux ans de prison et au pilori. L'*Hymne au pilori*, qu'il composa alors, montra que le châtiment n'avait point désarmé ses passions.

Mais la raison vint. En lisant *Robinson* et les réflexions de ce naufragé sur la solitude, l'exil, les misères où tombe le jeune homme qui n'écoute que son expérience et ses penchants, etc., on voit que l'auteur n'exprime que ce qu'il a senti ; cette histoire est la sienne ; en un mot, il se peint lui-même.

Cette captivité donc et les années modifièrent radicalement Daniel de Foé. Il écrit encore quelques articles ou brochures politiques, il remplit certaines missions secrètes que lui confie Anne, épouse de Georges de Danemark, autre apostate, perfidement armée contre Jacques, dont elle était la fille cadette ; mais son ardeur polémique s'éteint Il veut le repos ; pour le trouver, il se réfugie dans la littérature récréative et inoffensive.

Et c'a été là son titre de gloire. Outre que ses pamphlets en prose ou en vers étaient, en effet, fort remarquables, ils n'ont point survécu aux circonstances qui les avaient produits.

Oui, ce qui a sauvé de l'oubli Daniel de Foé, c'est son *Robinson Crusoé.*

Cet ouvrage, traduit dans toutes les langues, est trop connu pour que nous ayons à expliquer pourquoi nous le rééditons.

Toutefois, nous devons dire de quelle manière nous l'avons modifié, ainsi que l'ont fait diversement, du reste, les librairies catholiques.

D'abord, pas plus qu'à elles il ne nous a paru nécessaire de reproduire quelques passages hérétiques, bien qu'ils soient clairsemés et qu'en réalité ils n'offrent aucun danger, même pour l'enfant de nos catéchismes. Un blasphème, n'importe la plume qui l'écrit et la place qu'il occupe, n'en est pas moins un blasphème. Est-il jamais permis d'en prolonger le scandale ?

Et puis aussi, nous avons seulement analysé quelques pages ou chapitres. Mais quel critique nous en blâmera ? n'y a-t-il pas vraiment dans les quatre volumes de Daniel de Foé une quantité considérable de redites, de longueurs, de remplissages ? En particulier quel intérêt pourrait offrir la seconde partie ? de nos jours ne connaît-on pas d'une manière autrement positive les peuples ou peuplades dont il est question ?

Ainsi épuré et réduit, notre *Robinson Crusoé* atteint, croyons-nous, le premier but que son auteur se proposait : *instruire, mais surtout distraire.*

AVENTURES

DE

ROBINSON CRUSOÉ.

Je suis né en l'année mil six cent trente-deux, dans la ville d'Yorck, d'une bonne famille. Mon père, natif de Blême, fit son premier établissement à Hull, où il acquit beaucoup de biens dans le commerce; l'ayant ensuite abandonné, il alla demeurer à Yorck, où il épousa ma mère, dont les parents s'appelaient Robinson. Cette famille est une des meilleures du pays, et c'est d'elle que je tiens les noms de Robinson Kreutznaer, mais par une corruption de mots assez ordinaire en Angleterre, on nous appelle aujourd'hui, nous nous appelons et nous signons Crusoé : mes compagnons ne m'ont jamais donné d'autre nom.

J'avais deux frères plus âgés que moi, dont l'un, lieutenant-colonel d'un régiment d'infanterie anglaise, commandé autrefois par le fameux colonel Lockart, fut tué à la bataille de Cunkirk contre les Espagnols. Pour e second, je n'ai jamais su ce qu'il était devenu ; et je ne suis pas mieux instruit de sa destinée que mon père et ma mère ne l'ont été de la mienne.

Comme j'étais le troisième garçon de la famille, et que je n'avais appris aucun métier, je commençai bientôt à rouler force projets en tête. Mon père, qui était fort âgé, m'avait donné la meilleure éducation qu'il eût pu, soit en me dictant des leçons de sa propre bouche, soit en m'envoyant aux écoles publiques. Il me destinait à l'étude des lois, mais le désir d'aller sur mer me dominait uniquement. Cette inclination me raidissait si fort contre la volonté et les ordres de mon père, et me rendait tellement sourd aux remontrances et aux sollicitations pressantes de ma mère et de tous mes proches, qu'on eût pu conjecturer dès-lors qu'une espèce de fatalité m'entraînait irrésistiblement vers un état de souffrance et de misère. Mon père, sage et grave personnage, me donnait d'excellents avis pour me faire renoncer à un dessein dont il me voyait entiché. Un matin il me fit venir dans sa chambre, où il était confiné par la goutte, et il me parla fortement sur mes projets. Il me demanda quelle raison j'avais ou plutôt quelle était ma folie, de vouloir quitter ma maison paternelle et ma patrie, où je pouvais avoir de l'appui, et où j'avais l'espérance d'arriver à la fortune par mon application et par mon industrie, en menant une vie agréable et commode. Il me dit qu'il n'y avait que deux sortes de gens : les uns dénués de tout bien et sans ressources ; les autres, d'un rang supérieur et distingué, auquel il appartient de former de grandes entreprises et d'aller par le monde chercher des aventures, afin de se rendre fameux par une route peu frayée ; que des rois avaient souvent gémi sur les misérables suites d'une haute puissance ; qu'ils auraient souhaité de se voir placés au milieu des deux extrémités, entre les grands et les petits ; que le sage s'était déclaré en faveur de cet état, et qu'il y avait fixé le point de la vraie félicité, en priant le ciel de le préserver de la pauvreté, et de ne point lui envoyer de richesses.

« Remarque, mon enfant, continuait mon père, remarque une chose que tu trouveras toujours dans la suite : une fortune médiocre est le siège de toutes les vertus et de tous les plaisirs : la paix et l'abondance en sont les compagnes ; la tempérance, la modération, la tranquillité, la santé, la société ; en un mot, tous les divertissements honnêtes et désirables sont attachés à ce genre de vie. »

Ensuite il m'exhorta, dans les termes les plus pressants et les plus tendres, à ne point faire une étourderie de jeunesse, à ne point me précipiter au milieu des maux dont la nature et ma naissance m'avaient garanti ; il me fit observer que je n'étais pas dans la nécessité d'aller chercher mon pain, qu'il ferait tout pour moi, et n'oublierait rien pour me mettre en possession de cet état de vie qu'il venait de me recommander ; que si je n'étais pas content et heureux dans le monde, ce serait sans doute par ma propre faute ou par ma destinée : qu'après avoir fait son devoir en m'avertissant du préjudice que me causeraient de fausses démarches, il n'était plus responsable de rien : en un mot, que comme il travaillait à mon bonheur, si je voulais demeurer à la maison et m'établir de la manière qu'il désirait, il ne voulait pas contribuer à ma perte, en favorisant mon départ. Il ajouta qu'il ne cesserait jamais de prier pour moi ; mais qu'en même temps il osait m'annoncer que, si je faisais ce faux pas, Dieu ne me bénirait point, et qu'à l'avenir il me laisserait tout le loisir de réfléchir sur le mépris que j'aurais fait de ses conseils, sans avoir personne pour m'assister.

Je remarquai, sur la fin de ce discours, véritablement prophétique, quoique sans doute il ne le crût point tel, je remarquai, dis-je, que les larmes coulaient abondamment de ses yeux : et lorsqu'il dit que j'aurais le loisir de me repentir, sans avoir personne pour m'assister, il fut si ému qu'il s'interrompit, et m'avoua qu'il n'avait pas la force d'aller plus loin.

Je fus sincèrement touché d'un discours si tendre Pouvais-je y être insensible ? Je résolus donc de ne plus penser à mes voyages, et de me conformer aux intentions de ma famille. Mais, hélas! cette bonne disposition passa comme un éclair ; et, pour prévenir désormais les importunités de mon père, je formai le projet de m'éloigner sans prendre congé de lui ; néanmoins je n'en vins pas sitôt à l'exécution, et je modérai un peu l'excès de mes premiers mouvements. Un jour que ma mère paraissait plus gaie qu'à l'ordinaire, je la pris à part : je lui dis que ma passion de voir le monde était insurmontable, qu'elle me rendait incapable d'entreprendre quoi que ce fût avec assez de résolution pour y réussir, et que mon père ferait mieux de me donner son consentement que de m'exposer à partir malgré lui. Je la priai de faire réflexion que j'avais déjà dix-huit ans, et qu'il était trop tard pour entrer chez un marchand ou chez un procureur ; que si je l'entreprenais, j'étais sûr de ne jamais finir mon temps, de m'enfuir avant le terme, et de m'embarquer ; mais que si elle voulait bien parler pour moi, et m'obtenir de mon père la permission pour que je fisse un voyage sur mer, je lui promettais, en cas que je revinsse et que je ne m'accommodasse pas de cette vie errante, d'y renoncer, et de réparer la perte du temps par un redoublement de diligence.

Ma mère se mit fort en colère, et me dit que ce serait peine perdue de solliciter mon père, que si je voulais aller me perdre, elle n'y voyait point de remède, mais qu'assurément elle n'y donnerait jamais son approbation ; qu'elle ne voulait point contribuer à ma ruine, et qu'il ne serait jamais dit que ma mère se fût prêtée à une chose que mon père aurait rejetée.

Quoiqu'elle m'eût ainsi refusé, néanmoins j'appris dans la suite qu'elle avait rapporté le tout à mon père, et que, pénétré de douleur, il avait dit en soupirant Cet enfant pourrait être heureux s'il voulait demeurer à la maison, mais il sera le plus misérable des créatures s'il va dans les pays étrangers : je ne puis y consentir.

Ce ne fut qu'un an après que je m'échappai. Cependant je m'obstinai à fermer l'oreille à toutes les propositions qu'on me faisait d'embrasser une profession. Je me plaignais souvent à mon père et à ma mère de leur persévérance à me contrarier dans un dessein vers lequel je me sentais porté comme par inspiration.

Un jour me trouvant à Hull où j'étais allé par hasard, et sans aucun projet formé de m'évader, je rencontrai un de mes camarades qui était près de se rendre par mer à Londres, sur le vaisseau de son père. Il me proposa de partir avec lui, et pour m'y déterminer, ayant recours à l'argument ordinaire des marins, il me dit qu'il ne m'en coûterait rien pour mon passage. Là-dessus je ne consulte plus ni père ni mère ; je ne me mets pas en peine de leur faire avoir de mes nouvelles ; abandonnant la chose au hasard, sans demander la bénédiction de mon père ni implorer l'assistance du ciel, sans faire attention ni aux circonstances ni aux suites, je me rends à bord du vaisseau chargé pour Londres ; ce jour, le plus fatal de toute ma vie, fut le 1er septembre de l'an 1651. Je ne pense pas qu'il y ait jamais eu un jeune aventurier dont les infortunes aient commencé plus tôt et duré plus longtemps que les miennes.

A peine le vaisseau était-il sorti de l'Humber, que le vent commençant à souffler, la mer s'enfla d'une manière effrayante. Comme j'y allais pour la première fois, le malaise et la terreur, s'emparant à la fois de mon corps et de mon âme, me plongèrent dans une angoisse que je ne puis exprimer. Je commençai dès-lors à réfléchir profondément sur ce que j'avais fait, et sur la justice divine qui châtiait en moi un enfant vagabond et désobéissant. Tous les bons conseils de mes parents, les larmes de mon père, les prières de ma mère, se présentèrent vivement à mon esprit ; et ma conscience, qui n'était pas encore endurcie comme elle l'a été depuis, me reprochait d'avoir méprisé des leçons si salutaires, et d'avoir manqué à mes devoirs envers mon père et envers Dieu.

Pendant ce temps la tempête se renforçait, la mer s'agitait davantage ; quoique ce ne fût rien en comparaison de ce que j'ai souvent vu depuis, et notamment de ce que je vis peu de jours après, c'en était assez pour ébranler un jeune marin tel que moi, étranger jusqu'alors à ce terrible élément. A chaque minute je m'attendais à être englouti dans les flots ; et chaque fois que le vaisseau s'abaissait, je croyais qu'il allait toucher au fond de la mer pour n'en plus revenir. Dans cette cruelle agitation, je fis plusieurs fois le vœu que, si Dieu me sauvait de ce voyage et me permettait de reprendre terre, je ne remettrais de mes jours le pied sur un vaisseau ; je m'en irais tout droit chez mon père, je m'abandonnerais à ses conseils, et ne m'exposerais plus à de semblables dangers. Ainsi, me proposant la pénitence de l'enfant prodigue, je résolus enfin de retourner à la maison de mon père.

Le jour suivant, le vent s'étant abattu, la mer apaisée, je commençai à m'y accoutumer. Je ne laissai pas d'être sérieux toute la journée, me sentant encore indisposé du mal de mer ; mais à l'approche de la nuit le temps s'éclaircit, le vent cessa tout-à-fait : une charmante soirée s'ensuivit ; le soleil se coucha sans nuages, et le lendemain il se leva de même.

J'avais bien dormi pendant la nuit, et loin d'être encore incommodé, j'étais plein de gaîté, regardant avec admiration cet océan qui, le jour d'auparavant, avait été si courroucé et si terrible, et qui se montrait alors si calme et si agréable. De crainte que je ne persistasse dans les bonnes résolutions que j'avais prises, mon camarade, qui véritablement m'avait entraîné à fuir la maison paternelle, s'en vint à moi en me donnant un coup sur l'épaule : « Eh bien ! dit-il, je gage que vous aviez peur la nuit précédente, n'est-il pas vrai ? ce n'était cependant qu'une bouffée. Comment, dis-je, vous n'appelez cela qu'une bouffée ? c'était une terrible tempête ! Une tempête ! répliqua-t-il ; vous appelez cela une tempête ! ce n'était rien du tout ; nous nous moquons du vent quand

nous avons un bon vaisseau et lorsque nous sommes au large. Vous n'êtes encore qu'un novice : voyez quel beau temps il fait aujourd'hui. »
Enfin, pour abréger ce triste endroit de mon histoire, nous suivîmes le vieux train des gens de mer : j'oubliai entièrement et les promesses et les vœux que j'avais formés dans la détresse. J'avais, il est vrai, quelques intervalles de réflexions ; et les bons sentiments revenaient quelquefois, comme il arrive dans ces sortes d'occasions ; mais je les repoussais, et je cherchais à m'en guérir comme d'une maladie. En m'efforçant de boire beaucoup et d'être toujours en compagnie, j'eus bientôt prévenu le retour de mes accès, car c'est ainsi que je les appelais ; de telle sorte qu'en cinq ou six jours je remportai sur ma conscience une victoire aussi complète que le pourrait souhaiter un jeune homme qui cherche à étouffer ses remords.

Le sixième jour de notre navigation, nous entrâmes dans la rade d'Yarmouth. Comme le vent avait été contraire et la mer calme, nous n'avions fait que très peu de chemin depuis la tempête ; nous fûmes obligés de mouiller en cet endroit, et nous y demeurâmes, le vent continuant d'être contraire et de souffler sur ouest sept ou huit jours de suite, pendant lesquels plusieurs vaisseaux de Newcastle entrèrent dans la même rade, le rendez-vous commun de ceux qui attendent un bon vent pour gagner la Tamise.

Nous n'aurions pas néanmoins laissé écouler tant de temps sans atteindre l'embouchure de cette rivière à la faveur de la marée, si le vent n'eût été trop fort, et si, au quatrième et au cinquième jour, il n'était devenu très violent. La rade passait pour être aussi sûre qu'un port, notre ancrage était bon, et le fond où nous mouillions très ferme ; nos gens ne se mettaient en peine de rien, et ils avaient si peu le sentiment de quelque danger, qu'ils passaient le temps dans le repos et dans la joie, comme on fait sur mer. Mais le huitième jour, au matin, le vent augmenta ; tout l'équipage fut commandé pour abattre les mâts de perroquet, et pour tenir toutes choses serrées et en bon ordre, afin de donner au vaisseau tout l'allégement possible. Vers midi, la mer s'enfla prodigieusement ; notre gaillard d'avant plongeait à tout moment, et les flots inondèrent le bâtiment plus d'une fois. Le maître d'équipage fit jeter la maîtresse ancre, et bientôt nous chassâmes sur deux ancres après avoir filé nos câbles jusqu'au bout.

Cette fois la tempête était horrible, et je voyais déjà l'étonnement et la terreur sur le visage des matelots eux-mêmes. Quoique le maître fût un homme infatigable dans son emploi, qui est de veiller à la conservation du vaisseau, je l'entendais souvent, lorsqu'il passait près de moi, à l'entrée et au sortir de sa cabine, proférer tout bas ces paroles : Grand Dieu, ayez pitié de nous ; nous sommes tous perdus ! c'est fait de nous! Dans cette première confusion, j'étais étendu, immobile, près le gouvernail, et je ne saurais bien dire quelle était la situation de mon esprit. Les horreurs de la mort que j'avais crues tout-à-fait passées, n'imaginant pas que ce second orage approcherait du premier, se réveillèrent quand j'entendis dire au maître que nous étions tous perdus! Je sortis de mon réduit pour voir ce qui se passait dehors. Jamais un spectacle aussi affreux n'avait frappé ma vue : les flots s'élevaient comme des montagnes, et venaient fondre sur nous à chaque instant; de quelque côté que je tournasse les yeux, ce n'était que consternation. Deux vaisseaux pesamment chargés passèrent près de nous ; ils avaient leurs mâts coupés rez-pieds, et nos gens s'écrièrent qu'un vaisseau qui était à un mille devant nous venait de couler à fond. Deux autres bâtiments, détachés de leurs ancres, avaient été jetés hors de la rade et en pleine mer, voguant sans mâts, à l'aventure. Les bâtiments légers se trouvaient moins en butte à la tourmente, étant moins accablés de leur propre poids ; et il en passa deux ou trois près de nous qui couraient vent arrière avec la seule voile de beaupré.

Vers le soir, le bosseman demanda au maître la permission de couper le mât de devant; sur cette proposition, ce dernier témoigna beaucoup de répugnance. Le bosseman lui ayant représenté que si on ne le faisait pas le vaisseau périrait infailliblement, il y consentit; mais quand le mât de devant fut coupé, celui du milieu remuait si fort et donnait de telles secousses, qu'il fallut le couper pareillement et rendre le pont ras d'un bout à l'autre.

Je laisse à penser en quel état j'étais dans cette conjoncture, moi qui n'avais point encore navigué, et que peu de chose avait déjà épouvanté. Mais nous ne devions pas être quittes à si bon marché, la tempête continua avec tant de furie, que les matelots eux-mêmes confessèrent n'en avoir jamais vu une plus violente. Notre vaisseau était bon, mais extrêmement chargé, et si fort enfoncé dans l'eau, que les matelots s'écriaient de temps en temps qu'il allait *couler bas*. La tempête était terrible, je voyais le maître, le contre-maître, et quelques autres des plus raisonnables faire leur prière, s'attendant à tout moment que le vaisseau irait à fond. Pour surcroît de malheur, vers le milieu de la nuit, un homme, qu'on avait envoyé pour visiter la cale, s'écria qu'il y avait une ouverture, et un autre dit que nous faisions quatre pieds d'eau. Alors on appela tout le monde à la pompe. Ce mot seul me jeta dans une telle consternation, que j'en tombai à la renverse. Mais les gens du vaisseau vinrent me tirer de ma léthargie, et me dire que, si je n'avais été bon à rien jusqu'ici, j'étais à cette heure aussi capable de pomper qu'aucun autre ; je me levai et m'en allai à la pompe, où je travaillai vigoureusement. Cependant le maître, voyant quelques bâtiments légers de charbonniers qui, ne pouvant tenir contre la tempête, étaient obligés de gagner le large, et voulaient venir vers nous, fit tirer un coup de canon pour signal de l'extrême danger où nous étions. Moi, qui ne savais ce que cela signifiait, je fus si étonné, que je crus le vaisseau brisé, ou qu'il était arrivé quelqu'autre accident terrible ; en un mot, je m'évanouis. Comme nous étions dans un moment où chacun pensait à sa propre vie, on ne prit pas garde à moi, ni à l'état où je me trouvais ; seulement, un autre prit ma place à la pompe, et me poussant avec son pied, me laissa étendu, dans la pensée que j'étais mort ; je ne revins à moi que longtemps après.

On continuait de pomper : mais l'eau gagnant à fond de cale, il y avait toute apparence que le vaisseau coulerait bas. Quoique la tempête commençât tant soit peu à diminuer, il n'était pourtant pas possible qu'il voguât jusqu'à pouvoir entrer dans un port ; de sorte que le maître persistait à faire tirer le canon pour demander du secours. Un petit bâtiment qui venait justement de passer devant nous, hasarda un bateau pour nous secourir ; ce ne fut qu'avec beaucoup de risque que ce bateau approcha, et il ne paraissait guère possible qu'il nous abordât, ni que nous y entrassions, quand enfin les rameurs faisant les derniers efforts et exposant leur vie pour sauver la nôtre, nous pûmes leur jeter de l'arrière une corde avec une bouée, à laquelle nous donnâmes une grande longueur ; bravant et la peine et le danger, ils s'en saisirent : après les avoir tirés jusque sous la pompe nous descendîmes dans leur bateau. En vain nous aurions prétendu les uns et les autres aborder leur vaisseau, tous convinrent qu'il fallait nous laisser flotter, mais tourner la pointe tant que nous pourrions vers la terre, et notre maître promit que, si le bateau était endommagé en touchant le sable, il en tiendrait compte au propriétaire. Ainsi, partie en ramant, partie en suivant le gré du vent, nous déclinâmes au nord jusqu'à Winterton-Ness.

Il n'y avait guère plus d'un quart d'heure que nous avions quitté notre vaisseau lorsque nous le vîmes couler bas. J'avoue franchement que j'avais la vue un peu troublée, et qu'à peine pouvais-je discerner les objets, quand les matelots me dirent que le bâtiment coulait ; car, dès le moment que je m'étais mis, ou plutôt qu'ils m'avaient mis dans le bateau, j'étais comme un homme pétrifié, tant par la peur qui m'avait saisi, que par les réflexions qui me faisaient sentir d'avance toute l'horreur de l'avenir.

Pendant ce temps, nos gens faisaient force de rames pour approcher de terre aussi près qu'il serait possible. Lorsque le bateau était au-dessus des vagues, on découvrit au loin un grand nombre de personnes qui accouraient le long du rivage pour nous assister dès que nous serions proche. Mais nous n'avancions guère vers la terre, et même nous ne pouvions aborder, jusqu'à ce que nous eussions passé le fanal de Winterton ; car au-delà, la côte s'enfonçant à l'ouest du côté de Cromer, brisait un peu la violence du vent. Ce fut en cet endroit, et non sans de grandes difficultés, que nous descendîmes tous heureusement à terre. De là nous allâmes à pied à Yarmouth, où nous fûmes traités d'une manière capable de soulager des infortunés, c'est-à-dire avec beaucoup d'humanité, soit par le magistrat, qui nous assigna de bons logements, soit par des marchands et des armateurs, qui nous donnèrent assez d'argent pour aller à Londres, ou pour retourner à Hull, si nous le jugions à propos.

C'est alors que je devais avoir le bon sens de prendre le chemin de Hull pour m'en retourner à la maison.

C'était la route qu'il m'aurait fallu tenir pour devenir heureux.

Mais quoique souvent la raison et le jugement me criassent qu'il fallait retourner à la maison paternelle, je ne pouvais pourtant m'y résoudre.

Mon camarade, qui avait contribué à fortifier mon obstination, et qui était le fils du maître, se trouvait maintenant bien plus découragé que moi. La première fois qu'il me parla à Yarmouth, ce qui n'arriva que le second ou le troisième jour, parce que nous étions logés en différents quartiers de la ville, je m'aperçus qu'il avait changé de ton : il me demanda d'un air fort mélancolique, et en secouant la tête, comment je me portais, et dit à son père qui j'étais, et comment je m'étais mis de ce voyage pour un essai, dans le dessein d'en faire d'autres. Le père se tournant de mon côté d'un air grave et touché : « Jeune homme, dit-il, vous ne devez plus retourner sur mer, vous devez regarder cet événement comme une marque certaine et visible qu'il ne faut pas que vous fréquentiez la mer. Monsieur, lui répondis-je, pourquoi donc? est-ce que vous y reconcez vous-même? Mon motif, répliqua-t-il, est bien différent : je suis marin de profession, c'est ma vocation, il est de mon devoir de la remplir ; au lieu que vous, qui n'avez entrepris ce voyage que pour un simple essai, vous voyez quel avant-goût la Providence vous a donné des maux auxquels vous devez vous attendre en cas que vous persistiez. Enfin, ajouta-t-il, qui êtes-vous, je vous prie? et pour quel sujet vous étiez-vous embarqué? » Je lui dis une partie de mon histoire ; mais il m'interrompit, et, s'emportant d'une étrange manière, il s'écria : « Qu'avais-je donc fait pour mériter d'avoir un tel malheureux sur mon bord? Non, je ne voudrais pas, pour tous les biens du monde, monter de nouveau sur un bâtiment où vous seriez. »

C'était là, comme j'ai déjà dit, un véritable emportement, mais où le chagrin de la perte qu'il venait d'éprouver avait beaucoup de part, et dans lequel il passait les limites de son autorité. Quoi qu'il en soit, il me parla ensuite avec beaucoup de gravité, m'exhortant à retourner chez mon père.

Je lui répondis fort peu de chose ; nous nous séparâmes bientôt après, et je ne l'ai jamais revu depuis ni ne sais quelle route il prit. Quant à moi, comme j'avais quelque argent dans ma poche, je m'en allai par terre à Londres. Là, aussi bien qu'en chemin, j'eus de grands débats avec moi-même sur le genre de vie que je devais embrasser ; je ne savais si je m'en irais à la maison paternelle, ou si je retournerais sur mer.

Pour ce qui était de retourner au logis, la mauvaise honte rejetait bien loin les plus saines pensées qui se présentaient à mon esprit. Je m'imaginais d'abord que je serais montré au doigt dans tout le voisinage, et que j'aurais honte de paraître, non devant mon père et ma mère seulement, mais même devant qui que ce fût.

Cependant je demeurai quelque temps dans cet état d'irrésolution, ne sachant ni quel parti prendre ni quel genre de vie j'embrasserais. Je continuais à éprouver une répugnance invincible à revenir près de ma famille ; à mesure que le temps se passait, le souvenir de ma dernière détresse s'effaçait de mon imagination, et s'il me venait quelques légers désirs de retour, ils s'amortissaient tellement, qu'enfin j'en perdis tout-à-fait la pensée ; et je cherchai à faire un nouveau voyage.

Cette influence maligne, qui m'avait premièrement entraîné hors de la maison de mon père, qui m'avait inspiré le dessein bizarre et téméraire de chercher fortune, et qui s'était emparée de moi jusqu'à me rendre sourd aux avis, aux remontrances, aux ordres et même aux larmes de mon père ; cette influence, de quelque nature qu'elle pût être, me fit concevoir la plus funeste de toutes les entreprises. Je m'embarquai sur un vaisseau qui allait aux côtes d'Afrique, ou, suivant le langage ordinaire des matelots, pour un *voyage de Guinée*.

Dans toutes ces aventures, ce fut un malheur pour moi que je ne m'embarquasse pas en qualité de matelot, car sur ce pied j'aurais, à la vérité, travaillé beaucoup, mais en même temps j'aurais appris la marine, et je me serais rendu capable de devenir contre-maître, lieutenant, et peut-être maître d'un vaisseau. Mais me sentant de l'argent dans la poche et de bons vêtements sur le corps, je ne voulais aller à bord qu'en habit d'homme comme il faut ; de cette manière je n'y avais et je ne pouvais y avoir aucun emploi.

Arrivé à Londres, j'eus le bonheur de m'y trouver en bonne compagnie, avantage qui n'arrive pas toujours à un jeune homme aussi étourdi que je l'étais. La première personne avec laquelle je fis connaissance fut un capitaine de vaisseau, lequel ayant été à la côte de Guinée avec un très grand succès, avait résolu d'y retourner. Cet homme trouva du plaisir à ma conversation, qui n'était pas tout-à-fait désagréable alors ; et, m'entendant dire que j'avais envie de voir le monde, il me proposa de m'embarquer avec lui ; il m'assura que je ne serais pas obligé de faire la moindre dépense ; que je mangerais avec lui et serais son compagnon, que si je voulais emporter une pacotille, je jouirais de tous les bénéfices que peut procurer le commerce, et que peut-être le gain qui m'en reviendrait ne frustrerait pas mes espérances.

J'acceptai cette offre, et me liant d'étroite amitié avec ce capitaine, qui était un homme franc et honnête, j'entrepris de faire le voyage avec lui. Je hasardai une somme, petite à la vérité, mais qui augmenta considérablement par la probité et le désintéressement de mon protecteur : elle montait en tout à quarante livres sterling, que j'employai en quincaillerie, suivant son conseil. J'avais amassé cet argent par l'assistance de quelques-uns de mes parents, avec lesquels je correspondais, et qui, je crois, avaient engagé mon père et ma mère à m'aider de cette somme dans ma première spéculation.

Je puis dire que de tous mes voyages celui-ci est le seul qui m'ait réussi, et j'en suis redevable à la bonne foi et à la générosité de mon ami le capitaine. Entre autres avantages que je trouvai avec lui, j'eus encore celui d'apprendre passablement les mathématiques, les règles de la navigation, et à calculer la marche d'un vaisseau ; enfin je me procurai les connaissances absolument nécessaires à un marin : s'il se plaisait à m'enseigner, je ne me plaisais pas moins à apprendre ; de telle sorte que ce voyage me rendit à la fois marin et marchand. Je rapportai cinq livres et neuf onces de poudre d'or, ce qui me valut, à Londres, environ trois cents livres sterling. Ce succès m'inspira de vastes projets, qui causèrent par la suite ma ruine entière.

J'éprouvai néanmoins quelques inconvénients dans ce voyage : d'abord je fus toujours malade, et j'eus une fièvre ardente causée par les chaleurs excessives du climat. Notre principal commerce se faisait sur une côte qui s'étend depuis le 15° degré de latitude septentrionale jusqu'à la ligne.

Enfin j'étais devenu *marchand de Guinée;* mais, pour mon malheur, mon excellent ami le capitaine mourut peu de jours après notre retour. Je me décidai néanmoins à recommencer le même voyage, et je me rembarquai sur le même vaisseau avec un homme qui, la première fois, en avait été le contre-maître, et qui cette fois en avait le commandement. Jamais navigation ne fut plus malheureuse que celle-ci : je n'emportais, il est vrai, que le tiers de l'argent que j'avais gagné, laissant le reste entre les mains de la veuve de mon ami, laquelle en usa avec beaucoup d'équité ; mais il m'arriva d'étranges malheurs. Le premier fut qu'en faisant route vers les Canaries, ou plutôt entre ces îles et les côtes d'Afrique, nous fûmes surpris, à la pointe du jour, par un corsaire turc de Salé, qui nous donna la chasse avec toutes ses voiles. De notre côté, nous mîmes au vent toutes les nôtres pour nous sauver ; mais voyant qu'il gagnait sur nous, et qu'au bout de quelques heures il ne manquerait pas de nous atteindre, nous nous préparâmes au combat. Nous avions à bord douze canons ; le pirate en avait dix-huit. Sur les trois heures après midi, il fut à notre portée et commença l'attaque : mais il fit une méprise ; car, au lieu de nous prendre en arrière comme c'était son dessein, il lâcha sa bordée sur un de nos côtés : ce que voyant, nous pointâmes huit de nos canons pour soutenir son attaque, et lâchâmes à notre tour une bordée qui le fit reculer, après qu'il nous l'eut rendue, et en faisant jouer sa mousqueterie, qui était de deux cents hommes. Cependant nos gens tenaient ferme ; aucun d'eux n'avait été touché. Les Barbaresques se préparèrent à renouveler le combat et nous à le soutenir. Mais étant venus de l'autre côté à l'abordage, soixante d'entre eux se jetèrent sur notre pont, et commencèrent à jouer de la hache, coupant et taillant mâts et cordages. De notre côté, nous les recevions à coups de mousquets, de demi-piques, de grenades et autres armes : en sorte que nous les chassâmes deux fois de notre pont. Enfin, pour ne pas insister sur cette époque fatale de ma vie, notre vaisseau étant désemparé, trois des nôtres furent tués, et huit autres blessés, nous fûmes contraints de nous rendre, et emmenés prisonniers à Salé, port appartenant aux Barbaresques.

Les traitements qu'on me fit éprouver ne furent pas si terribles que je l'aurais cru d'abord, et je ne fus point emmené avec le reste de nos gens, dans l'intérieur du pays, au lieu où l'empereur fait sa résidence; le capitaine du corsaire, me voyant jeune et agile, me garda pour sa part de prise. Un pareil changement de condition, qui de marchand me rendait esclave, me plongea dans le désespoir. Mais, hélas! ce n'était qu'un faible prélude des maux que je devais souffrir.

Mon nouveau patron, ou plutôt mon maître, m'ayant emmené avec lui dans sa maison, j'espérais aussi qu'il m'emmènerait avec lui, lorsqu'il irait en mer; que sa destinée serait, tôt ou tard, d'être pris par un vaisseau de guerre espagnol ou portugais, et que de cette manière je recouvrerais ma liberté. Cette espérance s'évanouit bientôt; car, lorsqu'il s'embarqua, il me laissa à terre pour soigner son petit jardin et faire les fonctions ordinaires d'un esclave dans la maison; et quand il fut de retour, il m'ordonna de coucher dans sa cabine pour garder le vaisseau.

Étant à bord, je ne pensais à autre chose qu'à m'échapper; mais après y avoir bien réfléchi, je ne trouvais aucun expédient qui pût satisfaire un esprit raisonnable, ni qui fût tant soit peu plausible. Je n'avais personne à qui je pusse me confier, ni qui voulût s'embarquer avec moi, nul compagnon d'esclavage, pas un seul Anglais, Irlandais ou Écossais.

Deux ans s'étaient écoulés, lorsqu'il se présenta une occasion qui réveilla en moi la pensée que j'avais conçue de travailler à recouvrer ma liberté. Comme mon patron restait à terre plus que de coutume, et qu'il n'équipait point son vaisseau faute d'argent, il ne manquait pas, deux ou trois fois la semaine, de sortir avec la grande chaloupe pour pêcher dans la rade : alors il me menait avec lui, ainsi qu'un jeune Maure, pour ramer dans le bateau. Nous lui donnions tous deux du divertissement, et je me montrais fort adroit à la pêche. Enfin, quelquefois il m'envoyait avec un de ses parents et le jeune Maure pour lui pêcher un plat de poisson.

Or, il arriva qu'il avait lié une partie avec deux ou trois personnes de quelque distinction pour sortir un jour sur ce bateau, afin de pêcher et de se récréer. Dans cette intention, il avait fait des provisions extraordinaires, qu'il fit embarquer la veille, et il m'ordonna de tenir prêts trois fusils avec du plomb et de la poudre, parce qu'il se proposait de prendre le plaisir de la chasse aussi bien que celui de la pêche.

Je préparai tout conformément à ses ordres. Le lendemain matin, je l'attendais dans le bateau, que j'avais lavé avec soin, et sur lequel j'avais arboré les flammes et les pendants ; en un mot, je n'avais rien oublié de ce qui pouvait contribuer à bien recevoir ses hôtes, lorsque je le vis venir seul ; il me dit que ses convives avaient remis la partie à une autre fois, à cause de quelques affaires. Il m'ordonna en même temps d'aller avec le bateau, accompagné, comme de coutume, de son parent et du jeune Maure, pour lui prendre du poisson, parce que ses amis devaient souper chez lui, et il m'enjoignit de l'apporter aussitôt que j'en aurais pris : je me disposai tout de suite à lui obéir.

Ce moment fit renaître mon premier dessein de m'affranchir de l'esclavage : je considérais que j'étais sur le point d'avoir un petit vaisseau à mon commandement ; et dès que mon maître se fut retiré, je me préparai, non pas à une pêche, mais à un voyage, quoique je ne susse ni ne pensasse pas même quelle route je prendrais. En effet, celle qui devait m'éloigner de ce triste séjour, quelle qu'elle fût, me paraissait toujours assez favorable.

La première démarche que je fis fut de m'adresser au parent de mon patron, sous le spécieux prétexte de pourvoir à notre subsistance pour le temps que nous serions à bord. Je lui dis qu'il ne fallait pas espérer manger le pain de notre patron ; il me répondit que j'avais raison, et en conséquence il alla chercher un panier de biscuit à notre usage, et trois jarres d'eau fraîche. Je savais l'endroit où était placée la cave, dont la structure me montrait assez que c'était une prise faite sur les Anglais. J'en allai tirer des bouteilles et les portai au bateau, pendant que le Maure était à terre, afin de lui faire croire qu'elles avaient été mises là auparavant pour l'usage de notre maître. J'y transportai en outre un grand morceau de cire, pesant plus de cinquante livres, avec un paquet de ficelle, une hache, un marteau, objets qui me furent dans la suite d'un grand usage, et surtout la cire, avec laquelle je fis des chandelles. Je lui tendis encore un autre piége, dans lequel il donna, et voici de quelle manière. Son nom était Ismaël, qu'ils prononcent en ce pays Muleyou Moley : « Moley, lui dis-je, nous avons ici les fusils de notre patron ; ne pourriez-vous pas nous procurer de la poudre et du plomb de chasse? car qui nous empêche de tuer, pour nous autres, des alcamies (oiseau de mer, de l'espèce de nos courlis), et je sais qu'on a laissé des munitions à bord du vaisseau? Je vais en chercher, » répliqua-t-il; et en effet il apporta bientôt deux poches de cuir, l'une fort grande où il y avait environ une livre et demie de poudre, et même davantage, l'autre pleine de plomb avec quelques balles : celle-ci pesait bien cinq ou six livres ; nous mîmes tout dans la chaloupe. De mon côté, ayant trouvé de la poudre dans la chambre du capitaine, j'en remplis une des grandes bouteilles que j'avais tirées de la cave après avoir versé dans une autre le peu qui en restait. Nous étant ainsi pourvus de toutes les choses nécessaires, nous mîmes à la voile et sortîmes du port pour aller pêcher. La garnison du fort qui est à l'entrée du port savait qui nous étions, et ne prit pas connaissance de notre sortie. A peine étions-nous à un mille en mer que nous amenâm s notre voile, et nous nous assîmes pour pêcher. Le vent soufflait nord-nord-est ; par conséquent il était contraire à mes désirs ; car, s'il eût été sud, j'aurais été certain de gagner les côtes d'Espagne, ou du moins de me rendre dans la baie de Cadix. Mais, de quelque côté que vînt le vent, ma résolution était bien prise de quitter cette triste demeure, et d'abandonner le reste au destin.

Nous pêchâmes longtemps sans rien prendre ; car lorsque je sentais un poisson à mon hameçon, je n'avais garde de le tirer hors de l'eau, de peur que le Maure ne le vît. « Nous ne faisons rien qui vaille, lui dis-je ; notre maître ne plaisante pas ; il veut être bien servi ; il faut aller plus loin. » Lui, qui n'entendait point malice, opina de même ; et étant allé à la proue, il aplesta les voiles. Moi, qui me trouvais au gouvernail, je conduisis le bateau près d'une lieue plus loin ; ensuite je fis amener, faisant mine de vouloir pêcher. Mais tout-à-coup, laissant le timon au petit garçon, je m'avançai vers Moley, qui se trouvait à la proue ; puis, feignant de ramasser quelque chose qui était derrière lui, je le saisis par surprise, et je le lançai tout net hors du bord dans la mer. D'abord il revint sur l'eau, car il nageait comme un canard ; il m'appela, me supplia de le recevoir à bord, jurant de me suivre d'un bout du monde à l'autre si je voulais. Il nageait avec tant de vigueur derrière le bateau, qu'il allait bientôt m'atteindre, parce qu'il ne faisait que peu de vent ; dans cette crainte, je cours à ma cabine, j'en tire un des fusils et je le couche en joue, en lui adressant ces paroles. « Ecoutez, mon ami, je ne vous ai point fait de mal, et je ne vous en ferai pas si vous ne cherchez point à remonter dans cette barque ; vous savez assez bien nager pour gagner le rivage : la mer est calme, hâtez-vous d'en profiter pour faire le chemin que vous avez d'ici à terre, et nous nous quitterons bons amis ; mais si vous approchez de mon bord, je vous casse la tête, car je suis résolu d'avoir ma liberté. » A ces mots, il ne répliqua rien, se retourna et se mit à nager vers la côte. C'était un excellent nageur ; et je ne doute pas qu'il n'y soit heureusement arrivé.

J'aurais été bien aise de garder le Maure avec moi, mais il n'était pas prudent de se fier à lui. Après que je m'en fus ainsi défait, je me tournai vers le petit garçon, qui s'appelait Xuri : « Xuri, lui dis-je, si vous voulez m'être fidèle, je vous ferai du bien. » Cet enfant me fit un sourire, et me parla si innocemment, qu'il m'ôta tout sujet de défiance ; ensuite il fit serment de m'être fidèle et d'aller avec moi partout où je voudrais.

Tant que le Maure, qui ne cessait pas de nager, fut à la portée de ma vue, je ne changeai point de route, aimant mieux bouliner contre le vent, afin qu'on crût que j'étais allé vers le détroit.

Mais dès qu'il fit un peu sombre, et que je vis que la nuit approchait, je ralentis ma course, et mis le cap droit au sud-est, tirant un peu vers l'est, pour ne pas trop m'écarter de terre. J'avais un vent favorable, la surface de la mer était riante et paisible, et je fis tant de chemin que je crois que le lendemain, sur les trois heures après midi, lorsque j'eus le premier aperçu terre, je pouvais être à cent cinquante milles de Salé, vers le sud, ou bien au-delà des domaines de l'empereur de Maroc, ou de quelqu'un des rois ses voisins, car nous ne rencontrâmes personne.

Cependant je craignais beaucoup les Maures. Je me hasardai à m'approcher de la côte ; je jetai l'ancre à l'embouchure d'une petite rivière dont j'ignorais le nom, la latitude, le pays par où elle passait, les peuples qui habitaient ses bords. Je ne vis ni me souciais de rencontrer aucun homme ; l'eau fraîche était ce dont j'avais le plus besoin. Ce fut le soir que nous entrâmes dans cette petite baie : je résolus d'aller à la nage, dès qu'il ferait nuit, pour reconnaître le pays. Mais la nuit étant venue, nous entendîmes un bruit si épouvantable, causé par les hurlements et les rugissements de certaines bêtes sauvages dont nous ne connaissions pas l'espèce, que le pauvre Xuri faillit mourir de peur, et me supplia instamment de ne point débarquer jusqu'à ce qu'il fît jour. Je me rendis à sa prière ; nous jetâmes notre petite ancre, et nous demeurâmes tranquilles toute la nuit, car il n'était pas possible de dormir, parce que nous ne tardâmes pas à voir des animaux d'une grosseur extrême et de plusieurs sortes, auxquels nous ne savions quel nom donner, qui descendaient vers le rivage et couraient dans l'eau, où ils se lavaient et se roulaient pour se rafraîchir, poussant des cris si horribles, que de mes jours je n'entendis rien de semblable.

Xuri était dans une frayeur extrême, et, à ne point mentir, je n'étais pas trop rassuré. Mais ce fut bien pis quand nous entendîmes un de ces animaux énormes qui venaient en nageant vers notre bateau. A la vérité, nous ne pouvions le voir, mais il était aisé de connaître, au bruit de ses naseaux, que ce devait être une bête prodigieusement grosse et furieuse. Xuri disait que c'était un lion, ce qui pouvait bien être. Le pauvre garçon me criait de lever notre ancre et de nous enfuir à force de rames : je lui répondis que cela n'était pas nécessaire ; qu'il suffisait de filer notre câble avec une bouée pour nous écarter en mer, et qu'il ne pouvait nous suivre fort loin. Je n'eus pas plus tôt achevé ces paroles que j'aperçus l'animal ; quel qu'il fût, il n'était pas à plus de deux toises de nous, ce qui m'effraya : je courus à l'entrée de la cabane, où je pris mon fusil, et je tirai dessus, ce qui le détermina à tourner bien vite d'un autre côté, et à regagner le rivage en nageant.

Il est impossible de donner une juste idée des cris et des hurlements affreux qui s'élevèrent tant au bord de la mer que plus avant dans les terres, au bruit et au retentissement de mon coup de fusil ; il y a quelque apparence que ces animaux n'avaient jamais rien entendu de semblable. Il n'y avait pas moyen de se hasarder sur cette côte pendant la nuit ; il ne me paraissait pas même qu'il y eût aucune sûreté à le faire pendant le jour, car tomber entre les mains des sauvages, ou bien entre les griffes des tigres et des lions, c'était une chose qui nous aurait été également funeste, ou du moins que nous redoutions également.

Quoi qu'il en soit, nous étions obligés de prendre terre quelque part pour avoir de l'eau, car nous n'en avions pas une pinte de reste. Mais quel temps et quel lieu choisir pour le faire ? c'était là la difficulté. Xuri me dit que si je le laissais aller à terre avec une jarre il se faisait fort de découvrir de l'eau, en cas qu'il y en eût, et de m'en apporter. Je lui demandai pourquoi il y voulait aller, s'il ne valait pas mieux que j'y allasse moi-même et qu'il restât à bord. Il me répondit avec tant d'affection, que je l'en aimai toujours depuis : « C'est, dit-il en son langage corrompu, c'est que si les sauvages hommes ils viennent, eux mangent moi, et puissiez vous sauver vous. Eh bien ! répondis-je, eh bien ! mon cher Xuri, nous irons tous deux ; si les sauvages viennent, nous les tuerons, et nous ne leur servirons de proie ni l'un ni l'autre. » Ensuite je lui donnai à manger un morceau de biscuit, et lui fis boire un petit verre de liqueur. Nous halâmes le bateau aussi près du rivage que nous le jugeâmes convenable, et nous descendîmes à terre, n'emportant avec nous que nos armes et nos jarres.

Je n'osais m'écarter du bateau jusqu'à le perdre de vue, de crainte que les sauvages descendissent le long de la rivière avec leurs canots ; mais le petit garçon ayant découvert un lieu enfoncé à près d'un mille en avant dans les terres, il y alla en trottant. Quelque temps après, je le vis revenir courant de toutes ses forces. La première pensée me vint qu'il était poursuivi par quelque bête féroce. J'accourus à son secours ; mais, quand je fus assez près, je vis quelque chose qui lui pendait de l'épaule : c'était une bête qu'il avait tirée, et qui ressemblait à un lièvre, avec cette différence qu'elle était d'une autre couleur, et qu'elle avait les jambes plus longues ; la chair en était fort bonne. Cet exploit nous causa beaucoup de joie ; mais celle qui transportait le pauvre Xuri venait de ce qu'il avait trouvé de l'eau sans avoir vu de sauvages, et c'était pour m'annoncer cette bonne nouvelle qu'il s'était si fort empressé.

Nous vîmes ensuite qu'il n'était pas nécessaire de nous donner tant de peine pour avoir de l'eau, car nous trouvâmes que la marée ne remontait que fort peu dans la rivière, et que, lorsqu'elle était basse, l'eau était douce un peu au-dessus de l'embouchure. Nous remplîmes nos jarres, nous nous régalâmes de l'animal qu'il avait tué, et nous nous disposâmes à reprendre notre route, sans avoir remarqué dans cette contrée les traces d'aucune créature humaine.

Comme j'avais déjà fait un voyage sur cette côte, je savais que les îles Canaries et celle du cap Vert n'en étaient pas éloignées ; mais n'ayant aucun des instruments propres à prendre la hauteur tant de notre situation que de celle des îles, et d'ailleurs ma mémoire ne me fournissant aucune lumière sur ce dernier article, je ne savais où les aller chercher ni dans quel endroit précisément il me faudrait larguer pour y diriger ma course. Sans tous ces obstacles, j'aurais pu aisément gagner quelqu'une de ces îles. Mon espérance était qu'en suivant la côte jusqu'à ce que j'arrivasse à la partie où les Anglais font leur commerce, je rencontrerais un de leurs vaisseaux, lequel voudrait bien nous recevoir et nous arracher à l'infortune.

Autant que j'en puis juger par mes calculs les plus exacts, il fallait que le lieu où nous étions alors fût cette région qui, étant située entre les terres de l'empereur de Maroc d'un côté, et la Nigritie de l'autre, est entièrement déserte et inhabitée, excepté par des bêtes féroces. Dans l'étendue de près de cent milles, nous ne vîmes que de vastes déserts pendant le jour et nous n'entendions que hurler et rugir pendant la nuit.

Il me sembla plus d'une fois que je découvrirais de jour le pic de l'île de Ténériffe, une des Canaries. J'avais un grand désir de mettre au large pour essayer de l'atteindre. Deux fois je voulus l'entreprendre ; mais toujours les vents contraires et la mer trop enflée pour mon petit bâtiment me forcèrent à rebrousser chemin. Je me décidai enfin à poursuivre mon premier dessein, qui était de côtoyer.

Après que nous eûmes quitté cet endroit, nous fûmes souvent contraints de prendre terre pour avoir de l'eau. Une fois, entre autres, qu'il était bon matin, nous vînmes mouiller sous une pointe assez élevée ; et, comme la marée montait, nous attendions tranquillement qu'elle nous portât plus avant. Xuri, dont les yeux étaient plus perçants que les miens, m'appela tout bas, et me dit que nous ferions mieux de nous éloigner du rivage : « Car, continua-t-il, ne voyez-vous pas le monstre effroyable qui dort étendu sur le flanc de ce monticule ? » Je jetai les yeux du côté qu'il montrait du doigt, et véritablement je vis un monstre épouvantable, car c'était un lion d'une énorme grosseur, couché sur le penchant d'une éminence, et dans un petit enfoncement qui le mettait à l'ombre. Xuri, dis-je alors, allez à terre, et vous le tuerez. » Xuri parut tout effrayé de ce que je lui proposais, et me répondit : « Moi tuer lui ! Hélas ! lui croquer moi d'une bouchée. » Je ne lui en parlai pas davantage, mais je lui dis de ne point faire de bruit. Nous avions trois fusils . je commençai par prendre le plus grand, qui avait presque le calibre d'un mousquet ; j'y mis une bonne charge de poudre, trois grosses balles, et le posai à côté de moi ; j'en pris un autre que je chargeai de deux balles, et enfin le troisième, dans lequel je fis couler cinq chevrotines ; ensuite, reprenant celui qui avait été chargé le premier, je mets du temps à bien mirer, et je vise à la tête de l'animal ; mais comme il était couché de manière qu'une de ses pattes passait par-dessus son museau, les balles l'atteignirent autour du genou et lui cassèrent l'os de la jambe. Il se leva d'abord en grondant, mais sentant sa jambe cassée, il retomba, puis il se releva sur trois jambes, et se mit à rugir d'une force épouvantable. J'étais un peu surpris de ne l'avoir point blessé à la tête, je me saisis sur-le-champ du second fusil, et quoiqu'il commençât à se remuer et même à fuir, je lui déchargeai un autre coup qui lui donna dans la tête, et j'eus le plaisir de le voir tomber mort, ne faisant qu'un peu de bruit, mais se débattant comme étant aux abois. A la vérité, cette expédition nous donnait du divertissement, mais non de quoi manger, et je regrettais de perdre trois charges de poudre et de plomb sur une bête qui ne nous serait bonne à rien.

Je songeai pourtant que la peau de l'animal pourrait bien ne nous être pas tout-à-fait inutile, ce qui me fit résoudre à l'écorcher, si j'en pouvais venir à bout. Xuri et moi nous mîmes à l'ouvrage ; mais il s'y entendait mieux que moi, car je savais à peine comment m'y prendre. Cette opération nous occupa toute la journée ; nous enlevâmes le cuir, et l'ayant étendu sur notre cabane, le soleil le sécha en deux jours : je m'en servis dans la suite en guise de matelas.

Après avoir quitté ce lieu, nous fîmes voile vers le sud. Mon dessein était de parvenir à la hauteur de la rivière de Gambie, autrement le Sénégal, c'est-à-dire aux environs du cap Vert, où j'espérais trouver quelque bâtiment européen ; mais si j'étais frustré de cette espérance, je ne savais plus quelle route prendre, à moins de me mettre à la recherche des îles, ou bien de me livrer à la merci des nègres. Je n'ignorais pas que tous les vaisseaux qui partent d'Europe pour la Guinée, le Brésil, ou les Indes orientales, mouillent à ce cap ou à ces îles ; en un mot, ma destinée ne m'offrait que cette alternative, ou de rencontrer quelque vaisseau, ou de périr.

Quand nous eûmes continué notre course pendant dix jours de plus, je vis que la côte était habitée, et nous aperçûmes en deux ou trois endroits des gens qui se tenaient sur le rivage pour nous voir passer : nous pouvions même remarquer qu'ils étaient noirs. J'avais envie de débarquer et d'aller à eux ; mais Xuri, qui ne me donnait jamais que de sages conseils, m'en dissuada : néanmoins je voguai près de terre, afin de pouvoir leur parler. En même temps, ils se mirent à courir le long du rivage ; je remarquai qu'ils n'avaient point d'armes, excepté un seul d'entre eux, portant à la main un petit bâton, que Xuri disait être une lance, et qu'ils savent jeter fort loin et avec beaucoup d'adresse. Je me tins à une distance respectueuse, et leur parlai par signes le mieux que je pus, leur demandant entre autres quelque chose à manger ; ils me firent signe d'arrêter mon bateau, et qu'ils m'en iraient chercher : j'abaissai le haut de ma voile, et nous calâmes. Deux d'entre eux coururent assez loin dans les terres, et furent de retour en moins d'une demi-heure. Ils apportaient deux morceaux de viande et du grain, tel que ce pays en pouvait produire. Nous ne savions ni quelle sorte de viande ni quelle sorte de blé c'était, quoique nous fussions fort disposés à accepter ces provisions. Il s'agissait seulement de savoir avec quelle précaution s'en emparer, car je n'étais point d'humeur à les aller prendre à terre ; et, de leur côté, les nègres avaient peur de nous. Ils prirent un bon parti pour eux et pour nous ; ils apportèrent sur le rivage ce qu'ils avaient à nous donner, et l'ayant mis à terre, ils se retirèrent et se tinrent loin de là jusqu'à ce qu'étant allés le chercher, nous l'emportâmes à notre bord ; puis ils revinrent au rivage comme auparavant.

N'ayant pas grand'chose à leur donner, notre reconnaissance se borna d'abord à leur faire plusieurs signes pour les remercier. Mais il se présenta sur-le-champ une occasion favorable de leur rendre un service signalé. Comme nous étions près de terre où nous avions amené, tout-à-coup deux animaux d'une grandeur énorme descendent des montagnes vers la mer : l'un poursuivait l'autre, à ce qu'il paraissait, avec beaucoup de chaleur. Ces peuples semblaient en être très effrayés, surtout les femmes. L'homme qui avait une lance à la main resta seul, les autres s'enfuirent. Néanmoins ces animaux ne parurent pas vouloir se jeter sur les nègres, car ils coururent droit à la mer, se plongèrent dans l'eau, et se mirent à nager çà et là comme s'ils n'eussent cherché qu'à se jouer. A la fin, l'un d'eux se mit à venir de notre côté, et il s'en approchait déjà beaucoup plus que je ne m'y étais attendu d'abord : mais j'étais prêt à le recevoir, car j'avais chargé mon fusil avec toute la diligence possible, et je dis à Xuri de charger les deux autres. Dès qu'il fut à ma portée, je lâchai mon coup, et lui donnai droit dans la tête. D'abord il alla au fond de l'eau, puis il reparut, ensuite il se débattit longtemps, s'enfonçant et revenant sur l'eau tour-à-tour : et comme il s'efforçait de gagner le rivage, il mourut à mi-chemin tant à cause de la plaie mortelle qu'il avait reçue que de l'eau qui le suffoquait.

L'étonnement où le feu et le bruit du fusil jetèrent ces pauvres créatures est au-dessus de tout ce que je puis dire. Quelques-uns faillirent mourir de peur, et tombèrent à la renverse. Mais quand ils virent que l'animal était mort, qu'il était allé à fond, et que je leur faisais signe de venir au rivage, ils reprirent courage ; ils s'approchèrent et se mirent à chercher la bête. L'eau, qui était teinte de son sang, me la fit découvrir, et, par le moyen d'une corde que je lui fis passer autour du corps, et que je leur donnai à haler, ils la tirèrent dehors. Il se trouva que c'était un léopard des plus curieux, parfaitement bien tacheté, et d'une beauté admirable. Les nègres, ne pouvant imaginer avec quel instrument j'avais pu le tuer, levaient les mains vers le ciel pour témoigner de leur surprise.

L'autre animal, épouvanté du feu qu'il avait vu, aussi bien que du coup qu'il avait entendu, se hâta de regagner le rivage en nageant, et de là s'enfuit vers les montagnes d'où il était venu, sans que je pusse discerner à une telle distance de quelle espèce il était. Je vis de suite que les nègres avaient envie d'en manger la chair. De mon côté, je n'étais pas fâché de leur être agréable, et quand je leur eus témoigné par signes qu'ils pouvaient la prendre, ils me firent mille remerciments. Ils se jetèrent dessus sans différer, et quoiqu'ils n'eussent point de couteaux, ils levèrent la peau avec un morceau de bois pointu, beaucoup plus aisément que nous ne l'aurions pu faire avec un couteau. Ensuite ils m'en offrirent une part, que je refusai, leur donnant à entendre que j'étais bien aise de leur en faire présent, mais je me réservai la peau. Ils me l'envoyèrent de bonne foi, y ajoutant une grande quantité de leurs provisions, que j'acceptai, tout inconnues qu'elles m'étaient. Ensuite je leur fis des signes pour avoir de l'eau, et leur montrai une de de mes jarres, la tournant sens dessus dessous, pour faire voir qu'elle était vide, et que j'avais besoin qu'on la remplît. Sur-le-champ ils appelèrent quelques-uns des leurs, et il vint deux femmes portant un grand vaisseau de terre qui paraissait cuite au soleil. Elles le posèrent sur le sable, et se retirèrent, comme avaient fait ceux qui nous avaient apporté des provisions. J'envoyai Xuri à terre avec les trois jarres, qu'il remplit.

Je me voyais avec une quantité d'eau suffisante; j'avais, de plus, des racines dont je ne connaissais pas trop la qualité, et du blé tel quel. Avec ces provisions, je pris congé des nègres, mes bons amis, je remis à la voile, et continuai ma course au sud pendant onze jours ou environ, durant lesquels je n'eus pas le moindre désir d'approcher de terre. Au bout de ce terme, je vis que le continent s'allongeait bien avant dans la mer, justement vis-à-vis de moi, à quatre ou cinq lieues de distance. La mer était parfaitement calme; je fis un long détour en larguant, afin de pouvoir gagner la pointe : j'en vins à bout, et lorsque je doublai, j'étais à deux lieues du continent, voyant distinctement d'autres terres à l'opposite. Alors je conclus, ce qui était vrai, que j'avais d'un côté le cap Vert, et de l'autre les îles qui en portent le nom. Je ne savais pourtant pas encore vers lequel des deux je devais me tourner, car, s'il survenait un vent un peu fort, je pouvais manquer l'un et l'autre.

Dans cette perplexité, je devins rêveur; j'entrai dans la cabine, laissant à Xuri le soin du gouvernail, et je m'assis. Mais tout-à-coup je l'entendis s'écrier : « Maître, maître! moi voir un vaisseau à la voile! » Je sortis avec précipitation de la cabine, et non-seulement je vis le vaisseau, mais encore je reconnus qu'il était portugais. Je le pris d'abord pour un de ceux qui font la traite aux nègres à la côte de Guinée ; mais quand j'eus remarqué la route qu'il tenait, je fus bientôt convaincu qu'il allait ailleurs, et qu'il n'avait pas dessein de s'approcher de terre; en conséquence, je fis force de voiles et de rames pour avancer en pleine mer, dans le dessein de lui parler s'il était possible.

Après avoir fait tout ce qui dépendait de moi, je reconnus que je ne pouvais aller à leur rencontre, et qu'ils me laisseraient derrière avant que je pusse leur donner aucun signal. Mais dans le moment même que j'avais épuisé toutes les ressources de mon art pour hâter ma course, et comme je commençais à perdre espérance, il me parut qu'ils nous avaient aperçus avec leurs lunettes d'approche, et que, nous prenant pour le bateau de quelque vaisseau européen qui avait péri, ils mettaient moins de voiles qu'auparavant, pour nous donner le temps de les aller joindre. Cette vue me rendit le courage, et comme j'avais à bord le pavillon de mon patron, je le suspendis en écharpe à nos cordages, pour leur faire entendre par ce signal que nous étions en détresse, et je tirai un coup de fusil. Ils remarquèrent fort bien ce mouvement l'un et l'autre, car ils me dirent ensuite qu'ils avaient aperçu la fumée, quoiqu'ils n'eussent point entendu le coup. A ces signaux ils carguèrent leurs voiles, et ils eurent l'humanité de s'arrêter pour moi : de sorte qu'en trois heures je me rendis près d'eux.

Ils me demandèrent qui j'étais, en portugais, en espagnol, en français, mais je n'entendais aucune de ces langues. A la fin un matelot écossais, qui était à bord, m'adressa la parole. Je lui répondis que j'étais Anglais de nation, et échappé de l'esclavage des Maures de Salé. Alors ils m'invitèrent à passer sur leur bord, et m'y reçurent généreusement avec tout ce qui m'appartenait.

Que l'on juge de ma joie! D'abord j'offris au capitaine du vaisseau tout ce que j'avais, pour lui témoigner ma reconnaissance; mais il eut la générosité de déclarer qu'il ne voulait rien recevoir de moi; qu'au contraire, tout ce que je possédais me serait exactement rendu au Brésil : car, dit-il, lorsque je vous ai sauvé la vie, je n'ai rien fait que ce que je serais bien aise qu'on fît pour moi-même. D'ailleurs, après vous avoir mené dans un pays aussi éloigné du vôtre que l'est le Brésil, si je venais à vous prendre tout ce que vous avez, vous y mourriez dans l'indigence, et je ne ferais autre chose que vous ôter la vie après vous l'avoir conservée. « Non, non, continua-t-il, monsieur l'Anglais, je veux vous conduire dans ce pays uniquement par l'intérêt que je vous porte ; et ces choses-là vous serviront à vous procurer votre subsistance, et à payer votre retour. »

Si cet homme parut charitable dans les offres qu'il me fit, il ne se montra pas moins scrupuleux ni moins exact à les remplir, car il défendit à tous les matelots de toucher à rien de ce qui m'appartenait; ensuite il prit tout en dépôt, et m'en donna un inventaire fidèle, pour que je pusse le recouvrer, sans en excepter même mes trois jarres de terre.

Quant à ma chaloupe, elle était très bonne, et il le savait bien : aussi me proposa-t-il de l'acheter, pour la faire servir à son vaisseau, et il me demanda ce que j'en voulais. Je lui répondis qu'il avait été si généreux en tout à mon égard, que je ne voulais point y mettre de prix, mais que je l'en faisais l'arbitre : il me proposa de me donner une obligation de quatre-vingts pièces de huit, lesquelles il me paierait au Brésil, et il ajouta que, lorsque nous serions arrivés, s'il se trouvait quelqu'un qui m'en offrît davantage, il m'en tiendrait compte. De plus, il m'offrit soixante autres pièces de huit pour mon garçon Xuri. J'avais de la peine à les accepter, non que je ne fusse bien aise de le lui laisser, mais je ne pouvais me résoudre à vendre la liberté de ce pauvre enfant qui m'avait aidé si fidèlement à recouvrer la mienne. Je fis part de mon scrupule au capitaine : il m'avoua qu'il le trouvait raisonnable, et me proposa de s'engager de la manière la plus formelle, par écrit, à l'affranchir dans dix ans, s'il avait le bonheur de devenir chrétien. J'y consentis d'autant plus volontiers que le jeune homme accédait lui-même à cette proposition.

Nous eûmes une navigation heureuse jusqu'au Brésil, et au bout d'environ vingt-deux jours nous arrivâmes à la baie de Todos-los-Santos.

Je ne saurais trop préconiser la générosité avec laquelle le capitaine me traita. J'eus de ma cargaison environ deux cent vingt pièces de huit, et ce fut avec ce fonds que je débarquai au Brésil.

Peu de jours après, le capitaine eut la bonté de me recommander à un fort honnête homme, tel qu'il était lui-même, qui avait une plantation et une raffinerie. Je vécus quelque temps dans sa maison, et je m'instruisis ainsi de la manière de planter les cannes et d'en extraire le sucre.

Voyant combien les planteurs vivaient commodément et avec quelle facilité ils faisaient fortune, je résolus, si je pouvais obtenir une licence, de m'établir dans ce pays et de devenir planteur comme les autres ; je me proposai en même temps de chercher les moyens de tirer de Londres des fonds que j'y avais laissés, et de les employer à l'amélioration de mon établissement. En conséquence, je me pourvus d'une sorte de lettres de naturalisation, en vertu desquelles j'achetai une terre qui était encore vacante, et dont je mesurai l'étendue sur celle de mon argent. Ensuite je formai un plan pour ma plantation et mon établissement, proportionnant l'un et l'autre aux fonds que je comptais recevoir d'Angleterre.

J'avais un voisin portugais, qui était né à Lisbonne de parents anglais, son nom était Weils, et ses affaires se trouvaient à peu près dans la même situation que les miennes : je l'appelle mon voisin parce que sa plantation touchait à la mienne et que nous vivions en fort bonne intelligence.

Nous n'avions qu'un petit fonds l'un et l'autre, et nous ne plantâmes, à proprement parler, que pour notre subsistance durant près de deux années. Au bout de ce terme, nous commençâmes à faire des progrès, et notre terre prenait déjà un bon aspect ; de telle sorte que la troisième année nous plantâmes du tabac, et nous eûmes chacun une grande pièce de terre toute prête à recevoir des cannes l'année suivante. Nous avions besoin d'aide, et je sentais plus vivement que jamais combien j'avais eu tort de me défaire de Xuri.

Mais il n'était pas surprenant que j'eusse fait mal, moi qui ne faisais jamais bien. Je ne voyais aucun remède à ma peine que dans la continuité de mon travail ; je me livrais à une occupation bien éloignée de mon goût, toute contraire au genre de vie qui faisait mes délices, et pour lequel j'avais abandonné la maison de mon père et méprisé ses bons avis. N'aurais-je pas mieux fait de demeurer chez moi, et de m'épargner la peine de parcourir le monde? Je ne réfléchissais donc guère sur ma position que pour m'en affliger. Je n'avais pour tout agrément que le voisin avec lequel je causais de temps en temps; nul ouvrage ne pouvait se faire que par le travail de mes mains, et ma coutume était de dire que je vivais comme un homme qui aurait fait naufrage sur une île déserte, et qui s'en verrait le seul habitant.

J'avais pris en quelque façon toutes les mesures nécessaires pour bien conduire ma plantation avant le départ du capitaine qui m'avait reçu à son bord en pleine mer, et qui s'était montré mon ami le plus affectionné. Il demeura trois mois tant à charger son vaisseau qu'à faire les préparatifs de son voyage. Un jour, comme je lui parlais du petit fonds que j'avais laissé à Londres, il me donna ce bon et sincère avis : « Monsieur l'Anglais, me dit-il, si vous voulez me donner une lettre pour celui qui a votre argent à Londres, avec ordre de renvoyer vos effets à Lisbonne, à telles personnes que je vous indiquerai, et en marchandises convenables à ce pays, je vous promets, moyennant la grâce de Dieu, de vous en rapporter le produit à mon retour; mais je vous conseille de ne tirer que cent livres sterling, que vous dites être la moitié de votre fonds, et de les aventurer dans une première tentative, afin que, si elles arrivent à bon port, vous puissiez faire venir le reste par la même voie; si, au contraire, vous avez le malheur de les perdre, vous aurez encore l'autre moitié pour y avoir recours en cas de besoin.

Il y avait dans ce conseil tant de sagesse et tant de marques d'amitié en même temps, que je me hâtai de le suivre; je préparai donc une lettre en forme de déclaration pour la dame à qui j'avais laissé mon argent, et une procuration pour le capitaine portugais, telle qu'il la désirait.

J'adressai à cette dame, veuve du capitaine anglais, une relation exacte où je détaillais mes aventures, mon esclavage, ma fuite, la manière dont j'avais rencontré en pleine mer le capitaine portugais, sa conduite généreuse à mon égard, l'état dans lequel je me trouvais actuellement, avec toutes les instructions nécessaires pour me faire tenir mon argent. Quand cet honnête capitaine fut arrivé à Lisbonne, il trouva moyen, par l'entremise de quelques marchands anglais, qui demeuraient dans cette ville, d'envoyer non-seulement ma lettre de change, mais encore mon histoire tout entière à un marchand de Londres, qui en fit un rapport fidèle et pathétique à la veuve. Celle-ci, non contente de lui délivrer mon argent, envoya du sien propre un présent de vingt-cinq livres sterling au capitaine portugais, en reconnaissance de l'humanité et de la charité qu'il avait exercées à mon égard.

Le marchand de Londres ayant converti mes cent livres sterling en marchandises d'Angleterre, les envoya à Lisbonne, telles qu'elles lui avaient été demandées par le capitaine, et celui-ci me les apporta heureusement au Brésil. Il y avait entre autres toutes sortes d'ouvrages de fer et d'ustensiles nécessaires pour ma plantation, ce qui me fut d'un grand secours; il les avait compris parmi les autres, de son chef.

Je fus transporté de joie lorsque cette cargaison arriva, et je crus ma fortune faite. Le capitaine, qui voulait bien être mon pourvoyeur, et qui en remplissait si bien les fonctions, avait employé les vingt-cinq livres sterling, ce présent de ma protectrice, à me louer un serviteur pour le terme de six ans ; il me l'amena, jamais il ne voulut rien accepter de moi, en considération de tant de services, qu'un peu de tabac de ma récolte.

Remarquez que toutes mes marchandises étant des manufactures d'Angleterre, telles que des draps, des étoffes, et autres objets peu communs, recherchés dans le pays que j'habitais, je trouvai moyen de les vendre à un prix très élevé, en sorte que je portai au quadruple la valeur de ma première cargaison, et je me vis pour lors infiniment plus avancé que mon pauvre voisin, quant à ma plantation ; car d'abord j'achetai un esclave nègre, et je louai un serviteur européen, c'est-à-dire un autre que celui que le capitaine m'avait amené de Lisbonne.

Le mauvais usage que nous faisons de la prospérité devient souvent la source de nos plus grands malheurs : c'est ce qui se vérifia en moi. L'année suivante, j'eus toutes sortes de succès dans ma plantation. Alors, voyant mes affaires et mes richesses s'accroître également, je commençai à rouler dans ma tête quantité de projets et d'entreprises au-dessus de ma portée ; en un mot, je conçus plusieurs de ces desseins qui causent souvent la ruine des personnes les plus versées dans le commerce.

Si j'eusse voulu continuer le genre de vie que je menais alors, je pouvais encore aspirer à tous les grands avantages de la vie retirée que mon père m'avait sérieusement recommandée. Mais j'allais augmenter le nombre de mes fautes, et par conséquent fournir une ample matière aux reproches que j'aurais le loisir de me faire un jour au milieu des pensées les plus accablantes. Tous ces désastres ne provenaient que de ma passion effrénée de courir le monde.

Pour procéder par degrés dans cet endroit remarquable de mon histoire, on doit supposer qu'ayant vécu près de quatre ans dans le Brésil, et commençant à gagner considérablement et à prospérer dans ma nouvelle plantation, non-seulement j'avais appris la langue du pays, mais j'avais encore fait connaissance et lié amitié avec mes compagnons de plantation, aussi bien qu'avec les marchands de San-Salvador, qui était notre port de mer. Dans nos conversations, je les avais souvent entretenus de mes deux voyages à la côte de Guinée, de la manière de faire la traite, et de la facilité avec laquelle on y pouvait changer de la poudre d'or, des grains de Guinée, des dents d'éléphant, d'autres choses précieuses, et, qui plus est, des nègres en grand nombre, le tout pour des bagatelles, comme de la quincaillerie, des couteaux, des ciseaux, des haches, des morceaux de glaces, et autres menues marchandises.

On ne manquait jamais d'écouter attentivement ce que je disais sur ce chapitre, mais surtout l'article de l'achat des nègres, dont le trafic, à peine ébauché, avait toujours été dirigé par une société qu'avaient formée les rois d'Espagne et de Portugal, et qui entrait dans les comptes du gouvernement, de sorte qu'on ne nous amenait que peu de nègres, et encore ils se vendaient à un prix excessif.

Un jour, me trouvant en compagnie avec des marchands et planteurs de ma connaissance, et leur ayant parlé fort sérieusement sur ce sujet, trois d'entre eux vinrent me trouver le lendemain, et me dirent qu'ils avaient beaucoup réfléchi à l'entretien de la veille, et qu'ils venaient me proposer une chose qui demandait le secret. Je leur promis de le garder, et après ce préliminaire, ils me déclarèrent qu'ils avaient envie d'équiper un vaisseau pour la Guinée ; qu'ils avaient tous des plantations aussi bien que moi, et que rien ne leur faisait plus de tort que le besoin extrême où ils étaient d'esclaves ; que comme c'était un commerce qu'on ne pouvait continuer, parce qu'il n'était pas permis de vendre publiquement les nègres quand ils étaient arrivés, leur dessein était de ne faire qu'un seul voyage, de débarquer secrètement les nègres, et de les distribuer ensuite dans leurs propres plantations : qu'en un mot, il s'agissait de savoir si je voulais aller à bord du vaisseau en qualité de subrécargue, pour prendre soin de ce qui concernait le négoce sur la côte de Guinée ; que dans le partage des nègres j'aurais une portion égale à celle des autres, et que je serais dispensé de fournir ma quote-part des fonds qu'on lèverait pour cette entreprise.

Il faut avouer que ces propositions auraient été fort avantageuses pour tout homme manquant d'établissement, et n'ayant pas à cultiver une plantation qui lui appartient en propre, avec de très belles espérances, et la certitude d'un bon fonds. Mais moi qui étais déjà très avancé, et qui me voyais avantageusement établi, moi qui n'avais plus qu'à continuer pendant trois ou quatre ans sur le même pied, et qu'à faire venir d'Angleterre mes autres cent livres sterling ; enfin moi qui, dans ce temps-là et avec ce supplément, n'aurais pu manquer de devenir riche de deux ou trois mille livres sterling, sans compter combien une telle somme aurait multiplié dans la suite, que je pensasse, dis-je, à un tel voyage, c'est la plus grande folie qu'un homme pût faire dans de pareilles conjectures.

Mais il me fut aussi impossible de résister à leur offre qu'il me l'avait été autrefois de réprimer les désirs extravagants qui firent échouer les bons conseils de mon père. En un mot, je leur dis que je partirais de tout mon cœur, s'ils voulaient bien se charger du soin de ma plantation pendant mon absence, et en disposer selon que je l'aurais ordonné si je venais à périr. tous me le promirent et s'y obligèrent par contrat. Je fis un testament en forme, par lequel je disposais de ma plantation et de mes effets, en cas de mort, instituant pour mon légataire universel le capitaine de vaisseau qui m'avait sauvé la vie, mais l'obligeant à disposer de mon avoir selon cette clause : c'est-à-dire qu'il garderait pour lui moitié de mes acquisitions, et ferait embarquer l'autre moitié pour l'Angleterre.

Le vaisseau étant équipé, la cargaison embarquée, et toutes choses arrangées comme nous en étions convenus mes associés et moi, j'allai à bord le 1er septembre 1659, qui était le même jour où je m'étais embarqué à Hull, huit ans auparavant, pour devenir rebelle aux ordres de mes parents.

Notre vaisseau était d'environ cent vingt tonneaux, il portait six canons et quatorze hommes, en y comprenant le maître, son garçon et moi. Nous ne l'avions chargé d'autres marchandises que de quincaillerie, propre à notre commerce, telle que des pièces de glaces, des coquilles, surtout de petits miroirs, des couteaux, des haches et quelques matelas.

Le même jour que j'allai à bord nous mîmes à la voile et nous dirigeâmes vers le nord, le long de la côte, dans le dessein de tourner vers celle d'Afrique quand nous serions parvenus au 10e ou 11e degré de latitude septentrionale. Nous eûmes un fort beau temps, sinon qu'il faisait excessivement chaud. Arrivés à la hauteur du cap Saint-Augustin, nous nous éloignâmes en mer, et perdant bientôt la terre de vue, nous mîmes le cap de même que si nous eussions voulu aller à l'île de Ferdinand de Noronha ; mais nous la laissâmes à l'est, ainsi que les îles adjacentes, continuant notre route vers le nord-est-quart-nord et nous passâmes la ligne après une navigation d'environ douze jours.

Nous étions, suivant notre dernière estime, sous le 7e degré et 22 minutes de latitude septentrionale, lorsqu'il s'éleva un violent ouragan qui nous désorienta entièrement. Il commença vers le sud-est, devint peu après nord-ouest, puis se fixant au nord-est, il se déchaîna d'une manière si terrible que nous ne fîmes autre chose, pendant douze jours de suite, que dériver, forcés d'obéir à la fureur des vents.

Cet orage, outre la frayeur qui en est toujours inséparable, nous coûta trois hommes : l'un mourut de la fièvre ardente, et les deux autres, dont le mousse, tombèrent dans la mer. Le vent s'étant un peu abattu sur la fin du douzième jour, le maître fit une estime le mieux qu'il put, et trouva qu'il était aux environs du 11e degré de latitude septentrionale, mais qu'il y avait une différence de 22 degrés de longitude à l'ouest du cap Saint-Augustin : de sorte que nous étions jetés vers la côte de la Guyane, partie septentrionale du Brésil, au-delà de la rivière des Amazones, non loin de l'Orénoque. Le vaisseau avait été fort tourmenté, et faisait beaucoup d'eau. Le maître nous consulta pour savoir quelle route nous prendrions, et il opina pour regagner la partie orientale d'où nous étions partis.

J'étais d'un avis tout contraire ; et après avoir examiné ensemble une carte marine de l'Amérique, nous conclûmes qu'il n'y avait aucune terre habitée où nous pussions avoir du secours, et qui fût plus proche de nous que l'archipel des Caraïbes : c'est pourquoi nous résolûmes de faire voile vers la Barbade, où nous espérions qu'en prenant le large pour éviter le golfe du Mexique, nous pourrions aisément arriver en quinze jours, tandis qu'il nous était impossible de continuer notre voyage à la côte d'Afrique sans quelque assistance tant pour le vaisseau que pour nous-mêmes.

Dans ce dessein, nous changeâmes de direction, et nous mîmes le cap au nord quart-ouest, afin de pouvoir atteindre quelqu'une des îles habitées par les Anglais, où j'avais l'espérance de recevoir du secours. Mais notre voyage devait se terminer autrement; car, étant dans la latitude du 12ᵉ degré et 18 minutes, nous fûmes assaillis d'une seconde tempête qui nous emporta avec la même impétuosité que la première vers l'ouest, et nous écarta si loin de toute société humaine, que nous n'avions d'autre alternative que de périr dans les flots ou d'être dévorés par les sauvages, sans aucune espérance de revoir jamais notre pays.

Dans cette extrémité, le vent soufflait toujours avec violence; et le jour commençait à paraître, lorsqu'un de nos gens s'écria : « Terre ! » A peine fûmes-nous sortis de la cabane pour voir ce que c'était et dans quelle région du monde nous nous trouvions, que le vaisseau donna contre un banc de sable : son mouvement cessa tout-à-coup, et les vagues y entrèrent avec tant de précipitation, que nous nous attendîmes à périr sur l'heure : nous nous serrions contre les bords du bâtiment pour nous abriter contre la violence des vagues.

Nous ne connaissions ni le climat où nous étions, ni la terre contre laquelle nous avions échoué. Etait-ce une île ou un continent? était-elle habitée ou déserte? La fureur des vents, quoique un peu diminuée, était encore terrible, et nous ne pouvions espérer que le vaisseau demeurât quelques minutes sans se fracasser, à moins qu'un calme ne survînt tout-à-coup par une espèce de miracle. Nous étions immobiles, nous regardant les uns les autres, attendant la mort à chaque instant. La seule chose qui pouvait nous rassurer, c'est que, contre notre attente, le vaisseau n'était pas encore brisé; le maître disait que le vent commençait à s'abattre.

Le temps parut enfin devenir moins chargé, et nous reprîmes courage; mais le vaisseau était enfoncé trop avant dans le sable pour que nous pussions espérer de l'en dégager, et notre situation était toujours aussi déplorable, car il ne nous restait plus qu'à voir si nous pourrions descendre à terre, au risque d'y périr de faim ou d'y être dévorés. Un peu avant la tempête, nous avions un bateau qui suivait notre arrière; mais d'abord il s'était fracassé à force de heurter contre notre gouvernail; ensuite il avait coulé bas ou dérivé çà et là par la mer, en sorte qu'il ne nous restait plus d'espérance de ce côté-là. Nous avions bien encore une chaloupe à bord, mais nous ne savions comment la mettre en mer : cependant il n'y avait pas de temps à perdre, car nous croyions à tout moment que le vaisseau allait se briser, et quelques-uns disaient qu'il était déjà entamé.

Notre pilote prit la chaloupe, nos gens se mirent à le seconder, et l'on parvint à la descendre à côté du vaisseau : nous nous mîmes tous dedans, au nombre de onze personnes, recommandant nos âmes à la miséricorde divine. Bien que l'orage fût moins violent, la mer s'élevait encore à une hauteur considérable.

C'est alors que le danger était proche et effroyable ; nous vîmes tous clairement que notre chaloupe ne pourrait résister à la fureur des eaux, et que nous serions infailliblement submergés. Nous n'avions point de voile ; et quand même nous en aurions eu, nous n'eussions pu nous en servir. Nous nous mîmes à ramer de toutes nos forces pour gagner la terre, mais avec un visage consterné, comme des malheureux qui iraient au supplice. Aucun de nous ne pouvait ignorer qu'aussitôt que la chaloupe arriverait près de la côte, elle y essuierait des coups si rudes qu'elle serait bientôt en mille pièces. Quoi qu'il en soit, le vent nous poussait vers la terre, nous travaillions à tour de bras pour le seconder et pour hâter notre perte.

Nous ne savions nullement de quelle sorte était le rivage, si c'était du roc ou du sable, ni s'il était bas ou élevé. La seule chose qui aurait pu raisonnablement nous donner quelque lueur d'espérance, était de tomber dans quelque baie, dans quelque golfe ou dans l'embouchure d'une rivière, d'y entrer par un coup du hasard, et de nous mettre à l'abri du vent, ou peut-être encore de trouver une eau calme. Mais il n'y avait aucune apparence de rien de semblable : bien loin de là, la terre, à mesure que nous approchions, nous paraissait encore plus redoutable que la mer.

Après avoir ramé, ou plutôt dérivé l'espace d'une lieue et demie, une vague furieuse, semblable à une montagne, s'en vint roulant à notre arrière c'était nous avertir d'attendre le coup de grâce. En effet, elle fondit sur nous avec tant de furie, qu'elle renversa d'un seul coup la chaloupe, et nous sépara les uns des autres aussi bien que du bateau : dans le moment nous fûmes tous engloutis.

Il n'est pas d'expressions qui puissent retracer quelle était la confusion de mes pensées lorsque j'allai au fond de l'eau. Quoique je nageasse fort bien, je ne pus cependant me dégager assez pour respirer, jusqu'à ce que la vague m'ayant poussé ou plutôt emporté bien avant vers le rivage, elle se brisa, et me laissa presque à sec et à demi-mort. Voyant la terre plus proche de moi que je ne l'aurais cru, j'eus assez de présence d'esprit et de force pour me lever sur mes jambes, m'en servir le mieux que je pus, et tâcher d'avancer du côté de la terre, avant qu'une autre vague revînt et me saisît. Mais je reconnus bientôt qu'il m'était impossible d'y réussir, car, regardant par derrière, je vis la mer s'avançant sur moi, mais haute et furieuse, comme un ennemi redoutable avec lequel je ne pouvais me mesurer. Tout ce que j'avais à faire, c'était de retenir mon haleine et m'élever autant qu'il m'était possible au-dessus de l'eau : de cette manière je pouvais nager, conserver la liberté de ma respiration et voguer vers le rivage. Ce que je craignais le plus, c'était que le flot, après m'avoir poussé vers la terre en venant, ne me rejetât ensuite dans la mer en s'en retournant.

La mer me mit à terre, ou pour mieux dire, me rejeta contre un rocher, si rudement que j'en perdis le sentiment et le pouvoir d'agir pour ma délivrance ; le coup ayant porté sur mon flanc et sur ma poitrine, m'ôta tout-à-fait la respiration pour un instant, et si la mer fût revenue tout de suite à la charge, j'aurais été indubitablement suffoqué. Mais je recouvrai le sentiment un peu avant le retour du flot, et, voyant qu'il allait encore m'ensevelir, je résolus de m'attacher à une pointe de rocher, et, dans cette position, de retenir mon haleine, jusqu'à ce que les eaux fussent retirées. Déjà les vagues n'étaient plus si hautes qu'au commencement, parce que la terre était proche, et je ne quittai le rocher qu'après qu'elles eurent passé et repassé par-dessus moi ; puis je fis un nouvel effort, et m'approchai si près de terre, que la vague qui vint ensuite me couvrit véritablement, mais ne m'enleva pas ; de sorte que je n'eus plus qu'à exercer une seule fois mes jambes pour prendre terre définitivement : je montai sur le haut du rivage, et m'assis sur l'herbe, à l'abri de l'insulte et de la fureur des eaux.

Je me promenais au bord de la mer, levant les mains vers le ciel, l'esprit absorbé dans la contemplation de ma délivrance, témoignant mes transports de joie par mille gestes que je ne saurais rapporter, réfléchissant sur mes compagnons, qui tous avaient sans doute été noyés, et songeant que j'étais, selon toute apparence, le seul qui eût échappé au naufrage ; et en effet, je ne ravis jamais aucun d'eux, pas même la moindre trace, excepté trois chapeaux, un bonnet et deux souliers dépareillés.

Je tournai les yeux du côté du vaisseau ; mais la mer était si écumeuse et si courroucée, et il se trouvait à une distance si grande qu'à peine pouvais-je le distinguer : à cette vue je m'écriai : Grand Dieu ! comment est-il possible que je sois venu à terre !

Après m'être soulagé par tout ce qu'il y avait de consolant dans ma situation, je commençai à regarder autour de moi, afin de voir en quel lieu j'étais, et par où il me fallait débuter. Hélas ! je sentis bientôt diminuer mon allégresse, et je trouvai que, loin d'avoir à me féliciter de ma délivrance, elle était affreuse, car j'étais mouillé, et je n'avais point d'habits pour me sécher ; j'avais faim, et je n'avais rien à manger ; j'avais soif, et je n'avais rien à boire ; j'étais faible, et je n'avais rien pour me fortifier ; je n'avais en somme d'autre perspective que celle de mourir de faim, ou d'être dévoré par des bêtes féroces. Je ne possédais aucune arme avec laquelle je pusse tuer quelqu'animal pour ma subsistance, ni me défendre contre quelque créature que ce fût qui voudrait m'ôter la vie ; en un mot, je n'avais rien sur moi qu'un couteau une pipe et un peu de tabac dans une boîte : c'était là toute ma provision. Je tombai bientôt dans de terribles angoisses, et durant quelque temps je courus çà et là comme un insensé. Cependant la nuit approchait, et je commençai à considérer quel serait mon sort si cette terre nourrissait des bêtes féroces, sachant que ces animaux rôdent dans l'obscurité pour chercher leur proie.

L'unique remède pour le moment présent était de monter sur un certain arbre, dont le branchage était fort épais, semblable à un sapin, mais épineux, qui croissait près de là, et où je résolus de passer la nuit, en attendant le genre de mort qu'il me faudrait subir le lendemain, car jusqu'alors l'arrêt m'en paraissait irrévocable. Je m'éloignai d'environ un demi-quart de mille du rivage, pour voir si je ne trouverais point d'eau douce ; j'eus le bonheur d'en rencontrer, ce qui me causa de la joie au milieu de mes terribles angoisses. Après avoir bu, et mis un peu de tabac dans ma bouche pour prévenir la faim, je courus à l'arbre, sur lequel je cherchai à me placer de manière à ne pas tomber, si je venais à m'endormir ; j'avais à la main un bâton court, que j'avais coupé pour me servir de défense. Armé de la sorte, je pris mon logement. Comme j'étais extrêmement fatigué, je tombai dans un profond sommeil, qui répara tellement mes forces, que je ne pense pas en avoir eu de plus salutaire, ni qu'il y ait beaucoup de gens qui puissent passer une aussi bonne nuit dans une si fâcheuse conjoncture.

Il faisait grand jour lorsque je m'éveillai ; le temps était clair, la tempête dissipée, et la mer était aussi tranquille qu'elle avait été agitée la veille. Mais quelle fut ma surprise en voyant que, par l'élévation de la marée, le vaisseau avait été enlevé pendant la nuit de dessus le banc de sable où il était engravé, et qu'il avait dérivé tout près du rocher où je m'étais si cruellement meurtri. Il y avait environ un mille de l'endroit où j'étais jusque-là, et comme le bâtiment paraissait encore reposer sur sa quille, je souhaitai vivement d'être à bord afin d'en tirer pour mon usage quelqu'une des choses les plus nécessaires.

Dès que je fus descendu du logement que je m'étais choisi dans l'arbre, je regardai encore autour de moi, et la première chose que je découvris fut la chaloupe, que le vent et la marée avaient jetée sur la côte, à environ deux milles de moi à main droite. Je marchai le long du rivage aussi loin que je pus pour aller jusque-là ; mais je trouvai un bras de mer d'environ un demi-mille de largeur entre moi et la chaloupe, tellement que je retournai sur mes pas, laissant la chose pour cette fois, parce que mes désirs se tournaient bien plus du côté du vaisseau, où j'espérais trouver de quoi fournir à ma subsistance.

Un peu après midi, je vis que la mer était fort calme et la marée si basse que je pouvais avancer jusqu'à un quart de mille du vaisseau, et ce fut un renouvellement de douleur, car je voyais clairement que, si nous eussions resté à bord, nous serions tous venus heureusement à terre.

et je n'aurais pas eu le chagrin de me trouver, comme j'étais alors, dénué de toute consolation et de toute compagnie. Ces réflexions m'arrachèrent des larmes; mais comme elles n'apportaient qu'un faible soulagement à mes maux, je résolus d'aller au vaisseau, si pourtant je le pouvais. Il faisait une chaleur excessive; je me dépouillai de mes habits, et je me jetai dans l'eau. Quand je fus arrivé au pied du bâtiment, je trouvai plus de difficulté à monter sur le tillac que je ne m'y étais attendu : il reposait sur terre; mais il était hors de l'eau d'une grande hauteur et il n'y avait rien à ma portée que je pusse saisir. J'en fis deux fois le tour à la nage; la seconde fois, j'aperçus un bout de corde qui pendait à l'avant, et que je m'étonnai de n'avoir pas vu d'abord; je m'en saisis avec beaucoup de peine, et par ce moyen je grimpai sur le gaillard. Quand j'y fus, je vis que le vaisseau était entr'ouvert, et qu'il y avait beaucoup d'eau à fond de cale; mais qu'étant posé sur le flanc d'un banc dont le sable était ferme, il portait sa poupe extrêmement haut, et sa proue si bas, qu'elle en était presque dans l'eau : de cette manière, le pont se trouvait tout-à-fait exempt d'eau, et ce qu'il renfermait était à sec. On pense bien que la première chose que je fis fut de chercher partout, et de voir ce qui était gâté et ce qui était intact. Toutes les provisions du vaisseau n'avaient nullement souffert de l'eau : comme j'avais grand appétit, j'allai à la soute, où je remplis mes poches de biscuit, et je me mis à manger, tout en m'occupant à d'autres choses, car je n'avais pas de temps à perdre. Je trouvai du rhum dans la chambre du capitaine, et j'en bus un coup; j'avais grand besoin de cordial pour m'encourager à supporter les souffrances qui me restaient à essuyer.

Il ne m'aurait servi de rien de demeurer les bras croisés, et de prendre le temps à souhaiter ce que je ne pouvais en aucune manière obtenir. La nécessité me rendit prévoyant et industrieux.

Nous avions à bord, en réserve, plusieurs vergues, un ou deux mâts de perroquet, et deux ou trois grandes barres de bois; je pris la résolution de les mettre en œuvre, et je les lançai hors du bord, après les avoir séparément attachés à une corde, afin qu'ils ne dérivassent point. Cela fait, je descendis sur le côté du bâtiment, et les tirant à moi, j'attachai quatre de ces pièces ensemble par les deux bouts, le mieux qu'il me fut possible, donnant à mon ouvrage la forme d'un radeau. Après avoir posé en travers deux ou trois planches fort courtes, je trouvai que je pouvais marcher dessus, mais qu'il ne pourrait porter une grosse charge, à raison de sa trop grande légèreté. Je retournai au travail, et, à l'aide de la scie du charpentier, je partageai une des vergues en trois pièces, et je les ajoutai à mon radeau, non sans beaucoup de peine et de travail. L'espérance de me procurer des choses qui m'étaient si nécessaires me servit d'aiguillon pour faire bien au-delà de ce dont j'aurais été capable en toute autre occasion.

Déjà mon radeau était assez fort pour porter un poids raisonnable;

il ne s'agissait plus que de voir de quels objets je le chargerais, et comment je préserverais sa charge de l'insulte des eaux de la mer ; mais je ne m'arrêtai pas beaucoup à cette considération, et d'abord j'y mis toutes les planches que je pus trouver ; ensuite, après avoir bien considéré ce dont j'avais le plus de besoin, je commençai par prendre trois coffres de matelots, dont j'avais forcé les serrures pour les vider, et je les descendis avec une corde sur mon radeau. Dans le premier, je mis des provisions : du pain, du riz, trois fromages de Hollande, cinq pièces de bouc séché, et un petit reste de blé d'Europe mis à part pour nourrir quelques volailles que nous avions embarquées. Il y avait aussi une certaine quantité d'orge et de froment mêlés ensemble, mais, à mon regret, je vis que ces grains avaient été mangés ou gâtés par les rats. Quant à la boisson, je trouvai plusieurs caisses de bouteilles appartenant à notre capitaine, et parmi lesquelles il y avait quelques eaux cordiales : vingt-quatre d'entre elles contenaient du rack ; je les arrangeai séparément, parce qu'il n'était pas nécessaire ni même possible de les mettre dans le coffre. Pendant cette occupation, je m'aperçus que la marée commençait à monter, quoique paisiblement, et j'eus le chagrin de voir mon habit, ma veste et ma chemise, que j'avais laissés sur le rivage, flotter et s'en aller au gré de l'eau : je n'avais point quitté ma culotte, qui n'était que de toile et ouverte aux genoux, non plus que mes bas, pour nager jusqu'à bord. Cet accident me fit aller à la quête des hardes, et je ne fus pas longtemps à fouiller sans voir que je pouvais aisément réparer ma perte avec usure ; mais je me contentai de prendre ce dont je ne pouvais absolument me passer pour le moment, parce qu'il y avait d'autres choses que j'avais beaucoup plus à cœur de me procurer ; de ce nombre étaient des outils pour travailler quand je serais à terre. Après avoir longtemps cherché, je trouvai enfin le coffre du charpentier : ce fut un trésor pour moi, mais un trésor beaucoup plus précieux que ne l'aurait été un vaisseau chargé d'or : je le descendis et le posai sur mon radeau tel qu'il était, sans perdre de temps à regarder dedans, car je savais en gros ce qu'il contenait.

La chose que je désirais le plus après celle-là, c'était des munitions et des armes. Il y avait dans la chambre du capitaine deux fusils fort bons et deux pistolets, je m'en saisis d'abord, ainsi que de plusieurs cornets à poudre, d'un petit sac de plomb, et de deux vieilles épées rouillées. Je savais qu'il y avait quelque part trois barils de poudre, mais j'ignorais en quel endroit notre canonnier les avait serrés. A la fin pourtant je les déterrai, après avoir visité coins et recoins. Il y en avait un qui avait été mouillé : les deux autres étaient secs et en bon état, et je les plaçai avec les armes sur mon radeau. Alors je crus m'être muni d'assez de provisions ; il ne me restait plus de souci que pour le conduire jusqu'à terre, car je n'avais ni voile, ni rame, ni gouvernail, et la moindre bouffée pouvait submerger toute ma cargaison.

Trois choses relevaient mes espérances : la mer était tranquille ; la marée montait et portait à terre ; le vent, tout faible qu'il était, ne laissait pas d'être favorable. Je trouvai encore deux ou trois rames à moitié rompues, dépendantes de la chaloupe, deux scies, une besaiguë, avec un marteau, sans compter ce qui était déjà dans le coffre du charpentier ; j'ajoutai le tout à ma cargaison, puis je me mis en mer. Mon radeau vogua très bien l'espace d'environ un mille ; seulement je m'aperçus qu'il dérivait un peu de l'endroit où j'avais pris terre auparavant, ce qui me fit juger qu'il y avait un courant d'eau, et j'espérai trouver une baie ou une rivière, qui me tiendrait lieu de port pour débarquer ma cargaison.

La chose était comme je l'avais imaginé : je découvris vis-à-vis de moi une petite ouverture de terre, vers laquelle je me sentis entraîner par le cours rapide de la marée. Je gouvernai mon radeau le mieux que je pus pour lui faire tenir le fil de l'eau, mais je faillis faire un second naufrage, et si un tel malheur me fût arrivé, je crois véritablement qu'il m'aurait porté une atteinte mortelle. Cette côte m'étant tout-à-fait inconnue, j'allai toucher sur le sable d'un bout de mon radeau, et comme il flottait de l'autre, peu s'en fallut que ma cargaison ne glissât en entier de ce côté, et qu'elle ne tombât dans l'eau. Je faisais tout mon possible pour maintenir les coffres dans leur place en m'appuyant contre eux ; mais mes forces étaient insuffisantes pour dégager le radeau : je n'osais pas même quitter la posture où j'étais, et soutenant la charge de tous mes efforts, je restai dans cette attitude près d'une demi-heure, durant laquelle la marée, me relevant peu à peu, finit par me mettre de niveau. Quelques moments après, l'eau, qui continuait à s'élever, fit flotter mon radeau, que je poussai aussitôt avec ma rame dans le canal : ayant avancé un peu plus haut, je me vis à l'embouchure d'une petite rivière, dans laquelle remontait un courant ou flux rapide. Cependant je cherchais des yeux, sur l'un et l'autre bords, une place où je pusse prendre terre, car je ne me souciais point d'entrer plus avant dans la rivière ; l'espérance que j'avais de découvrir quelque vaisseau me déterminait à ne point m'éloigner de la côte.

Enfin j'aperçus à main droite un petit réduit, vers lequel je conduisis mon radeau, non sans beaucoup de peine et de difficulté ; je m'approchai au point que je touchais au fond de l'eau avec ma rame ; je pouvais aisément atteindre le rivage, mais, en le faisant, je courais une seconde fois le risque de submerger tout mon magasin, car le bord offrant une pente assez raide, je ne pouvais débarquer que dans une place où mon radeau, lorsqu'il viendrait à toucher, serait si fort élevé par un bout, et enfoncé par l'autre, que je me trouverais en danger de tout perdre. Je pris le parti d'attendre que la marée fût tout-à-fait haute, me servant de ma rame en guise d'ancre, pour arrêter mon radeau et en tenir le flanc appliqué contre le bord, près d'un terrain plat et uni, que l'eau ne pouvait manquer de couvrir. Ce moyen réussit : mon radeau tirait environ un pied d'eau ; dès que je m'aperçus que j'en avais assez, je le jetai sur la plage, où je l'amarrai en enfonçant dans la terre mes deux rames rompues, l'une à un bout, l'autre à l'autre bout, et je demeurai dans cette situation jusqu'à ce que la marée fût tout-à-fait basse, et qu'elle laissât mon radeau et ce qu'il portait à sec et en toute sûreté.

La première chose que je fis après cet heureux débarquement, fut d'aller reconnaître le pays, et de chercher un lieu convenable pour ma demeure, ainsi que pour serrer mes effets et les mettre en sûreté contre tout accident. J'ignorais encore si ce terrain était dans le continent ou bien dans une île, s'il était habité ou inhabité, si j'avais ou non quelque chose à craindre des bêtes sauvages. Il n'y avait pas plus d'un mille de cet endroit à une montagne très haute et très escarpée, dont le sommet dominait une chaîne de plusieurs autres montagnes situées au nord. Je pris un de mes fusils et un de mes pistolets, avec un cornet de poudre et un petit sac de plomb; armé de la sorte, j'allai à la découverte jusqu'au haut de cette montagne, où, étant arrivé avec beaucoup de fatigue et de sueur, je vis combien ma destinée était déplorable : je reconnus que j'étais dans une île, entouré partout de la mer, sans pouvoir découvrir d'autres terres que plusieurs rochers fort éloignés de là, et deux petites îles beaucoup moindres que celle où je me trouvais, situées à près de trois lieues vers l'ouest.

Je trouvai, de plus, que l'île où je me voyais renfermé était stérile, et j'avais tout lieu de croire qu'il n'y avait point d'habitants, sinon, peut-être, des bêtes féroces : je n'en voyais cependant aucune, mais bien quantité d'oiseaux dont je ne connaissais ni l'espèce ni l'usage que j'en pourrais faire quand je les aurais tués. A mon retour, je tirai un oiseau fort gros, que je vis posé sur un arbre au bord d'un grand bois. C'était sans doute le premier coup de fusil qui eût été tiré dans ce lieu-là depuis la création du monde, car je ne l'eus pas plus tôt lâché qu'il s'éleva de tous les endroits du bois un nombre presque infini d'oiseaux de plusieurs genres, avec un bruit confus, causé par les cris et les piaulements différents qu'ils faisaient entendre, chacun selon son espèce. Quant à l'oiseau que je tuai, je le pris pour une sorte d'épervier, car il en avait la couleur et le bec, mais non pas les éperons ni les serres; sa chair, d'une odeur forte, ne valait absolument rien.

Après cette découverte, je revins à mon radeau, et me mis à le décharger. Ce travail m'occupa le reste du jour, et lorsque la nuit vint, je ne savais que faire de ma personne, ni quel lieu choisir pour prendre du repos, car je n'osais dormir à terre, craignant que des bêtes féroces ne vinssent me dévorer. Je me suis convaincu depuis qu'il n'y avait rien de pareil à craindre.

Je me barricadai le mieux que je pus avec les coffres et les planches que j'avais amenés à terre, et je me fis une espèce de hutte pour me loger au moins cette nuit-là. Pour ce qui est de la nourriture que l'île me fournirait, je ne concevais pas encore d'où elle pourrait venir, si ce n'est que j'avais vu deux ou trois animaux semblables à des lièvres courir hors du bois où je tirai l'oiseau.

Je me figurai alors que je pourrais encore tirer du vaisseau bien des choses qui me seraient utiles, particulièrement des cordages, des voiles et autres objets qui pouvaient se transporter à terre. Je résolus donc de faire un autre voyage à bord, si je le pouvais ; et comme je savais que la première tourmente qui s'élèverait ne manquerait pas de briser le bâtiment en mille pièces, je renonçai à toute autre entreprise, jusqu'à ce que j'eusse exécuté celle-ci. Alors je tins conseil pour savoir si je retournerais avec le même train ; mais la chose ne me parut pas praticable : je pris le parti d'aller comme la première fois, quand la marée serait basse ; ce que je fis, avec cette différence seulement que je me déshabillai avant de sortir de ma hutte, ne gardant sur moi qu'une chemise déchirée, des caleçons, et une paire d'escarpins.

Je me rendis au bâtiment, et j'y préparai un second train. L'expérience que j'avais acquise dans la fabrication du premier m'ayant rendu plus habile, je fis celui-ci moins lourd, et me gardai bien de le surcharger. Je ne laissai pourtant pas d'emporter plusieurs choses qui me furent très utiles : premièrement je trouvai dans le magasin du charpentier deux ou trois sacs pleins de clous et de pointes, une grande tarière, au moins une douzaine de haches, une pierre à aiguiser, instrument d'une grande utilité. Je mis le tout à part avec plusieurs choses qui avaient appartenu au canonnier, telles que deux ou trois leviers de fer, deux barils de balles, sept mousquets, un autre fusil de chasse, une petite quantité de poudre, un gros sac de dragées, et un grand rouleau de plomb ; mais ce dernier était si pesant, que je n'eus pas la force de le soulever assez pour le faire passer par-dessus le bord du vaisseau.

J'enlevai, en outre, tous les habits que je pus trouver, avec une voile de surcroît du perroquet de misaine, un branle, un matelas et quelques couvertures. Je chargeai tout ce que je viens de détailler sur mon second train, et je le conduisis à terre avec un succès qui contribua extrêmement à me consoler dans mes disgrâces.

Tant que je fus éloigné de terre, je pensai que le moindre malheur qui pût m'arriver fût que les bêtes sauvages dévorassent mes provisions ; mais à mon retour je ne trouvai aucune marque d'irruption de leur part, si ce n'est qu'un animal semblable à un chat sauvage était assis sur un de mes coffres ; dès qu'il me vit approcher, il s'enfuit à quelque pas de là, puis s'arrêta tout court ; il ne paraissait ni décontenancé ni effrayé, et il me regardait fixement, comme s'il eût eu quelque envie de s'apprivoiser avec moi. Je lui présentai le bout de mon fusil ; mais comme il ne savait pas ce dont il s'agissait, il ne s'en effraya point, et ne se mit aucunement en mesure de prendre la fuite. Je lui jetai un morceau de biscuit qu'il ne dédaigna pas, et prit si bien la chose, qu'il me fit connaître par son air content qu'il était disposé à en accepter une autre dose ; mais voyant qu'il ne gagnait rien à attendre, il prit congé de moi.

Les tonneaux où notre poudre était renfermée se trouvant trop gros et trop pesants, j'avais été obligé de les défoncer pour l'en tirer petit à petit, et de la charger sur mon train en plusieurs paquets, ce qui avait prolongé mon opération. Me voyant à terre avec toute ma cargaison, je commençai à me faire une petite tente, au moyen de la voile et des piquets, que je coupai dans cette intention. J'apportai dans cette tente tout ce que je savais pouvoir se gâter à la pluie ou au soleil ; ensuite je me fis un rempart des coffres vides et des tonneaux, que je plaçai les uns sur les autres autour de ma tente pour la fortifier contre tout assaillant, de quelque espèce qu'il pût être.

Je barricadai la porte de cette tente avec des planches en-dedans, et un coffre vide dressé sur un bout, en-dehors ; et après avoir placé mes pistolets à mon chevet, mon fusil à mon côté, je me mis au lit pour la première fois, et je dormis fort tranquillement toute la nuit. J'étais las et accablé, car je n'avais dormi que fort peu la nuit d'auparavant, et j'avais rudement travaillé tout le jour.

Le magasin d'effets de toute espèce que j'avais alors était, je pense, le plus gros qui eût été amassé par une seule personne ; mais je n'étais pas encore content, et je m'imaginais que, tant que le vaisseau resterait sur sa quille, il était de mon devoir d'en aller tirer tout ce que je pourrais. Chaque jour je me rendais à bord pendant la marée basse, et j'en rapportais tantôt une chose tantôt une autre. La troisième fois que j'y allai, j'enlevai tout ce que je pus des agrès, les petites cordes et le fil de caret, une pièce de canevas et le baril de poudre qui avait été mouillé, enfin toutes les voiles, depuis la plus grande jusqu'à la plus petite ; je fus obligé de les couper en plusieurs morceaux, et d'en porter le plus que je pouvais à chaque reprise ; car elles n'étaient plus propres à servir de voiles, mais seulement pour simple canevas.

Ce qui me fit le plus de plaisir dans tout mon butin, c'est qu'après avoir fait cinq ou six voyages, et au moment où je croyais qu'il n'y avait plus rien dans le bâtiment qui valût la peine de s'en embarrasser, je trouvai encore un grand morceau de biscuit, trois bons barils de rhum ou d'eau-de-vie, une boîte de cassonnade et un muid de fleur de farine très belle.

L'agréable surprise où me jeta cette découverte fut d'autant plus grande que je ne m'attendais plus à rencontrer aucune provision que l'eau n'eût entièrement gâtée. Je vidai au plus vite le tonneau de biscuit, j'en fis plusieurs parts, et je les enveloppai dans des morceaux de voiles que je taillai précisément pour cet objet, et enfin je transportai cette charge à terre avec autant de bonheur que les autres.

Le lendemain, je fis un autre voyage. Comme j'avais dépouillé le vaisseau de tout ce qui était aisément transportable, je commençai à me mettre après les câbles. Je débutai par les plus gros, que je coupai en plusieurs pièces proportionnées à mes forces, de manière à pouvoir les remuer ; j'amoncelai deux câbles et une hansière, et toute la ferraille que je pus arracher ; ensuite, ayant coupé la vergue de beaupré et celle de misaine pour me faire un grand radeau, je me mis sur cette charge pesante, et je voguai. Ce radeau était lourd et tellement surchargé, qu'étant entré dans le réduit où j'avais débarqué mes autres provisions, et ne pouvant le gouverner aussi bien que j'avais fait des autres, il me renversa en me jetant dans l'eau avec toute ma cargaison. Relativement à moi, le mal n'était pas grand, car j'étais proche de terre, mais je perdis la majeure partie de ma cargaison, surtout le fer, dont je m'étais promis de faire un bon usage. Néanmoins la marée étant devenue basse, je sauvai la plupart des pièces de câbles, et quelques-unes de fer, à la vérité avec un travail infini, puisque j'étais obligé de plonger, exercice qui me fatigua beaucoup. Malgré ce revers, je ne manquai point d'aller à bord une fois par jour, et d'en apporter tout ce que je pouvais enlever.

Il y avait déjà treize jours que j'étais à terre ; j'avais fait onze voyages à bord durant ce temps, et j'avais enlevé tout ce qu'une personne seule était capable d'emporter : je crois ne pas exagérer en disant que, si le calme eût continué j'aurais amené à terre tout le bâtiment, pièce à pièce. Je voulus y retourner une douzième fois ; mais comme je m'y préparais, je trouvai que le vent commençait à se lever, ce qui ne m'empêcha pas de m'y rendre durant la marée basse ; et quoique j'eusse souvent fouillé et refouillé par toute la chambre du capitaine, avec tant d'exactitude que je croyais qu'il n'y avait plus rien à trouver, je découvris cependant une armoire garnie de tiroirs, dans l'un desquels je trouvai deux ou trois rasoirs, une petite paire de ciseaux et dix ou douze couteaux, avec autant de fourchettes ; dans un autre, il y avait environ trente-six livres sterling en pièces, les unes monnaie d'Europe, les autres du Brésil, moitié en or, moitié en argent, et entre autres quelques pièces de huit.

A la vue de cet argent, je souris : « Vanité des vanités ! m'écriai-je; métal imposteur, que tu es vil à mes yeux ! A quoi peux-tu me servir ? tu ne vaux pas la peine que je me baisse pour te ramasser : un seul de ces couteaux est plus pour moi que les trésors de Crésus ; demeure donc où tu es, ou plutôt va au fond de la mer ! » Après avoir donné un libre cours à mon imagination, je me ravisai pourtant tout-à-coup, et prenant cette somme avec les ustensiles que j'avais trouvés dans l'armoire j'empaquetai le tout dans un morceau de canevas. Déjà je pensais à faire un radeau, quand je m'aperçus que le ciel se couvrait et qu'il commençait à fraîchir. Au bout d'un quart d'heure, le vent souffla de la côte, et sur le champ je pensai que ce serait un projet chimérique de vouloir faire un radeau avec un vent qui venait de terre ; le plus court parti était de m'en retourner avant que le flux commençât, si je ne voulais dire adieu pour jamais à la terre. En conséquence, je me mis à nager, et je traversai l'espace qui se trouvait entre le vaisseau et les sables, mais ce ne fut pas sans beaucoup de peine, tant à cause du poids que je portais, qu'en raison de l'agitation de la mer, car le vent s'éleva si brusquement, qu'il y eut une tempête avant même que la marée fût haute.

Mais j'étais déjà rendu chez moi, à l'abri de l'orage, et posté dans ma tente au centre de mes richesses. Il fit un gros temps toute la nuit, et le matin, quand je regardai en mer, le vaisseau avait disparu.

Dès-lors je ne pensai plus au vaisseau, ni à ce qui m'en pourrait revenir, excepté ce que la mer apporterait de ses débris sur le rivage, comme en effet, dans la suite, elle jeta plusieurs morceaux qui ne me servirent pas beaucoup.

Toutes mes pensées ne tendaient plus qu'à me mettre en sûreté contre les sauvages et les bêtes féroces aussi, s'il y en avait dans l'île. Je ne savais si je me creuserais une cave, ou si je me dresserais une tente : enfin je résolus d'avoir l'une et l'autre.

Je reconnus d'abord que la place où je me trouvais n'était pas propre à un établissement : d'abord, parce que le terrain étant bas et marécageux, j'avais sujet de douter de sa salubrité; ensuite, parce qu'il n'y avait pas d'eau douce près de là : je pris le parti de chercher un site plus convenable.

J'avais plusieurs avantages à consulter dans la situation que je jugeais devoir me choisir : le premier était de jouir d'une bonne santé, et par conséquent d'avoir de l'eau potable; le second, d'être à l'abri des ardeurs du soleil; le troisième, de me garantir contre les attaques des animaux dévorants, hommes ou bêtes; et le quatrième, d'avoir vue sur la mer, afin que, s'il venait quelque vaisseau dans ces parages, je n'omisse rien de ce qui pourrait favoriser ma délivrance.

Comme j'étais à chercher une place qui réunît tous ces avantages, je trouvai une petite plaine située au pied d'une colline élevée, dont le front était raide et sans talus, comme la façade d'une maison, tellement que rien ne pouvait venir à moi du haut en bas. Sur le devant de ce rocher, était un enfoncement qui ressemblait assez à l'entrée ou à la porte d'une cave : mais il n'existait en effet aucune caverne ni aucun chemin qui allât dans le roc.

Ce fut sur cette esplanade, et devant cet enfoncement, que je résolus de m'établir. La plaine n'avait pas plus de cent verges de largeur; elle s'étendait environ une fois plus en longueur, et formait devant mon habitation une espèce de tapis vert, qui se terminait en descendant régulièrement de tous côtés vers la mer. Cette situation était au nord-ouest de la colline, de manière qu'elle me mettait à l'abri de la chaleur jusqu'à ce que j'eusse le soleil à l'ouest quart sud-ouest ou environ.

Avant de dresser ma tente, je tirai au-devant de l'enfoncement du rocher un demi-cercle qui enclavait environ dix verges dans son demi-diamètre, depuis son point central jusqu'à sa circonférence, et vingt de diamètre d'un bout jusqu'à l'autre.

Je plantai dans ce demi-cercle deux rangs de fortes palissades, que j'enfonçai en terre jusqu'à ce qu'elles fussent fermes comme des piliers; leur gros bout était pointu et s'élevait de terre à la hauteur de cinq pieds et demi; il n'y avait pas plus de six pouces de distance de l'un à l'autre rang.

Je pris ensuite les pièces de câbles que j'avais coupées à bord du vaisseau, et les rangeai les unes sur les autres, dans l'entre-deux du double rang, jusqu'au haut des palissades; puis j'y ajoutai d'autres pieux, d'environ deux pieds et demi, appuyés contre les premiers, et leur servant d'appui en-dedans du demi-cercle. Cet ouvrage était si fort qu'il n'y avait ni homme ni bête qui pût le forcer ou passer par-dessus : il me coûta beaucoup de temps et de travail.

Je fis, pour entrer dans la place, une petite échelle, avec laquelle je passais par-dessus mes fortifications; quand j'étais dedans, j'enlevais et je retirais cette échelle après moi. De cette manière, je me croyais parfaitement défendu et bien fortifié contre tout agresseur, et je dormais en toute sécurité pendant la nuit.

C'est dans ce retranchement, ou dans cette forteresse, que je transportai mes provisions, mes munitions, en un mot toutes mes richesses. Je m'y dressai une grande tente que je fis double pour me garantir des pluies, réellement excessives dans cette région pendant certains temps de l'année. Je dressai d'abord une tente médiocre, ensuite une plus grande par-dessus, et je couvris le tout d'une toile goudronnée, que j'avais sauvée avec les voiles.

Dès-lors je cessai pour longtemps de coucher dans le lit que j'avais rapporté à terre, aimant mieux dormir dans un hamac.

Je portai dans ma tente toutes les provisions qui pouvaient se gâter à la pluie, et ayant ainsi renfermé tous mes biens dans l'enceinte de mon domicile, j'en bouchai l'entrée, et me servis de mon échelle.

Cet ouvrage fini, je commençai à creuser dans le roc; et portant la terre et les pierres que j'en tirai à travers ma tente, je les jetai ensuite au pied de la palissade, de telle sorte qu'il en résulta une sorte de terrasse qui élevait le sol d'environ un pied et demi en-dedans. Je me fis une caverne qui était comme le cellier de la maison, justement derrière ma tente.

Il m'en coûta un long et pénible travail avant que je pusse mettre la dernière main à ces différents ouvrages. Un jour, lorsque je ne m'étais encore que figuré le plan de ma tente et de ma cave, il arriva qu'un nuage sombre et épais s'étant formé, il en sortit un orage soudain, il fit un éclair, et bientôt après un coup de tonnerre. Je ne fus pas tant frappé de l'éclair que d'une pensée qui passa dans mon esprit avec la promptitude de ce météore. Ah! dis-je en moi-même, que deviendra ma poudre? sans elle, comment me défendrai-je? comment pourvoirai-je à ma nourriture? J'étais plus mort que vif, lorsque je fis réflexion que toute ma poudre pourrait sauter en un instant.

Cette idée fit tant d'impression sur moi, que, quand l'orage fut passé, je suspendis mes fortifications et mes travaux, et je me mis à faire des sacs et des boîtes pour resserrer ma poudre, afin que, divisés en plusieurs paquets dispersés çà et là, l'un ne fît pas prendre feu à l'autre, et que je pusse la perdre toute à la fois. Je mis bien quinze jours à finir cet ouvrage, et je crois que ma poudre, dont la quantité montait à environ cent quarante livres, ne fut pas divisée en moins de cent paquets. Quant au baril qui avait été mouillé, je n'en redoutais aucun accident; aussi je le plaçai dans ma caverne, que j'eus la fantaisie d'appeler ma cuisine; et pour le reste, je le cachai dans des trous de rocher, que j'eus grand soin de remarquer, et qui étaient exempts d'humidité.

Durant le temps que je me mis à ce travail, je ne laissai passer aucun jour sans aller dehors au moins une fois, soit pour me divertir, soit pour chercher quelque chose de bon à manger, ou même pour reconnaître, autant que je le pourrais, quelles étaient les productions de l'île. La première fois que je sortis, je reconnus bientôt qu'il y avait des boucs, ce qui me causa beaucoup de joie; mais cette joie fut tempérée par une circonstance désagréable : c'est que ces animaux étaient si sauvages, si rusés, et si légers à la course, qu'il n'y avait rien de plus difficile que de les approcher. Cette difficulté ne me découragea pourtant pas, ne doutant nullement que je n'en pusse tuer de temps en temps, comme il arriva en effet bientôt après; car, lorsque j'eus remarqué leurs allées et leurs venues, voici comme je m'y pris. Lorsque j'allais dans les vallées, et que je les voyais sur les rochers, ils prenaient d'abord l'épouvante et s'enfuyaient avec une vitesse extrême; mais s'ils étaient à paître dans les vallées, et que je fusse sur les rochers, ils ne remuaient point, et ne prenaient pas seulement garde à moi. De là je conclus que, par la position de leurs yeux, ils avaient la vue tellement dirigée en bas, qu'ils ne voyaient pas aisément les objets situés au-dessus d'eux : c'est pourquoi, dans la suite, je pris le parti de commencer ma chasse par monter toujours sur les rochers, afin d'être placé plus haut qu'eux, et alors j'en tuai souvent à plaisir. Du premier coup que je tirai sur ces animaux, je tuai une chèvre qui avait un petit chevreau encore à la mamelle, circonstance dont je fus véritablement fâché. Quand la mère fut tombée, le petit resta auprès d'elle jusqu'à ce que j'allasse la ramasser; je la chargeai sur mes épaules, et tandis que je l'emportais le petit me suivit jusqu'à mon clos : je la déposai à terre, puis, prenant le chevreau entre mes bras, je le portai par-dessus la palissade, dans l'espérance de l'apprivoiser; mais il ne voulut point manger, ce qui m'obligea bientôt à le tuer et à le manger moi-même. Le produit de cette chasse me nourrit longtemps, car je ménageais mes provisions, surtout mon pain, autant qu'il était possible.

Voyant que j'avais fixé mon habitation, je trouvai qu'il était absolument nécessaire de me choisir un endroit et d'amasser des matériaux pour faire du feu. Je dirai plus tard ce que je fis à cette intention.

A présent que je dois retracer le tableau d'une vie solitaire, d'une vie telle qu'on n'a peut-être jamais ouï parler de rien de semblable en ce monde, je remonterai jusqu'au commencement et je continuerai avec ordre. C'était le trentième jour de septembre que je mis pied à terre pour la première fois dans ce désert, à l'époque de l'équinoxe d'automne, où le soleil dardait presque perpendiculairement ses rayons sur ma tête, et je comptais, suivant mon estime, être vers la latitude de neuf degrés et vingt-deux minutes au nord de la ligne.

Dix ou douze jours après, il me vint dans l'esprit que tôt ou tard je ne pourrais calculer la marche du temps faute de papier, de plumes et d'encre, et que je ne pourrais plus distinguer les dimanches des jours de travail, si je ne m'avisais de quelque expédient. Pour prévenir une si fâcheuse confusion, j'érigeai près du rivage, à l'endroit où j'avais pris terre pour la première fois, un grand poteau carré dont je fis une croix, et sur lequel je traçai cette inscription :

J'ABORDAI ICI LE 30 SEPTEMBRE 1659.

Sur les côtés de ce poteau, je marquais chaque jour un cran ; tous les sept jours j'en marquais un doublement grand, et tous les premiers du mois un autre qui surpassait doublement celui du septième jour ; de cette manière, je me fis un calendrier, calculant avec soin les semaines, les mois et les années.

Il faut observer que parmi le grand nombre de choses que je tirai du vaisseau, dans les différents voyages que j'y fis, il s'en trouva beaucoup de moins considérables à la vérité que celles dont j'ai parlé, mais qui pourtant ne m'étaient point d'un moindre usage ; comme, par exemple, des plumes, de l'encre et du papier, et plusieurs objets que je trouvai dans les cabines du capitaine, du maître et du charpentier ; trois ou quatre compas, des instruments de mathématiques, des cadrans, des lunettes d'approche, des cartes et des livres de navigation. J'avais pris tous ces objets pêle-mêle, sans me donner le temps d'examiner ce qui pourrait me servir ou non. Je trouvai aussi trois livres de prières, que j'avais reçus avec ma cargaison d'Angleterre, et que j'avais pris soin de mettre parmi mes effets, lorsque je partis du Brésil ; puis quelques livres portugais et plusieurs autres, que j'eus grand soin de serrer. Nous avions aussi dans le vaisseau deux chats et un chien. J'emportai les deux chats avec moi ; le chien sauta du vaisseau dans la mer, et vint me trouver à terre le jour que j'y amenai la première cargaison. Pendant plusieurs années il fit auprès de moi les fonctions d'un serviteur et d'un camarade fidèle, jamais il ne me laissa manquer de ce qu'il était capable d'aller chercher : il employait son instinct à me procurer bonne compagnie. J'avais trouvé des plumes, de l'encre et du papier, je tins donc un compte exact de tout ce qui m'arriva, aussi longtemps que dura mon encre ; mais quand elle fut finie, cela me devint impossible, parce que je ne trouvai aucun moyen d'en faire de nouvelle, et rien pour y suppléer.

Ce qui me fait souvenir que, dans le magasin que j'avais amassé, il me manquait encore quantité de choses : de ce nombre étaient premièrement une bêche, une pioche et une pelle pour fouir et pour transporter la terre : ensuite des aiguilles, des épingles et du fil : pour ce qui est de la toilette, j'appris en peu de temps à m'en passer sans beaucoup de peine.

Ce manque d'outils était cause que je n'allais que lentement dans tout ce que je faisais, et il se passa près d'un an avant que j'eusse entièrement achevé mon enclos. Les pieux dont il était formé étaient si pesants, que c'était tout ce que je pouvais faire de les soulever ; il me fallait tant de temps pour les couper dans les bois, pour les façonner, et surtout pour les conduire jusqu'à ma demeure, qu'un seul me coûtait quelquefois deux jours, tant pour le couper que pour le transporter, et un troisième pour l'enfoncer en terre. Dans ce dernier travail, je me servais au commencement d'une grosse pièce de bois ; par la suite, j'imaginai qu'il serait plus commode de me servir d'un levier de fer, qu'il me fut facile de trouver, et que j'employai à cet effet ; mais, malgré ce secours, je ne laissai pas de trouver que c'était un rude exercice que celui d'enfoncer des palissades.

Je n'avais pas sujet de me rebuter de la longueur d'un travail quel qu'il fût ; je ne devais pas être avare de mon temps, et je ne sache point à quoi j'aurais pu l'employer si cet ouvrage eût été terminé, à moins que d'aller faire la visite de l'île pour chercher de la nourriture, et c'est aussi ce que je faisais chaque jour.

Je commençai dès-lors à examiner sérieusement ma position, et à peser les circonstances dont elle était accompagnée. Je couchai par écrit l'état de mes affaires, non pas tant pour le laisser à mes successeurs (car il n'y avait pas d'apparence que j'eusse beaucoup d'héritiers), que pour éloigner de mon esprit les pensées désolantes qui venaient en foule l'accabler tous les jours. La force de ma raison commençait à se rendre maîtresse de l'abattement de mon cœur ; et, pour la seconder de tous mes efforts, je fis une somme des biens et des maux qui m'environnaient, comparant les uns aux autres, afin de me convaincre qu'il y avait des gens encore plus malheureux que moi. Je conduisis cet examen avec toute l'impartialité d'un homme qui voudrait faire un calcul fidèle de ce qu'il a déboursé et de ce qu'il a reçu.

Enfin, tout bien et dûment considéré, il en résultait une conséquence dont la vérité est incontestable : c'est qu'il n'y a pas de condition si misérable dans la vie où il n'y ait quelque chose de positif ou de négatif qui doit être regardé comme une faveur reçue de la Providence. Et l'expérience de l'état le plus affreux où l'homme puisse être réduit en ce monde, fournit à tous cette belle leçon, qu'il est toujours en notre pouvoir de trouver quelque sujet de consolation, qui, dans l'examen des biens et des maux, fasse pencher la balance du bon côté.

J'accoutumais donc déjà insensiblement mon esprit à supporter ma situation, j'avais perdu l'habitude de regarder en mer pour voir si je ne découvrirais pas un vaisseau, ce que jusqu'alors je n'avais pas manqué de faire chaque jour; cessant de perdre mon temps en choses vaines et souvent chagrinantes, je voulus désormais l'employer utilement à me procurer tous les adoucissements possibles dans ce genre de vie.

J'ai déjà décrit mon habitation, que j'avais placée au pied d'un rocher, et qui était une tente entourée d'un double rang de fortes palissades garni de câbles. Mais je pourrais bien maintenant donner à ma cloison le nom de muraille; car je l'avais effectivement murée en-dehors d'un renfort de gazon de deux pieds d'épaisseur. Au bout d'un an et demi ou environ, j'ajoutai des chevrons qui, prenant du haut de la palissade, appuyaient contre le rocher, et que je garnis et entrelaçai de branches d'arbres et d'autres matériaux pour me garantir des pluies si violentes en certains temps de l'année sous ces climats.

J'ai raconté comment j'avais renfermé mes effets, tant dans cet enclos que dans la cave qui était derrière moi; ce qui ne faisait dans le commencement qu'un amas confus de meubles et d'outils, qui, faute d'être bien arrangés, occupaient toute la place, de sorte qu'il ne m'en restait pas pour me remuer. Je me mis en conséquence à élargir ma caverne, à travailler sous terre: le rocher cédait assez facilement à tous mes efforts; me voyant en sûreté du côté des bêtes féroces, j'avançai mes travaux dans le roc à main droite; ensuite, tournant encore une seconde fois à droite, je parvins à me faire jour à travers pour pouvoir sortir par une porte qui fût indépendante de ma palissade ou de mes fortifications.

Cet ouvrage ne fournissait pas seulement une espèce de porte de derrière à ma tente et à mon magasin, qui avaient ainsi une entrée et une sortie, mais encore il me donnait de l'espace pour ranger mes meubles. C'est alors que je m'appliquai à fabriquer ceux qui m'étaient les plus nécessaires, et je commençai par une chaise et une table.

Je mis la main à l'œuvre et je ne puis m'empêcher de remarquer que la raison est le principe et l'origine des mathématiques. Je n'avais manié de mes jours aucun outil, et cependant, par mon travail, par mon application, par mon industrie, je trouvai à la fin qu'il n'y avait aucune des choses qui me manquaient que je n'eusse pu faire, si j'avais eu les outils nécessaires: sans outils même, je fis plusieurs ouvrages; et avec le secours d'une hache et d'un rabot seulement je vins à bout de quelques-uns, ce qui n'était peut-être jamais arrivé auparavant; mais ce ne fut pas sans un travail infini. Si, par exemple, je voulais avoir une planche, je n'avais d'autre moyen que celui de couper un arbre, de le tailler des deux côtés jusqu'à le rendre suffisamment mince, et de l'aplanir ensuite avec un rabot. Il est bien vrai que par cette méthode je ne pouvais faire qu'une planche d'un arbre entier, mais il n'y avait d'autre remède que la patience.

Je me fis néanmoins une chaise et une table. C'est par-là que je commençai, et, pour y réussir, je me servis de morceaux de planches que j'avais amenées sur mon radeau. Quand j'eus fait des planches, je fabriquai de grandes tablettes de la largeur d'un pied et demi, que je plaçai l'une au-dessus de l'autre, tout le long d'un côté de ma caverne, pour y mettre mes outils, mes clous, ma ferraille, en un mot pour arranger séparément toutes ces choses, et les pouvoir trouver aisément. J'enfonçai pareillement des chevilles dans le rocher pour fixer mes fusils et divers ustensiles qui pouvaient être suspendus. Quiconque aurait vu ma caverne l'aurait prise pour un magasin général de toutes les choses nécessaires.

C'est alors que je commençai à tenir un journal de toutes mes actions : dans les commencements j'étais trop accablé, non pas du travail, mais des troubles de l'esprit, pour en faire un supportable, et qui ne fût pas rempli de choses insipides. Ayant enfin surmonté mes faiblesses, me voyant établi dans mon domicile, pourvu de meubles, avec une chaise et une table, le tout aussi bien conditionné qu'il m'avait été possible, je commençai à tenir le journal suivant, que je continuai autant que dura mon encre.

JOURNAL.

Le 30 septembre de l'an 1659, après avoir fait naufrage durant une horrible tempête qui, depuis plusieurs jours, emportait le bâtiment hors de sa route, moi, malheureux Robinson Crusoé, seul échappé de tout l'équipage, que je vis mourir devant mes yeux, étant plus mort que vif, je pris terre dans cette île, que j'ai cru pouvoir, à juste titre, appeler l'*Ile du Désespoir*.

Je passai tout le reste du jour à m'affliger de l'état affreux où j'étais réduit, n'ayant ni aliments, ni retraite, ni habits, ni armes, dénué de toute espérance de recevoir du secours, m'attendant à être la proie des bêtes féroces, la victime des sauvages, ou le martyr de la faim, ne voyant en un mot devant moi que l'image de la mort. A l'approche de la nuit, je montai sur un arbre, de peur des animaux sauvages, de quelque espèce qu'ils pussent être, et je dormis toute la nuit d'un profond sommeil.

Le 1ᵉʳ octobre, je fus surpris de voir, le matin, que le vaisseau avait flotté avec la marée et qu'il s'était trouvé porté beaucoup plus près du rivage qu'auparavant. D'un côté, c'était un sujet de consolation pour moi de le voir dressé sur sa quille, et tout entier; j'espérais que, si le vent venait à s'abattre, je pourrais aller à bord y trouver de quoi manger, et en tirer plusieurs choses pour fournir tant aux besoins qu'aux commodités de la vie. Une partie de cette journée se passa à me tourmenter par mille réflexions ; mais enfin voyant que le vaisseau était presqu'à sec, je marchai sur le sable aussi loin que je pus, et je me mis à la nage pour aller à bord.

Depuis le 1er octobre jusqu'au 24, tous ces jours furent employés à faire plusieurs voyages pour tirer du vaisseau tout ce que je pouvais emporter, le conduisant ensuite à terre sur des radeaux avec la marée montante. Il plut beaucoup pendant tout ce temps, quoique avec plusieurs intervalles de beau temps : il paraît que c'était la saison des pluies.

Le 24, je renversai mon radeau et tous les effets qui étaient dessus ; mais j'en recouvrai une grande partie à la marée basse.

Le 25, il fit une pluie qui dura toute la nuit et tout le jour, accompagnée de tourbillons de vent qui s'élevaient de temps en temps avec violence, et qui mirent le vaisseau en pièces, tellement qu'il n'en paraissait plus que les débris, encore n'était-ce que sur la fin du reflux. Je m'occupai ce jour-là à serrer les effets que j'avais sauvés, de crainte qu'ils ne se gâtassent à la pluie.

Le 26 octobre, je me promenai pendant presque tout le jour, cherchant une place propre à fixer mon habitation, et ayant fort à cœur de me mettre en sûreté contre les attaques nocturnes des sauvages ou des bêtes féroces. Vers la nuit, je plantai le piquet dans un endroit convenable, au pied d'un rocher, et je tirai un demi-cercle pour marquer les limites de mon campement, que je résolus de fortifier d'un ouvrage composé de deux rangs de palissades, dont l'entre-deux serait rempli de câbles, et le dehors de gazon.

Depuis le 26 jusqu'au 30, je travaillai avec ardeur à porter mes effets dans mon habitation nouvelle, quoiqu'il plût excessivement durant une partie de ce temps-là.

Le 31, au matin, je sortis avec mon fusil pour aller dans l'île à la découverte et à la chasse. Je tuai une chèvre, dont le chevreau me suivit jusque chez moi ; mais, comme il ne voulut point manger, je fus obligé de le tuer.

Le 1er novembre, je dressai ma tente au pied du rocher ; je la fis aussi spacieuse que je pus, la soutenant sur des piquets que je plantai, et auxquels je suspendis mon hamac. J'y couchai pour la première fois.

Le 2 novembre, je plaçai tous mes coffres, toutes les planches et toutes les pièces de bois, dont j'avais composé mes radeaux, autour de moi, et je m'en fis un rempart un peu en-dedans du cercle que j'avais marqué pour ma forteresse.

Le 3, je sortis avec mon fusil, et je tuai deux oiseaux semblables à des canards, qui me fournirent un très bon manger. L'après-dînée je me mis à travailler pour faire une table.

Le 4 au matin, je continuai de suivre une règle que je me fis une loi d'observer désormais chaque jour : c'était de diviser mon temps pour travailler, pour m'aller promener, pour dormir et pour mes petits divertissements. Le matin, j'allais dehors avec mon fusil pendant trois heures, s'il ne pleuvait pas ; ensuite je me mettais à travailler jusqu'à environ onze heures, et après je mangeais ce que la Providence et mon industrie m'avaient préparé. A midi, je me couchais pour dormir jusqu'à deux heures, parce qu'il faisait extrêmement chaud à cette heure-là ; enfin je retournais au travail sur le soir. Je consacrai cette journée et les suivantes à finir ma table

Le 5 novembre, je sortis avec mon fusil et mon chien, et je tuai un chat sauvage ; la peau en était douce, mais la chair n'en valait rien. J'écorchais tous les animaux que je tuais, et j'en conservais la peau ; et, en revenant le long de la côte, je vis plusieurs oiseaux de mer qui m'étaient inconnus.

Le 6, après la promenade du matin, je me mis à travailler à ma table, et je la terminai : il est vrai que je ne la trouvai pas faite à mon goût ; mais aussi je ne fus pas longtemps sans en corriger les défauts.

Le temps commença le 7 à se mettre au beau. Je ne travaillai à autre chose qu'à me faire une chaise durant les 7, 8, 9, 10, et une partie du 12. Je ne parle pas du 11, parce que c'était le dimanche, suivant mon calendrier. En peu de temps je négligeai l'observation du dimanche, parce qu'ayant omis de graver le cran qui le désignait, j'oubliai l'ordre des jours.

Le 13 novembre, il tomba une pluie qui me rafraîchit beaucoup, et fit un grand bien à la terre. Dès que ce fracas fut passé, je pris la résolution de partager ma provision de poudre en autant de petits paquets que j'en pourrais faire, pour la mettre parfaitement en sûreté.

Le 14, le 15 et le 16, j'employai ces trois jours à faire de petites boîtes carrées qui pouvaient tenir une ou deux livres de poudre tout au plus ; après les avoir remplies, je les plaçai dans plusieurs endroits différents, les éloignant les unes des autres autant qu'il était possible. Je tuai l'un de ces trois jours un oiseau dont la chair était bonne à manger.

Le 17, je commençai à creuser le rocher qui était derrière ma tente, pour me mettre plus au large et à mon aise. Il me manquait trois choses fort nécessaires pour cet ouvrage, savoir : une pioche, une pelle et une brouette ou un panier. Je discontinuai donc mon travail, et me mis à songer comment je ferais pour suppléer à ces ouvrages. Quant à la pioche, je la remplaçai facilement par des leviers de fer qui y étaient assez propres, quoique un peu pesants ; mais pour la pelle, la seconde chose qui me manquait, elle m'était d'un besoin si absolu, que sans elle je ne pouvais rien faire, et je ne savais encore par quelle invention la remplacer.

Le lendemain 18 novembre, en cherchant dans les bois, je trouvai une espèce d'arbre qui, s'il n'était pas celui que les Brésiliens appellent *bois de fer*, à cause de son extrême dureté, lui ressemblait du moins beaucoup. Je m'escrimai singulièrement à couper une pièce après avoir endommagé une hache, et ce ne fut pas à moins de frais que je la portai jusqu'à mon domicile, car elle était très pesante.

La dureté excessive du bois, jointes à la manière dont j'étais obligé de m'y prendre, fut cause que je mis beaucoup de temps à construire cette machine. Enfin, peu à peu je lui donnai la forme d'une pelle ou d'une bêche ; elle avait la queue exactement faite comme celles dont on se sert en Angleterre ; mais le plat n'en étant pas garni en fer tout autour, elle ne pouvait avoir autant de durée ; cependant elle ne laissa pas de suffire aux usages auxquels j'avais dessein de la faire servir.

Il me manquait encore un panier et une brouette. Je ne pouvais en aucune manière faire un panier, n'ayant pas, ou du moins ne sachant pas qu'il y eût dans l'île ni saules, ni osier, ni autres arbres de cette espèce, dont les branches fussent propres à faire ces sortes d'ouvrages. Quant à la brouette, il me semblait que j'en viendrais bien à bout ; excepté pourtant de la roue, dont je n'avais aucune notion, et pour la fabrication de laquelle je ne me sentais pas le moindre talent ; je n'avais d'ailleurs rien pour forger l'essieu de fer qui doit passer dans le moyeu, et je fus obligé de renoncer à fabriquer cet outil : pour porter hors de ma caverne la terre que j'abattais en bêchant, je me servis d'un instrument assez semblable à l'oiseau qu'emploient les manœuvres pour porter le mortier.

La façon de ce dernier instrument ne me coûta pas tant de peine que celle de la pelle, mais l'un et l'autre joints à l'essai inutile que je fis pour voir si je pourrais venir à bout d'une brouette, ne me tinrent pourtant pas moins de quatre jours, sauf ma promenade du matin ; je manquais rarement de la faire avec mon fusil, et d'en revenir sans apporter au logis quelque chose de bon à manger.

Le 30 novembre, mon autre travail ayant été interrompu jusqu'ici, parce que je m'étais occupé à faire des outils, je le repris dès qu'ils furent achevés, travaillant chaque jour suivant que mes forces et les règles que je m'étais prescrites pour la distribution de mon temps me le permettaient. Je mis dix-huit jours à élargir et à creuser ma caverne, de manière à pouvoir y serrer commodément tous mes effets.

Le 10 décembre, je regardais déjà ma voûte comme achevée, lorsqu'il se détacha tout-à-coup une grande quantité de terre du haut de l'un des côtés avec un tel fracas que j'en fus extrêmement effrayé ; et ce n'était pas sans raison, car si je me fusse trouvé dessous c'en était fait de moi. J'eus bien de la peine à réparer ce désastre ; car il fallut d'abord emporter la terre qui était tombée, et ensuite, ce qui était encore plus important, il fallut étançonner la voûte pour prévenir un pareil accident.

Le 11, je dressai deux étais qui portaient le faîte, à l'aide de deux morceaux de planche mis en croix sur chacun. Je finis cet ouvrage le lendemain ; et non content de ce que j'avais fait, je continuai pendant près d'une semaine d'ajouter d'autres étais semblables aux premiers, qui assurèrent tout-à-fait ma voûte, et qui, formant un rang de piliers, semblaient partager ma maison en deux appartements.

Le 17, dès ce jour jusqu'au vingtième, je m'occupai à placer des tablettes et à ficher des clous dans les étançons pour suspendre tout ce qui en était susceptible ; à partir de ce moment, je pus me vanter de l'ordre et de l'arrangement de ma demeure.

Le 20 décembre, je commençai à porter mes meubles dans ma caverne, à garnir ma maison, et à faire une table de cuisine pour apprêter mes viandes ; je me servis de planches pour cet effet ; mais cette matière commençait à devenir rare.

Le 24, il plut beaucoup tout le jour et toute la nuit, et il n'y eut pas moyen de sortir.

Le 25, il plut encore tout le jour.

Le 26, il ne fit point de pluie ; l'air et la terre ayant été rafraîchis, semblaient donner à la nature une sérénité qu'elle n'avait pas auparavant.

Le 27, je tuai un chevreau et j'en blessai un autre, que je finis par attraper, et que j'amenai en laisse au logis : dès que je fus arrivé, je lui raccommodai la jambe et la lui bandai. J'en pris un tel soin qu'il survécut, et devint bientôt aussi fort de cette jambe-là que de l'autre. Après l'avoir gardé longtemps, il s'apprivoisa avec moi, et il paissait sur la verdure qui était dans mon enclos, sans jamais prendre la fuite. C'est alors que me vint la première pensée d'entretenir des animaux privés, afin d'avoir de quoi me nourrir quand une fois ma poudre et mon plomb seraient consommés.

Le 28, le 29 et le 30 décembre, il fit de grandes chaleurs qui n'étaient modérées par aucun vent ; il n'était possible de sortir que le soir, moment où j'allais chercher à manger.

Le 1er janvier 1660, il fit encore très chaud ; je sortis de bon matin et vers le soir avec mon fusil. Cette fois, m'étant avancé dans les vallées qui sont à peu près au centre de l'île, je vis qu'il y avait une grande quantité de boucs ; ils étaient extrêmement sauvages et de difficile accès, et je résolus d'essayer une fois d'amener mon chien pour voir s'il ne pourrait pas les chasser vers moi.

Le 2, je me mis en campagne avec mon chien, suivant mon projet de la veille ; et je le lançai contre les boucs, mais je vis que je m'étais trompé dans mon calcul, car ils se joignirent de tous côtés, faisant tête contre lui : il fut assez prudent pour connaître le péril et ne vouloir pas en approcher.

Le 3, je commençai mes fortifications ou mon mur ; et, comme j'avais toujours quelque crainte d'être attaqué, je n'oubliai rien pour rendre l'ouvrage bien épais et bien fort. Ayant déjà fait la description de cette muraille, j'omets ici ce que j'en disais dans mon journal. Il suffit de faire observer que je n'employai pas moins de temps que depuis le 3 janvier jusqu'au 14 avril pour la construire et la rendre complète, quoiqu'elle n'eût pas plus de vingt-quatre verges d'étendue. Elle formait un demi-cercle qui prenait d'un endroit du roc, aboutissait à un autre, et occupait environ huit verges dans son diamètre, à partir de l'entrée de ma cave jusqu'au point opposé de la circonférence.

Je me fatiguai beaucoup dans cet intervalle de temps, durant lequel je me vis souvent traversé par la pluie, non-seulement plusieurs jours, mais quelquefois des semaines entières et des mois. Il est vrai que je ne me trouvai point en sûreté jusqu'à ce que cette muraille fût finie; il est aussi difficile de croire que d'exprimer ce qu'il m'en coûta de travail pour apporter les palissades de la forêt et les enfoncer en terre.

Cette muraille finie, quand je l'eus surmontée d'une autre que j'élevai en-dehors avec du gazon, je me persuadai que personne ne s'apercevrait qu'il y eût là une habitation; et je m'applaudis de m'y être pris de la sorte.

Cependant je parcourais tous les jours les bois pour tirer quelque gibier, à moins que la pluie ne m'en empêchât; et dans ces promenades réitérées, il m'arrivait souvent de découvrir tantôt une chose, tantôt une autre, qui pour la plupart m'étaient avantageuses.

Je trouvai par exemple une espèce de pigeons fuyards qui ne nichent point sur les arbres comme font les ramiers, mais bien dans les trous de rochers, à la manière de ceux de colombier : je pris quelques-uns de leurs petits, à dessein de les nourrir et de les apprivoiser. J'en vins à bout; mais, devenus grands, ils s'envolèrent tous et ne revinrent plus, à cause peut-être du défaut de nourriture, car je n'avais pas de quoi leur remplir le jabot. Cependant je trouvais aisément leurs nids, et je prenais leurs petits, qui étaient des morceaux délicats.

Néanmoins je m'apercevais, dans l'administration de mon ménage, qu'il me manquait bien des choses; je crus au commencement qu'il me serait impossible de réussir à les fabriquer, ce qui fut vrai de quelques-unes : par exemple, je ne pus jamais venir à bout d'achever un tonneau et d'y mettre des cercles. J'avais bien un ou deux petits barils, mais je n'eus point assez d'adresse pour en construire sur ces modèles; malgré tous mes efforts pendant plusieurs semaines, il me fut impossible d'y mettre les fonds ou de joindre assez bien les douves pour y faire tenir de l'eau; j'abandonnai enfin ce projet.

Une autre chose me manquait, c'était de la chandelle, et il m'était bien incommode de m'en passer, car je me voyais forcé de me coucher dès qu'il faisait nuit, ce qui arrivait ordinairement à sept heures. Cela me fit souvenir de la masse de cire dont je fis des chandelles lors de mon aventure d'Afrique; mais je n'en avais pas alors un seul petit morceau. L'unique moyen dont je pus m'aviser pour parer à cet inconvénient, fut que quand j'avais tué un bouc, j'en conservais la graisse ; ensuite je fis sécher au soleil un petit plat de terre que je m'étais façonné ; puis, prenant du fil de caret pour servir de mèche, je trouvai le moyen de faire une lampe dont la flamme n'était pas si lumineuse que celle de la chandelle, et répandait une lueur sombre. Au milieu de tous ces travaux, il m'arriva de trouver, en fouillant parmi mes meubles, un sac qui avait été rempli de grains, dans l'intention de nourrir de la volaille, non pour ce voyage, mais pour le précédent. Ce qui restait de blé avait été rongé par les rats, et je n'y voyais plus que de la balle et de la poussière ; or, comme j'avais besoin de sac pour autre chose, j'allai le vider et en secouer les balles et les restes au pied du rocher, à côté de mes fortifications

Cela eut lieu peu de temps avant les grandes pluies dont je viens de parler, et je mis si peu d'attention quand je jetai cette poussière, qu'au bout d'un mois ou environ, il ne m'en restait pas le moindre souvenir, lorsque j'aperçus çà et là quelques tiges qui sortaient de terre : je les pris d'abord pour des plantes que je ne connaissais point ; mais quelque temps après je fus étonné de voir dix ou douze épis venus à maturité qui étaient d'une orge verte, parfaitement bonne, de la même espèce que celle d'Europe, et qui plus est, aussi belle qu'elle aurait pu l'être en Angleterre.

Après que j'eus vu croître de l'orge dans un climat que je croyais n'être nullement propre à la production du blé, ignorant la cause de cet événement, je fus saisi d'étonnement, et je me mis dans l'esprit que Dieu avait fait croître ce blé miraculeusement, sans le concours d'aucune semence, et qu'il avait opéré ce prodige uniquement pour me faire subsister dans ce désert.

Cette idée m'attendrit jusqu'aux larmes, et ma surprise augmenta de plus en plus, lorsque je vis d'autres tiges nouvelles qui poussaient près des premières, tout le long du rocher : je les reconnus pour des tiges de riz, parce que j'en avais vu croître en Afrique, lorsque j'étais à terre.

Je ne manquai pas de recueillir soigneusement ce blé dans la bonne saison, qui était à la fin du mois de juin, et, en serrant jusqu'au moindre grain, je résolus de semer tout ce que j'en avais, dans l'espérance qu'avec le temps j'en recueillerais assez pour faire du pain. Quatre ans se passèrent avant que j'en pusse goûter, encore en usai-je sobrement. Celui que je semai la première fois fut presque tout perdu, pour avoir mal pris mon temps, en le semant dans la saison sèche, ce qui fut cause qu'il périt, ou du moins il n'en vint que très peu.

Outre cette orge, il y eut encore une trentaine d'épis de riz, que je conservai avec le même soin, et pour un semblable usage, avec cette différence pourtant, que le dernier me servait tantôt de pain et tantôt de mets ; car j'avais trouvé le secret de l'apprêter sans le mettre en pâte. Reprenons notre journal.

Je travaillai assidûment, comme je l'ai dit, pendant trois mois et demi, à bâtir ma muraille, et je la fermai le 14 d'avril, après m'en être ménagé l'entrée au moyen de mon échelle, qui me servait à passer par dessus, et non d'une porte, de peur que l'on remarquât de loin mon habitation.

Le 16 avril, je finis mon échelle, avec laquelle je montais sur mes palissades ; ensuite je l'enlevai et la mis à terre en-dedans de l'enclos, qui était tel qu'il me fallait ; car il y avait un espace suffisant, et rien n'y pouvait entrer qu'en passant par-dessus la muraille.

Dès le lendemain que cet ouvrage fut achevé, je faillis voir renverser subitement tous mes travaux, et perdre moi-même la vie. Je travaillais derrière ma tente, lorsque tout-à-coup je vis la terre s'ébouler du haut de ma voûte et de la cime du rocher qui pendait sur ma tête. Deux des piliers que j'avais placés dans ma caverne craquèrent horriblement; et n'en sachant point encore la véritable cause, je crus que c'était la chute d'une quantité de matériaux, comme cela était arrivé déjà une fois. De peur d'être enterré dessous, je m'enfuis au plus vite vers mon échelle, et, ne m'y croyant pas en sûreté je passai par-dessus ma muraille, pour m'éloigner et me dérober à des morceaux entiers du rocher, que je croyais à tout moment près de fondre sur moi. A peine avais-je le pied à terre de l'autre côté de ma palissade, que je vis clairement qu'il y avait un épouvantable tremblement de terre. Trois fois le terrain sur lequel j'étais trembla sous mes pieds; entre chaque secousse, il y eut un intervalle d'environ huit minutes, et les trois furent si violentes, que les édifices les plus solides et les plus forts en auraient été renversés. Tout le côté d'un rocher, situé à environ un demi-mille de moi, tomba avec un bruit qui égalait celui du tonnerre. L'océan même me parut ému de ce prodige, et je crois que les secousses étaient encore plus violentes sous les ondes que dans l'île.

Le mouvement de la terre m'avait donné des nausées, comme aurait fait celui d'un vaisseau battu par la tempête si j'avais été en mer : je n'avais vu ni entendu dire rien de semblable ; l'étonnement dont j'étais saisi glaçait le sang dans mes veines et enchaînait, en quelque façon, toutes les puissances de mon âme. Mais le fracas causé par la chute du rocher vint frapper mes oreilles et m'arracher de l'état d'insensibilité où j'étais plongé, pour me remplir d'horreur et d'effroi, en ne me laissant apercevoir que des objets terribles, entre autres une montagne tout près de s'abîmer sur ma tente, et d'ensevelir dans ses ruines toutes mes richesses. Cette pensée me rejeta dans ma première léthargie.

Mais enfin, voyant que les trois secousses n'étaient suivies d'aucune autre, je commençai à reprendre courage, sans oser néanmoins passer par-dessus ma muraille, de peur d'être enterré tout vif : je demeurai immobile, assis à terre.

Cependant l'air s'obscurcissait, et le ciel se couvrait de nuages comme s'il allait pleuvoir ; bientôt après le vent s'éleva peu à peu et devint si violent qu'en moins d'une demi-heure il y eut un ouragan furieux.

Vous auriez vu la mer blanchie de son écume, le rivage inondé par les flots, les arbres arrachés du sein de la terre, et tous les ravages de la plus affreuse tempête. Elle dura près de trois heures, puis diminua : le calme se rétablit au bout de trois autres heures, et il commença à pleuvoir abondamment.

J'étais dans la même situation de corps et d'esprit, quand tout-à-coup je fis réflexion que ces vents et cette pluie étant une suite naturelle du tremblement de terre, il fallait que ce dernier fût épuisé, et que je pouvais me hasarder à retourner dans ma demeure. Ces pensées me ranimèrent, et la pluie aidant encore à me persuader, j'allai m'asseoir dans ma tente mais j'y étais à peine que j'appréhendai de la voir renversée par la violence de la pluie, et je fus forcé de me retirer dans ma caverne, quoique en même temps je tremblasse de peur qu'elle ne s'écroulât sur ma tête.

Ce déluge m'obligea de faire au travers de mes fortifications une espèce de canal ou de ruisseau, afin de ménager un écoulement aux eaux, sinon elles eussent inondé ma caverne. Après être resté à l'abri pendant quelque temps, je vis que le tremblement de terre était passé. Je commençai à recouvrer ma tranquillité ; et pour soutenir mon courage, qui en avait assurément grand besoin, je m'en allai à l'endroit où était ma petite provision, pour me fortifier d'un trait de rhum : mais alors, comme en toute occasion, j'en usai fort sobrement, sachant très bien que quand mes bouteilles seraient une fois épuisées, il n'y aurait plus moyen de les remplir.

Il continua de pleuvoir toute la nuit et une partie du lendemain, tellement qu'il n'y eut pas moyen de mettre le pied dehors ; mais comme je me possédais beaucoup mieux, je commençai à réfléchir sur le meilleur parti que j'avais à prendre : je conclus que l'île étant sujette à des tremblements, il ne fallait absolument pas faire ma demeure dans une caverne, mais qu'au contraire je devais songer à me bâtir une cabane dans un lieu découvert ou dégagé, où je me fortifierais d'une muraille telle que la première, persuadé que si je restais dans le même endroit, il deviendrait infailliblement mon tombeau. Les deux jours suivants, les 19 et 20 avril, je n'eus l'esprit occupé d'autre chose que de l'endroit que je choisirais pour transférer ma demeure.

L'attente d'être enterré tout vif faisait que je ne dormais jamais tranquillement ; celle que j'avais de coucher hors de ma forteresse, dans un lieu tout couvert et sans défense, était presque aussi grande ; et quand je regardais autour de moi, lorsque je considérais le bel ordre où j'avais mis toutes choses, combien j'étais sûrement caché, combien j'avais peu à craindre les attaques, je sentais la plus grande répugnance à déménager.

De plus, je me représentais que je serais longtemps à faire de nouveaux ouvrages, et qu'il me fallait, malgré les risques, rester où j'étais, jusqu'à ce que j'eusse formé une espèce de campement, et que je l'eusse suffisamment fortifié pour y prendre mon logement en toute sûreté ; de cette manière je me mis l'esprit en repos pour un temps, et je résolus de travailler incessamment à la construction d'une muraille avec des palissades et des câbles, comme j'avais fait la première fois, de renfermer mes travaux dans un plus petit cercle et d'attendre, pour déloger, qu'ils fussent finis et perfectionnés. C'est le 21 que ce dessein fut arrêté.

Le 22 avril, dès le matin, je songeai aux moyens de le mettre à exécution ; mais je me trouvai fort en arrière du côté de mes outils : j'avais trois besaiguës et une multitude de haches, parce que nous en avions embarqué une provision pour trafiquer avec les Indiens ; mais ces instruments, à force de charpenter et de couper du bois dur et noueux, avaient le taillant tout émoussé et dentelé ; et quoique je possédasse une pierre à aiguiser, je n'avais pas cependant le secret de la faire tourner pour en faire usage. Cet obstacle tourmenta beaucoup mon esprit. A la fin pourtant j'inventai une roue attachée à un cordon, par le moyen duquel je pusse donner un mouvement à la pierre avec mon pied, tandis que j'aurais les deux mains libres. Je n'avais jamais vu une telle invention en Angleterre, ou du moins je n'avais point remarqué comment elle était pratiquée, quoiqu'elle y soit fort commune, à ce que j'ai pu voir depuis. Ma pierre était fort grosse et fort lourde, et cette machine me coûta une semaine entière de travail pour la rendre parfaite.

Les 28 et 29 avril, j'employai ces deux jours à aiguiser mes outils, la machine que j'avais inventée pour tourner la pierre jouant à merveille.

Le 30, m'apercevant depuis longtemps que mon pain diminuait considérablement, j'en fis la revue, et je me réduisis à un biscuit par jour, ce qui était pour moi un véritable crève-cœur.

Le 1er mai, en regardant le matin vers la mer, pendant la marée basse, je vis quelque chose d'assez gros sur le rivage, qui ressemblait à un tonneau ; quand je me fus approché de l'objet, je reconnus qu'un petit baril et deux ou trois morceaux de débris du vaisseau avaient été poussés à terre par le dernier ouragan. Je regardai du côté du vaisseau, et le vis un peu hors de l'eau. J'examinai le baril qui était sur le rivage et je trouvai que c'était un baril de poudre, mais qu'il avait pris l'eau, et que la poudre était collée et dure comme une pierre . néanmoins, je le roulai plus avant par précaution, afin de l'éloigner de l'eau, et j'allai ensuite aussi près du vaisseau que je pouvais sur le sable.

Quand je fus proche, je trouvai qu'il avait étrangement changé sa situation . le château d'avant, qui auparavant était enterré dans le sable, paraissait pour lors élevé de plus de six pieds; la poupe, mise en pièces et séparée du reste par la tempête. lorsque j'eus achevé d'y fouiller la dernière fois, semblait avoir été ballottée, et se montrait toute sur un côté, ayant devant elle des monceaux de sable si élevés, qu'au lieu de ne pouvoir approcher, comme auparavant, que d'un demi-mille à la nage, il m'était aisé présentement d'aller à pied jusqu'au-dessus, quand le reflux venait à se retirer. D'abord je fus surpris d'une telle situation ; mais bientôt je pensai qu'elle avait été causée par le tremblement de terre. Par les secousses le vaisseau s'était brisé et entr'ouvert beaucoup plus qu'il ne l'était auparavant, et il venait tous les jours à terre quantité de choses que la mer détachait, et que les vents et les flots faisaient rouler peu à peu jusque sur la plage.

Ceci me fit entièrement abandonner mon projet de changer d'habitation ; et ma principale affaire, ce jour-là, fut d'essayer si je pourrais pénétrer dans le vaisseau ; mais je vis que c'était une chose que je ne devais point espérer, parce que l'intérieur du bâtiment était rempli de sable jusqu'au bord. Néanmoins je résolus de mettre en pièces tout ce que je pourrais des débris du bâtiment, me persuadant que tout ce que j'en tirerais me servirait à quelque usage.

Le 3 mai, je me mis à travailler avec ma scie, et je coupai de part et d'autre un morceau de poutre qui soutenait une partie du demi-pont ; après cela j'écartai et j'ôtai le plus de sable que je pus du côté le plus élevé. La marée survint, et m'obligea de finir pour ce jour-là.

Le 4, j'allai à la pêche, mais je n'attrapai pas un seul poisson que j'osasse manger, ce qui me dégoûta d'abord de ce passe-temps ; et j'étais sur le point d'y renoncer lorsque je pris un petit dauphin. J'avais une grande ligne faite de fil de corde, mais je n'avais point d'hameçons ; néanmoins je prenais autant de poisson que j'en pouvais consommer : tout l'apprêt que j'y faisais, c'était de le faire sécher au soleil.

Le 5, j'allai travailler sur les débris ; je coupai une autre poutre, et je tirai du pont trois grosses planches de sapin que je liai ensemble, et je les fis flotter avec la marée jusqu'au rivage.

Le 6, je travaillai sur les débris, d'où j'enlevai plusieurs ferrailles ; cela me coûta un long et pénible travail. J'arrivai fort las au logis, et j'avais quelque envie de renoncer à ces corvées.

Le 7 mai, je retournai aux débris sans avoir le dessein d'y travailler ; mais je trouvai que la carcasse s'était élargie et affaissée sous le poids de sa charge depuis que j'avais coupé les deux poutres ; plusieurs endroits du bâtiment étaient détachés du reste, et la cale tellement à découvert, que je pouvais voir dedans ; elle regorgeait de sable et d'eau.

Le 8, j'allai aux débris et portai avec moi un levier de fer, dans l'intention de démanteler le pont, où il n'y avait alors ni eau ni sable ; j'enlevai deux planches que je conduisis encore avec la marée. Je laissai le levier sur la place le lendemain.

Le 9, je me rendis aux débris ; je pénétrai plus avant dans le corps du bâtiment, je sentis plusieurs tonneaux que je remuai bien, mais je ne pus les défoncer. Je sentis pareillement un rouleau de plomb d'Angleterre, et je le soulevai ; mais il était trop pesant pour que je pusse l'emporter.

Les 10, 11, 12 et 14 mai, j'allai tous ces jours aux débris, et j'en tirai plusieurs charpentes, nombre de planches, et deux ou trois cents livres de fer.

Le 15 mai, je portai avec moi deux haches pour essayer si je ne pourrais point couper un morceau de plomb roulé, en y appliquant le taillant de l'une, que je tâcherais d'enfoncer en frappant avec la tête de l'autre.

Le 16, il fit beaucoup de vent la nuit, et la carcasse du bâtiment en parut encore plus fracassée qu'auparavant ; mais je demeurai si longtemps dans les bois à chercher des nids de pigeons pour ma cuisine, que je me laissai prévenir par la marée, et elle m'empêcha d'aller aux débris.

Le 17, j'aperçus quelques morceaux de débris qui avaient été apportés à terre à une distance de près de deux milles. Je voulus aller voir ce dont il s'agissait ; il se trouva que c'était une pièce de la poupe, trop pesante pour que je la pusse emporter.

Le 24, je travaillai sur les débris jusqu'à ce jour inclusivement, et à force de jouer du levier pendant tout cet intervalle, j'ébranlai si fort la carcasse, que la première marée fit flotter plusieurs tonneaux et deux coffres de matelots ; mais comme le vent soufflait de terre, rien ne vint au rivage ce jour-là, excepté des morceaux de bois et un tonneau plein de porc du Brésil, que l'eau salée et le sable avaient entièrement gâté.

Je continuai ce travail jusqu'au 15 juin, sans pourtant rien prendre sur le temps nécessaire pour chercher ma nourriture, et que j'avais fixé à la haute marée, durant ces allées et ces venues, afin que je pusse être toujours prêt pour la marée basse. J'avais ainsi amassé du merrain, des planches et du fer en assez grande quantité pour construire un bateau, si j'eusse su comment m'y prendre. J'avais encore enlevé, pièce par pièce, plus de cent livres de plomb roulé.

Le 16 juin, en marchant vers la mer, je trouvai une tortue, la première que j'eusse vue dans l'île. Si j'avais été si longtemps sans découvrir aucun de ces animaux, c'était plutôt par un effet du hasard qu'à cause de la rareté de leur espèce, car je trouvai depuis que je n'aurais eu qu'à aller de l'autre côté de l'île pour en avoir des milliers chaque jour : peut-être aussi cette découverte m'aurait-elle coûté bien cher.

Le 17 juin, j'employai tout ce jour à apprêter ma tortue ; je trouvai dedans soixante œufs ; et, comme depuis mon arrivée dans ce triste séjour, je n'avais goûté que des viandes d'oiseau ou de bouc, sa chair me parut la plus savoureuse et la plus délicate du monde.

Le 18, il plut tout le jour, et je restai au logis. La pluie me semblait froide, et je me sentais glacé, chose que je savais n'être point ordinaire dans cette latitude.

Le 19, je me trouvai fort mal, et je frissonnai comme s'il eût fait un grand froid.

Le 20, je ne pus prendre de repos pendant toute la nuit, et je ressentis une vive chaleur accompagnée de grandes douleurs de tête.

Le 21, je fus fort mal, et j'éprouvai une frayeur mortelle de me voir malade, dénué de tout secours humain.

Le 22, je me trouvai mieux ; mais les craintes terribles que me donnaient ma maladie portaient le trouble dans mon âme.

Le 23, je fus de nouveau fort mal, ayant du frisson, des tremblements et un violent mal de tête.

Le 24, je fus beaucoup mieux.

Le 25, je fus tourmenté d'une fièvre violente : l'accès dura sept heures ; il fut mêlé de froid et de chaud, et se termina par une sueur qui m'affaiblit beaucoup.

Le 26, je me trouvai mieux, et, comme je n'avais point de vivres, je pris mon fusil pour en aller chercher. Je me sentais extrêmement faible ; néanmoins je tuai une chèvre, que je traînai au logis avec beaucoup de difficulté ; j'en grillai sur les charbons quelques morceaux, que je mangeai : j'aurais désiré en faire bouillir pour me procurer du bouillon, mais il fallut m'en passer faute de pot.

Le 27, la fièvre me prit si violemment, qu'elle me fit garder le lit tout le jour sans boire ni manger Je mourais de soif, mais j'étais si faible que je n'avais pas la force de me lever pour aller quérir de l'eau. Je priai Dieu de nouveau mais j'étais en délire, et, en me quittant, ce délire me laissa dans un tel abattement, que je fus obligé de me tenir couché ; seulement je m'écriais : *Seigneur, ayez pitié de moi.*

Je m'imagine que je ne fis autre chose durant deux ou trois heures, jusqu'à ce que la fièvre m'ayant enfin quitté, je m'endormis et ne me réveillai que bien avant dans la nuit. Quand je me réveillai, je me sentis fort soulagé, quoique bien faible et altéré. Quoi qu'il en soit, il n'y avait point d'eau dans ma demeure, et je fus forcé de rester au lit jusqu'au matin, que je me rendormis.

Hélas ! à peine avais-je quelque connaissance de la religion : ce que j'en avais appris dans mon enfance était oublié ; les bonnes instructions qu'on m'avait données autrefois avaient eu le temps de s'effacer. Je ne sache pas que, durant un si long espace, il me soit jamais venu la moindre pensée de m'élever vers Dieu pour admirer sa sagesse ou de descendre au-dedans de moi-même pour y contempler ma misère : une certaine stupidité d'âme s'était emparée de moi, et en avait banni tout désir du bien et toute aversion du mal. Dans cette expédition désespérée que je fis sur les côtes désertes d'Afrique, il ne m'arriva nullement de réfléchir quelle serait ma dernière fin, ni de m'adresser à Dieu pour le prier de diriger ma course et de me couvrir du bouclier de sa providence, pour me mettre en garde contre la férocité des bêtes et contre la cruauté des sauvages, dont j'étais entouré de toutes parts. La religion n'était ni l'objet de mes pensées ni la règle de ma conduite. J'agissais en pur animal, suivant l'instinct de la nature, et mettant à peine en usage les principes de sens commun.

Lorsque je fus délivré, en pleine mer, par le capitaine portugais, qui me reçut honorablement à son bord et me traita avec équité, avec humanité, je n'avais en moi nul sentiment de reconnaissance. Lorsque je fis naufrage sur la côte de l'île, où je fus submergé et englouti à plusieurs reprises, où je devais périr cent et cent fois, je ne sentais point ma conscience touchée, et ne regardai point la chose comme un jugement de Dieu ; mais je me contentai de croire qu'il y avait dans cet événement de la fatalité, et de me dire souvent à moi-même que j'étais l'auteur de mes maux.

Il est vrai que, dès que j'eus pris terre pour la première fois, quand je trouvai que tout le reste de l'équipage avait été noyé, et que seul j'avais été sauvé ; il est vrai, dis-je, que j'eus alors une espèce d'extase et un ravissement de cœur, qui, assisté de l'efficacité de la grâce, aurait bien pu tendre à une reconnaissance chrétienne ; mais ce fut un mouvement qui dégénéra en un transport de joie charnelle, provenant uniquement de me voir encore en vie, sans que je considérasse que le bras du Tout-Puissant s'était signalé en ma faveur, qu'il m'avait tiré seul du nombre des morts pour me remettre sur la terre des vivants : ma joie ne différait en rien de celle que ressentent communément les matelots qui se voient à terre après avoir échappé au naufrage, qui consacrent ces premiers moments à la boisson, et qui se hâtent de noyer au plus vite le souvenir de tout le passé dans les verres et dans les pots. Telle était ma disposition, et telle elle fut durant de longues années.

J'étais bien éloigné de faire intervenir dans mes malheurs le courroux du ciel et la main vengeresse de Dieu : mon esprit n'était guère accoutumé à remonter ainsi des effets à leur véritable cause.

Le tremblement de terre, quoique la chose du monde la plus terrible en elle-même, et la plus capable de conduire à une puissance invisible, qui seule tient en sa main les rênes de cet univers ; le tremblement de terre, dis-je, n'eut pas plus tôt cessé, que l'émotion, la crainte, et généralement toutes les impressions qu'il avait faites en moi s'évanouirent ; je ne pensais plus aux jugements de Dieu ; je ne le regardais pas plus comme le juste vengeur de mes malheureux parents que si je n'avais rien eu à me reprocher à leur égard.

Mais, dès que je me vis malade, et que la mort, accompagnée de toutes ses horreurs, se présenta à mes yeux, pour que je pusse la contempler à loisir ; quand mes forces commençaient à succomber à la violence du mal, la nature étant épuisée par l'ardeur de la fièvre, alors la conscience, depuis si longtemps assoupie, se réveilla ; je commençai à me reprocher une vie qui s'était signalée par le crime, qui avait aimé contre moi la justice divine, qui m'avait attiré des maux terribles, et qu'il m'en préparait de plus terribles encore dans l'éternité.

Ces réflexions m'accablèrent dès le second ou le troisième jour de ma maladie, et jointes à la fièvre aussi bien qu'aux reproches de ma conscience, arrachèrent de ma bouche quelques mots de prières, qui, n'étant pas accompagnées d'un désir sincère et d'une espérance vive, méritaient moins le nom de prières qu'elles n'étaient effectivement le langage de la frayeur et de l'angoisse. Une confusion de pensées agitait mon esprit ; la grandeur de mes crimes bourrelait ma conscience ; la peur ou la seule idée de mourir dans ce misérable état me faisait monter les vapeurs au cerveau : dans cette détresse de mon âme, ma langue articulait je ne sais quoi d'une façon imparfaite et purement machinale ; mais ce n'étaient qu'exclamations, comme : « Grand Dieu ! que je suis misérable ! si mon mal continue, je mourrai sans un prêtre ; mon Dieu, que deviendrai-je ? » Après ce peu de paroles, un ruisseau de larmes coula de mes yeux, et je tombai dans un long et profond silence.

Cette prière, s'il m'est permis de me servir de ce nom, était la première que j'eusse faite depuis plusieurs années. Elle était sincère ; Dieu daigna l'exaucer, et je devins plus calme.

Je sortis pour me promener, mais je me trouvai faible, triste et le cœur serré à la vue de ma pitoyable condition, redoutant pour le lendemain le retour de mon mal. Le soir je soupai avec trois œufs de tortue que je fis cuire sur la braise et que je mangeai à la coque.

J'essayai de me promener, mais je me trouvai si faible qu'à peine pouvais-je porter mon fusil, sans lequel je ne marchais jamais, aussi je n'allai pas loin, je m'assis à terre, et me mis à contempler la mer, qui était alors calme et unie.

Déjà l'atteinte de la fièvre me donnait de terribles inquiétudes, lorsqu'il me vint à l'esprit que les Brésiliens ne prennent presque aucune autre médecine que du tabac contre quelque sorte de maladie que ce puisse être. Je savais qu'il y avait dans un de mes coffres un morceau de rouleau de cette plante, dont les feuilles étaient mûres pour la plupart, quoiqu'il y en eût quelques-unes de vertes.

Je me levai, et j'allai droit au coffre qui renfermait la guérison de mon corps et de mon âme. Je l'ouvris, et j'y trouvai le tabac ; et comme le peu de livres que j'avais conservés y étaient aussi serrés, je pris un des livres pieux dont il a été parlé dans l'énumération de mes effets, et que je n'avais pas eu jusqu'ici le loisir ou plutôt le désir d'ouvrir une seule fois.

Je ne savais comment employer ce tabac pour ma maladie, ni s'il me serait bon ou contraire ; mais j'en fis l'expérience de plusieurs manières différentes, comme si je n'eusse pu manquer par cette voie de rencontrer la bonne méthode, et de réussir. D'abord, je pris un morceau de feuille que je mis dans ma bouche, et, comme le tabac était vert et fort et que je n'y étais pas accoutumé, il m'étourdit extraordinairement ; ensuite j'en fis tremper une autre feuille dans du rhum, pour en prendre une dose une heure ou deux après, en me couchant; enfin j'en grillai sur des charbons ardents, et je me tins le nez sur la fumée aussi près et aussi longtemps que la crainte de me brûler ou de suffoquer pouvait le permettre.

Dans l'intervalle de ces préparatifs, j'ouvris le livre, et je commençai à lire, mais les fumées du tabac m'avaient trop ébranlé la tête pour que je pusse continuer ma lecture; néanmoins, ayant jeté les yeux à l'ouverture du livre, les premières paroles qui se présentèrent furent celles-ci : « Invoque-moi au jour de ton affliction, et je te délivrerai, et tu me glorifieras. »

Ces paroles me touchèrent, et je les méditai avec recueillement. Il se faisait tard, et le tabac, comme j'ai déjà dit, m'avait si fort appesanti la tête, qu'il me prit envie d'aller dormir : je laissai donc brûler ma lampe dans ma caverne, de peur que je n'eusse besoin de quelque chose pendant la nuit, ensuite je m'allai coucher; mais auparavant je me mis à genoux, je priai Dieu, le suppliant d'accomplir la promesse qu'il m'avait faite, que si je l'invoquais au jour de mon affliction, il me délivrerait. Ensuite je bus le rhum dans lequel j'avais fait infuser le tabac, et dont la décoction était si forte, que j'eus beaucoup de peine à pouvoir l'avaler. Cette potion me porta brusquement à la tête et je m'endormis d'un si profond sommeil que quand je me réveillai, il ne pouvait pas être moins de trois heures après midi; je dirai plus, c'est que je ne saurais encore m'ôter de la tête que je dormis tout le lendemain de ma médecine, toute la nuit d'après, et une partie du jour suivant, car autrement je ne comprends pas comment j'aurais pu me trouver en défaut d'un jour dans mon calcul de jours et de semaines, comme il parut, quelques années après, que je l'étais effectivement.

Quelle que pût être la cause de ce mécompte, je me trouvai, à mon réveil, extrêmement soulagé, plein de courage et de joie; quand je me levai, j'avais plus de force que le jour précédent; mon estomac s'était rétabli; l'appétit m'était revenu; en un mot, le lendemain, l'accès ne reparut pas, et j'allai toujours de mieux en mieux. Ce jour était le 23.

Le 30 juin, d'après la marche de la maladie, était mon jour de calme; je sortis avec mon fusil, mais je ne me souciai point de m'éloigner trop. Je tuai une couple d'oiseaux de mer assez semblables à des oies sauvages; je les portai au logis, mais je ne fus point tenté d'en manger, et je me contentai de quelques œufs de tortue qui étaient fort bons. Le lendemain, 1ᵉʳ juillet, je ne fus pas aussi bien que je m'y étais attendu; j'eus quelques légers frissons.

Le 2, je réitérai la médecine des trois manières; elle me porta à la tête comme il était arrivé la première fois, et je doublai la quantité de ma potion.

Le 3, la fièvre me quitta pour trois jours; mais il se passa quelques semaines avant que je reprisse tout-à-fait mes forces.

Réfléchissant sur ces paroles de l'Ecriture : « Je te délivrerai, » je m'appliquai sérieusement à la lecture en me faisant une loi d'y vaquer matin et soir. Je n'eus pas pratiqué cet exercice pendant quelque temps que je sentis naître en mon cœur un repentir profond et sincère de ma vie passée ; et quoique ma situation fût toujours la même, à parler physiquement, et à juger par l'extérieur des choses, néanmoins, en y réfléchissant, elle était devenue plus douce et plus supportable. Par une lecture constante de l'Ecriture-Sainte, et par l'usage fréquent de la prière, mes peines se dirigeaient vers Dieu : j'éprouvais des consolations intérieures qui m'avaient jusqu'alors été inconnues ; et comme ma santé et mes forces revenaient tous les jours, je travaillais assidûment à me pourvoir de tout ce qui me manquait, et à rendre ma manière de vivre aussi régulière qu'il m'était possible.

Du 4 juillet jusqu'au 14, mon occupation principale fut de me promener mon fusil à la main : je réitérais souvent la promenade, mais je la faisais courte, comme un homme qui relève de maladie, et qui tâche peu à peu de se rétablir, car il est difficile de comprendre combien j'étais épuisé, et à quel point de faiblesse je me voyais réduit. Le remède dont je me servis était tout-à-fait nouveau, et n'avait peut-être jamais guéri de fièvre auparavant : aussi l'expérience que j'en fis n'est-elle pas un garant suffisant pour oser le recommander à qui que ce soit, parce que, si, d'un côté, il emporta le mal, de l'autre il contribua extrêmement à m'affaiblir, et il m'en resta pendant quelque temps un ébranlement de nerfs et de fortes convulsions par tout le corps.

Il y avait près de dix mois que j'étais dans ce triste séjour ; toute possibilité d'en sortir semblait m'être ôtée pour toujours, et je croyais fermement que jamais créature humaine n'avait mis le pied dans ce lieu sauvage. Ma demeure se trouvait, selon moi, suffisamment fortifiée ; j'avais un grand désir de faire une reconnaissance plus complète de l'île, et de voir si je ne pourrais point découvrir des productions qui m'auraient été cachées jusqu'alors.

Ce fut le 15 juillet que je commençai à parcourir mon île plus attentivement que je ne l'avais encore fait. J'allai d'abord à la petite baie où j'avais abordé avec mes radeaux. Je marchai le long de la rivière, et quand j'eus fait environ deux milles en montant, je trouvai plusieurs prairies agréables, unies et couvertes d'une belle verdure. En s'éloignant du ruisseau elles s'élevaient insensiblement ; dans les endroits où il n'y avait pas d'apparence qu'elles fussent jamais inondées, c'est-à-dire près des coteaux qui les bordaient, je trouvai une quantité de tabac vert, et dont la tige était extrêmement haute. Il y avait plusieurs autres plantes que je ne connaissais point, dont je n'avais jamais entendu parler, et qui pouvaient avoir des propriétés que je ne connaissais pas davantage.

Je me mis à chercher de la cassave, racine qui sert de pain aux Américains dans tous ces climats ; il me fut impossible d'en découvrir. Je vis de beaux plants d'aloès ; je n'en connaissais pas encore l'usage : je vis aussi plusieurs cannes à sucre, sauvages et imparfaites, faute de culture. Je m'en revins en réfléchissant mûrement aux moyens par lesquels je pourrais m'instruire de la vertu des plantes et des fruits que je découvrirais à l'avenir ; mais après m'en être bien occupé, je ne pris aucun parti ; car, il faut en convenir, j'avais été si peu soigneux de faire des observations dans le temps que j'étais au Brésil, que je ne connaissais guère les plantes de la campagne ; ou du moins la connaissance que j'en avais ne pouvait m'être d'un grand secours dans l'état déplorable où je me trouvais.

Le lendemain, 16 du mois, je repris le même chemin, et m'étant avancé un peu plus que je n'avais fait la veille, je trouvai que le ruisseau et les prairies ne s'étendaient pas plus loin, et que la campagne commençait à être plus couverte de bois.

Là je trouvai plusieurs sortes de fruits, et particulièrement des melons, qui couvraient la terre, des raisins qui pendaient sur les arbres, et dont la grappe riante et pleine était prête pour la vendange. Cette découverte me causa autant de surprise que de joie.

Mais je voulus modérer mon appétit, et profiter d'une expérience qui avait été funeste à d'autres ; car je me ressouvenais d'avoir vu mourir en Barbarie plusieurs de nos esclaves qui avaient contracté la dyssenterie à force de manger des raisins. J'eus pourtant le secret d'obvier à des suites si dangereuses, et de préparer ce fruit d'une manière excellente, en l'exposant et le faisant sécher au soleil après l'avoir cueilli, et je le gardai comme on garde en Europe ce qu'on appelle des raisins secs ; je me persuadai qu'après l'automne ce serait un manger aussi agréable que sain, et mon espérance ne fut point déçue.

Je passai là toute la journée ; sur le tard, je ne jugeai pas à propos de m'en retourner au logis ; et je me déterminai, pour la première fois de ma vie solitaire, à découcher. La nuit étant venue, je choisis un logement tout semblable à celui qui m'avait donné retraite lors de mon arrivée dans l'île : ce fut un arbre touffu, sur lequel je me plaçai commodément et m'endormis d'un profond sommeil. Le lendemain au matin, je procédai à la continuation de ma découverte.

Au bout de cette marche, je me trouvai dans un pays découvert, qui semblait porter sa pente à l'occident ; un petit ruisseau d'eau fraîche, sortant d'une colline, dirigeait son cours à l'opposite, c'est-à-dire à l'orient : toute cette contrée paraissait si tempérée, si verte, si fleurie, qu'on l'aurait prise pour un jardin planté avec art, et il est aisé de voir qu'il y régnait un printemps perpétuel.

Je descendis un peu sur la croupe de cette vallée délicieuse, et j'y vis une grande quantité d'orangers, de limoniers et de citronniers, tous sauvages, et dont il y en avait très peu qui portassent du fruit, du moins dans la saison présente. Les limons verts que je cueillis étaient non-seulement agréables à manger, mais encore très sains ; et dans la suite j'en mêlai le jus avec de l'eau, qui en devenait par là plus rafraîchissante et plus salutaire.

Je me voyais maintenant assez d'ouvrage ; il s'agissait de cueillir du fruit et de le transporter ensuite dans mon habitation, car j'avais résolu d'amasser une provision de raisins et de citrons pour me servir pendant la saison pluvieuse.

A cet effet, je fis trois monceaux, dont deux étaient de raisins, et l'autre de limons et de citrons mêlés ensemble. Je tirai de chacun une petite portion pour l'emporter, et je pris le chemin de la maison, résolu de revenir au plus tôt, et de me munir d'un sac ou de quelque autre ustensile que je pourrais trouver, pour lever le reste.

Après mon voyage de trois jours, je me rendis chez moi : c'est ainsi que j'appellerai désormais ma tente et ma caverne. Mais, avant d'y arriver, mes raisins s'étaient froissés et écrasés, à cause de leur grande maturité et de leur pesanteur, en sorte qu'ils ne valurent plus rien. Quant aux limons, ils se trouvaient très bons, mais il n'y en avait qu'un petit nombre.

Le jour suivant, 19, je retournai avec deux petits sacs que j'avais faits pour aller chercher ma récolte ; mais je fus surpris de voir mes raisins, que j'avais laissés la veille si appétissants et bien amoncelés, tout gâtés, par morceaux, traînés et dispersés çà et là : une partie en avait été rongée et dévorée. J'en conclus qu'il se trouvait dans le voisinage quelques animaux qui avaient fait ce dégât.

Enfin, voyant qu'il n'y avait pas moyen de les laisser en monceaux ni de les emporter dans un sac, parce que d'un côté ils se seraient pressés et exprimés sous leur propre poids, et que de l'autre ce serait les livrer aux bêtes sauvages, je trouvai une troisième méthode qui me réussit : je cueillis une grande quantité de raisins, et les suspendis au bout des branches des arbres pour les sécher et les cuire au soleil ; quant aux limons et aux citrons, j'en emportai au logis autant qu'il en fallait pour plier sous ma charge.

Pendant mon retour de ce petit voyage, je contemplais avec admiration la fécondité de cette vallée, les charmes de sa situation, l'avantage qu'il y avait de s'y voir à l'abri des orages du vent de l'est, derrière ces bois et ces coteaux ; et je conclus que l'endroit où j'avais fixé mon habitation était, sans contredit, le moins avantageux de toute l'île. Je pensai dès-lors à déménager et à me choisir, s'il était possible, dans ce séjour fertile et agréable, une place aussi forte que celle que je méditais de quitter.

J'eus longtemps ce projet en tête, et la beauté du lieu m'en faisait repaître mon imagination avec plaisir : mais quand je vins à considérer les choses de plus près et à réfléchir que mon ancienne demeure était proche de la mer, je conclus que je ne devais point changer de demeure.

J'étais pourtant devenu tellement passionné pour un si bel endroit, que je ne pus m'empêcher de satisfaire en partie mon envie, en y faisant une petite métairie au milieu d'une enceinte assez spacieuse, composée d'une double haie bien palissadée, aussi haute que je pouvais atteindre, et toute remplie en-dedans de petit bois. Je couchais quelquefois deux ou trois nuits consécutives dans cette seconde forteresse, passant et repassant par-dessus la haie à l'aide d'une échelle, comme je faisais dans la première. Dès-lors je me regardai comme un homme qui aurait deux maisons, l'une sur la côte, pour veiller au commerce et à l'arrivée des vaisseaux, l'autre à la campagne, pour faire la moisson et la vendange. Les ouvrages et le séjour que je fis dans cette dernière me tinrent jusqu'au 1er août.

Je venais de terminer mes fortifications, et je commençais à jouir de mes travaux, quand les pluies vinrent m'en déloger, et me chasser dans ma première habitation, d'où je ne devais pas sortir de sitôt ; car, quoique dans la nouvelle je me fusse fait une tente avec une pièce de voile, et que je l'eusse très bien tendue comme j'avais déjà fait dans l'ancienne, je n'étais pourtant pas au pied d'un rocher haut et sans pente, qui me servît de boulevard contre le gros temps, et je n'avais pas derrière moi une caverne pour me retirer en cas de pluies extraordinaires.

J'avais achevé ma métairie au commencement d'août, et dès ce moment je commençai à en goûter les douceurs. Au troisième jour du même mois je trouvai les raisins que j'avais suspendus parfaitement secs, bien cuits au soleil, en un mot excellents ; je commençai donc à les ôter de dessus les arbres ; et je fis très bien de prendre promptement cette précaution, autrement les pluies qui survinrent les auraient entièrement gâtés, et m'eussent fait perdre mes meilleures provisions d'hiver. J'avais plus de deux cents grappes ; et il me fallait du temps pour les dépendre, les transporter chez moi, et les serrer dans ma caverne. Je n'eus pas plus tôt terminé cette opération, que les pluies commencèrent et durèrent depuis le quatorzième jour d'août jusqu'à la mi-octobre : il est bien vrai qu'elles diminuaient quelquefois ; mais aussi elles étaient de temps en temps si violentes, que je ne pouvais sortir de ma caverne pendant plusieurs jours.

Depuis le 14 du mois d'août jusqu'au 26, il plut sans relâche, et tellement, que je ne pus sortir de tout ce temps-là ; j'étais devenu très soigneux de me garantir de la pluie.

Pour me distraire, et faire en même temps quelque chose d'utile dans cette espèce de prison où me confinait la pluie, je travaillai régulièrement deux ou trois heures par jour à agrandir ma caverne, et conduisant ma sape peu à peu vers l'un des flancs du rocher, je parvins à le percer de part en part, et à m'établir une entrée et une sortie libres derrière mes fortifications. Je conçus d'abord quelque inquiétude de me voir ainsi exposé, car de la manière dont j'avais ménagé les choses auparavant, je m'étais vu parfaitement bien fermé, au lieu qu'à présent j'étais en butte au premier agresseur qui viendrait m'attaquer. Il faut pourtant avouer que j'aurais de la peine à justifier la crainte qui me vint sur cet article, et que j'étais trop ingénieux à me tourmenter, puisque l'animal le plus gros que j'eusse encore vu dans l'île était un bouc.

Le 30 septembre ramena l'anniversaire de mon funeste débarquement. Je calculai les crans marqués sur mon poteau ; et j'y trouvai qu'il y avait trois cent soixante-cinq jours que j'étais à terre. J'observai ce jour comme un jour de jeûne solennel, le consacrant tout entier à des exercices religieux. Je m'abstins de toute nourriture pendant douze heures, et jusqu'au soleil couchant; puis je mangeai un biscuit avec une grappe de raisin, et, terminant cette journée par la prière comme je l'avais commencée, je m'allai coucher.

Jusqu'ici je n'avais observé aucun dimanche, parce que, depuis ma jeunesse, mes sentiments de religion s'étant affaiblis, j'omis, au bout de quelque temps, de distinguer les semaines en marquant pour le dimanche un cran plus long que pour tous les jours ouvriers : ainsi je ne pouvais plus discerner les unes des autres. Mais quand j'eus une fois calculé les jours par le nombre des crans, comme je viens de le dire, je reconnus que j'avais été dans l'île pendant un an entier. Je divisai cette année en semaines, et je pris le septième jour de chacune pour mon dimanche ; il est pourtant vrai qu'à la fin de mon calcul je trouvai un ou deux jours de mécompte.

Peu de temps après, je m'aperçus que mon encre me manquerait bientôt, je fus donc obligé d'en être très ménager, me contentant d'écrire les circonstances les plus remarquables de ma vie, sans faire un détail journalier des autres choses.

Je m'apercevais déjà de la régularité des saisons : je ne me laissais plus surprendre ni par la pluie ni par la sécheresse, et je savais me pourvoir contre l'une et l'autre. Mais, avant d'acquérir une telle expérience, j'avais été obligé d'en faire les frais. J'ai dit plus haut que j'avais conservé le peu d'orge et de riz qui avait poussé d'une manière inattendue, et où je m'imaginais trouver du miracle. Il pouvait bien y avoir trente épis de riz et vingt d'orge, et je croyais que c'était le temps propre à semer ces grains, parce que les pluies étant passées, le soleil était parvenu au midi de la ligne.

D'après ce projet, je cultivai une pièce de terre le mieux qu'il me fut possible, avec une pelle de bois, et l'ayant partagée en deux, je semai mon grain. Pendant cette opération, il me vint en pensée que je ferais bien de ne pas tout employer cette première fois, parce que je ne savais quelle saison était plus propre pour les semailles : je risquai donc environ les deux tiers de mon grain, réservant à peu près une poignée de chaque sorte.

Je me sus bon gré, dans la suite, de m'y être pris avec cette précaution. L'expérience me rendit très habile sur ce point ; j'appris le moment juste où il fallait semer, je pouvais faire deux semailles, et recueillir deux moissons.

Pendant que mon blé croissait, je fis une découverte, dont je sus bien profiter par la suite. Dès que les pluies furent passées, et que le temps devint beau, ce qui arriva vers le mois de novembre, j'allai faire un tour à ma maison de campagne. Après une absence de quelques mois, j'y trouvai les choses dans le même état où je les avais laissées, et même en quelque sorte améliorées. Le cercle ou la double haie que j'avais formée était non-seulement entière, mais encore les pieux que j'avais faits avec des branches d'arbres coupées dans le voisinage, avaient tous poussé, et produit de longues branches, comme auraient pu faire des saules, qui repoussent généralement la première année, après qu'on les a élagués, depuis le tronc jusqu'à la cime. Je ne saurais comment appeler les arbres dont les branches m'avaient fourni des pieux. J'étais bien étonné de voir croître ces jeunes plants ; je les taillai et les cultivai de façon qu'ils pussent tous venir à un même niveau, s'il était possible. On ne saurait croire combien ils prospérèrent, ni le bel aspect qu'ils eurent au bout de trois ans : bien que mon enceinte eût environ vingt-cinq verges de diamètre, ils la couvrirent bientôt tout entière, et formèrent enfin un ombrage si épais, qu'on aurait pu loger dessous durant toute la saison sèche, ce qui me fit résoudre à couper d'autres pieux de la même espèce, et à en faire une haie en forme de demi-cercle pour enfermer la muraille de ma première demeure ; et c'est aussi ce que j'exécutai ; ayant planté un double rang de ces pieux, qui devenaient des arbres, à la distance d'environ huit verges de mon ancienne palissade, ils crûrent fort vite, servirent d'abord de couverture pour mon habitation, et dans la suite même de rempart et de défense.

Je trouvai dès-lors qu'on pouvait en général diviser les saisons de l'année, non pas en été et en hiver, comme on fait en Europe, mais en temps de pluie et de sécheresse, qui, se succédant alternativement deux fois l'un à l'autre, occupent ordinairement les mois de l'année selon l'ordre suivant : la seconde moitié de février, mars, la première moitié d'avril, temps de pluie, le soleil étant ou dans l'équinoxe ou bien proche ; la seconde moitié d'avril, mai, juin, juillet, la première moitié d'août, temps sec, le soleil étant alors au nord de la ligne ; la seconde moitié d'août, septembre, la première moitié d'octobre, temps de pluie, le soleil étant retourné au voisinage de l'équinoxe ; la seconde moitié d'octobre, novembre, décembre, janvier, la première moitié de février, temps sec, le soleil étant au sud de la ligne.

Il ne faut pas s'imaginer que je fusse oisif dans ma retraite : j'y trouvais assez d'occupations, et je manquais encore d'une infinité de choses dont je ne pouvais me pourvoir que par un rude travail et une application continuelle. Par exemple, je voulais fabriquer un panier, et je m'y pris de plusieurs manières : les verges que j'employai d'abord pour cela étaient si fragiles, que je n'en pus rien faire. J'eus lieu, dans cette conjonctuie, de me savoir bon gré de ce qu'étant encore petit garçon, je m'étais fait un plaisir de fréquenter la boutique d'un vannier qui travaillait dans la ville où mon père faisait son domicile, et de lui voir faire ses ouvrages d'osier : semblable à la plupart des enfants, je lui rendais de petits services, je remarquais soigneusement la manière dont il travaillait : je mettais quelquefois la main à l'œuvre ; et enfin j'avais acquis une pleine connaissance des procédés de son art. Il ne me manquait plus que des matériaux, lorsqu'il me vint dans l'esprit que les petites branches de l'arbre sur lequel j'avais coupé les pieux qui avaient poussé pourraient bien être aussi flexibles que celles du saule ou de l'osier, et je résolus de l'essayer.

Dans ce dessein je m'en allai le lendemain à la maison de campagne, et ayant coupé quelques verges de l'arbre dont je viens de parler, je les trouvai aussi propres que je le pouvais souhaiter pour ce que je voulais faire.

Quand je fus venu à bout de cette difficulté, je mis en mouvement les ressorts de mon imagination pour voir s'il ne serait pas possible de suppléer au besoin extrême que j'avais de deux autres choses. D'abord je manquais de vaisseaux propres à contenir des choses liquides, n'ayant que deux petits barils, dans lesquels il y avait encore actuellement beaucoup de rhum, et quelques bouteilles de verre médiocrement grandes, les unes carrées, les autres rondes, qui contenaient de l'eau-de-vie ou d'autres liqueurs. Je ne possédais pas seulement un pot pour faire cuire la moindre chose, excepté une grosse marmite que j'avais sauvée du vaisseau, mais qui, à raison de sa grandeur, ne pouvait servir à faire du bouillon ou à étuver quelquefois un morceau de viande seul. La seconde chose que j'aurais bien voulu avoir était une pipe, ce qui me parut impossible pendant quelque temps ; mais à la fin je parvins à m'en fabriquer une assez grossière, qui me fut très agréable.

J'avais un grand désir de parcourir toute l'île : je m'étais avancé jusqu'à la source du ruisseau, et de là j'avais poussé jusqu'au lieu où était située ma métairie, et d'où rien ne s'opposait à la vue jusqu'à l'autre côté de l'île et au rivage de la mer. Je voulus traverser jusque-là ; je pris donc mon fusil, une hache et mon chien, une quantité plus qu'ordinaire de plomb et de poudre, et deux ou trois grappes de raisins que je mis dans mon sac, et je partis. Quand j'eus traversé toute la vallée dont j'ai déjà parlé, je découvris la mer à l'ouest ; et comme il faisait un temps fort clair, je vis distinctement la terre : je ne pouvais dire si c'était une île ou un continent ; mais je voyais qu'elle était très élevée. qu'elle s'étendait de l'ouest à l'ouest-sud-ouest, et ne pouvait être éloignée de moins de quinze lieues.

Tout ce qu'il m'était permis de savoir de la situation de cette terre, c'est qu'elle était dans l'Amérique. Suivant tous les calculs que j'avais pu faire, elle devait confiner avec les pays espagnols ; il était possible qu'elle fût entièrement habitée par des sauvages qui, si j'eusse abordé, m'auraient sans doute fait subir un sort plus dur que n'était le mien Je me rendis aisément aux dispositions de la Providence, que je reconnaissais et croyais déjà régler tout pour le mieux. Cette découverte ne porta aucune atteinte à mon repos, et je me donnai bien de garde de me tourmenter l'esprit par des souhaits impuissants.

En outre, quand j'eus sûrement considéré la chose, je trouvai que si cette côte faisait partie des conquêtes espagnoles, je verrais infailliblement passer et repasser de temps à autre quelques vaisseaux; que si, au contraire, je n'en voyais jamais un seul, il fallait que ce fût la côte qui séparait la Nouvelle-Espagne du Brésil, et qui est une retraite de sauvages, mais des plus cruels, puisqu'ils sont anthropophages, et qu'ils ne manquent point de massacrer et de dévorer tous ceux qui tombent entre leurs mains.

J'avançais à loisir en faisant ces réflexions. Ce côté de l'île me parut tout différent du mien: les paysages en étaient beaux, les plaines verdoyantes et émaillées de fleurs, les bois hauts et touffus. Je vis quantité, de perroquets, et je désirai vivement en attraper un pour l'apprivoiser et lui apprendre à parler. Je me donnai bien du mouvement pour cet effet, et à la fin j'en attrapai un jeune que j'abattis d'un coup de bâton: l'ayant relevé, je le mis dans mon sein, et à force de le soigner il se remit et se fortifia si bien que je l'emportai chez moi. Quelques années s'écoulèrent avant que je pusse le faire parler: mais enfin je lui appris à m'appeler par mon nom d'une façon tout-à-fait familière.

Dès que je fus arrivé au bord de la mer, mon admiration augmenta pour ce côté de l'île; tout ce qui se présentait à ma vue me confirma dans l'opinion où j'étais déjà que le plus mauvais lot m'était échu en partage. Le rivage que j'habitais ne m'avait fourni que trois tortues en un an et demi, au lieu que celui-ci en était couvert. Tout y abondait en oiseaux de plusieurs sortes, dont les uns m'étaient connus, les autres inconnus, la plupart très bons à manger. J'en aurais pu tuer autant que j'eusse voulu, mais j'étais économe de ma poudre et de mon plomb, et je souhaitais plutôt tuer une chèvre s'il était possible, parce qu'il y avait beaucoup plus à manger. Cependant, quoique cette partie de la côte fût bien plus abondante en boucs que celle où j'habitais, il était néanmoins bien plus difficile de les approcher, parce que, ce canton étant plat et uni, ils pouvaient m'apercevoir plus aisément que lorsque j'étais sur les rochers et sur les collines.

Quelque charmante que fût cette contrée, je ne sentais pourtant pas le moindre désir de changer d'habitation; j'étais accoutumé à celle où je m'étais fixé dès le commencement; et dans le moment même où j'admirais mes belles découvertes, il me semblait que j'étais éloigné de chez moi et dans un pays étranger. Enfin je pris ma route le long de la côte, tirant à l'est, et je crois que je parcourus bien douze milles: alors je plantai une grande perche sur le rivage pour me servir de marque, et je pris le parti de m'en retourner au logis, en décidant pourtant que la première fois que je me mettrais en chemin pour faire un autre voyage, je prendrais à l'est de mon domicile, et qu'enfin je ferais la moitié du jour de l'île avant d'arriver à ma marque.

Je pris pour m'en retourner un autre chemin que celui par où j'étais venu, croyant que je pourrais aisément voir l'aspect de toute l'île, et ne pas manquer, en jetant la vue çà et là, de trouver mon ancienne demeure. Je me trompais néanmoins dans ce raisonnement, car lorsque je me fus avancé l'espace de deux ou trois milles dans le pays, je me trouvai au milieu d'une vallée spacieuse, environnée de collines tellement couvertes de bois, qu'il n'y avait aucun moyen de de deviner mon chemin, à moins que ce ne fût au cours du soleil; encore aurait-il fallu que je susse la position de cet astre ou l'heure du jour.

Mon chien, dans cette caravane, surprit un jeune chevreau et le saisit; j'accourus d'abord et fus assez diligent pour sauver ce petit animal de la gueule du chien, et le prendre en vie. Je souhaitais passionnément de le transporter au logis s'il était possible; souvent je m'étais occupé, dans mes réflexions, de l'idée et des moyens de prendre un couple de ces jeunes animaux, et de les nourrir pour former un troupeau de boucs privés, lesquels, au défaut de ma poudre et de mon plomb, pourraient un jour subvenir à ma nourriture.

Je fis un collier pour cette petite bête, je le lui passai autour du cou, et, avec une corde que j'y attachai, je le menai à ma suite; ce ne fut pas sans peine que je m'en fis suivre jusqu'à ma métairie; quand j'y fus arrivé, je l'y renfermai et le laissai là, car il me tardait bien d'être de retour, et de me voir chez moi après un mois d'absence.

Je gardai la maison pendant une semaine pour goûter les douceurs du repos et me refaire de mon long voyage. Cependant une affaire de grande importance m'occupait sérieusement; c'était une cage que je faisais pour mon perroquet. Il commençait à être de la famille, et nous nous connaissions déjà parfaitement lui et moi. Ensuite je pensai au pauvre chevreau que j'avais renfermé dans l'enceinte de ma métairie, et je trouvai convenable de l'aller chercher ou du moins de lui porter à manger. Quand il eut mangé, je l'attachai comme la première fois et l'emmenai. La faim qu'il avait soufferte l'avait dompté et rendu souple au point qu'il me suivait comme un chien et que j'aurais pu me dispenser de le tenir à l'attache. J'en pris un soin particulier, ne cessant de lui donner à manger et de le caresser tous les jours. En peu de temps il devint si familier, si caressant, qu'il ne voulut jamais me quitter depuis, et dès-lors il fut admis au nombre de mes autres domestiques.

La saison pluvieuse de l'équinoxe d'automne était revenue. Le 30 septembre étant l'anniversaire de ma descente dans l'île, où j'étais depuis deux ans, et d'où je n'avais pas plus d'espérance de pouvoir sortir que le premier jour, je l'observai d'une manière aussi solennelle que l'année précédente. Je m'occupai tout le jour à m'humilier devant Dieu, et à reconnaître sa miséricorde infinie, qui voulait bien accorder à ma vie solitaire des adoucissements sans lesquels elle m'aurait été insupportable.

J'étais dans ces pieuses dispositions d'esprit, quand je commençai ma troisième année. En général, il m'arriva rarement d'être oisif; je partageai mon temps en autant de parties que de fonctions différentes auxquelles je m'étais obligé à vaquer. Tels étaient premièrement le service de Dieu et la lecture de piété; les courses que je faisais avec mon fusil pour me procurer de quoi manger, lesquelles duraient ordinairement trois heures, lorsqu'il ne pleuvait pas; et, en troisième lieu, les peines qu'il fallait que je me donnasse pour apprêter, pour cuire ce que j'avais tué, ou bien pour le conserver et en faire provision, ce qui me prenait une bonne partie de la journée.

A cette brièveté du temps destiné pour le travail, ajoutez la pénible difficulté de ce même travail, et les heures que le défaut d'outils, de commodités, d'habileté, m'obligeait souvent de retrancher de mes autres occupations pour réussir à faire la moindre chose. Je citerai pour preuve quarante-deux jours entiers mis à fabriquer une planche pour me servir de table dans ma caverne; au lieu que deux scieurs, avec leurs outils et un atelier convenable, en auraient fait six d'un seul tronc en une seule journée.

Le mois de novembre étant venu, j'attendais ma récolte d'orge et de riz. Le terrain que j'avais cultivé pour recevoir ces grains n'était pas grand : la quantité que j'avais semée de chaque espèce montait au plus, comme je l'ai déjà remarqué, à un demi-picotin, parce que j'avais perdu le fruit d'une saison, pour avoir semé pendant la sécheresse. Mais, pour le moment, je me promettais une bonne récolte, lorsque je m'aperçus tout d'un coup que je serais en danger de perdre le tout et de me le voir enlever par des ennemis de plusieurs sortes, dont il était presque impossible de défendre mon champ. Les premières hostilités furent commises par les boucs, et ces autres animaux auxquels j'ai donné le nom de lièvres, qui tous, ayant une fois goûté la saveur du blé en herbe, y demeuraient campés nuit et jour, le mangeant à mesure qu'il poussait, et si près du pied, qu'il était impossible qu'il eût le temps de se former en épis.

Je ne vis point d'autre remède à ce mal que d'entourer complètement mon blé d'une haie. Il m'en coûta beaucoup de peines et de sueurs pour ce travail, d'autant plus que la chose était pressée, et demandait une grande diligence. Cependant, comme la terre labourée était proportionnée à la semence que j'y avais mise, et par conséquent de petite étendue, je l'eus close et mise hors d'insulte dans environ une semaine de temps. Pour mieux donner la chasse aux maraudeurs, je tirai sur quelques-uns pendant le jour, et leur opposai pendant la nuit mon chien, que je laissai attaché à un poteau, justement à l'entrée de mon enclos, d'où il s'élançait çà et là, aboyant contre eux de toutes ses forces. De cette manière, les ennemis furent obligés d'abandonner la place, et bientôt je vis mon blé croître, prospérer et mûrir à vue d'œil.

Si les bêtes fauves avaient fait du dégât dans ma moisson dès qu'elle avait été en herbe, les oiseaux la menacèrent d'une ruine entière au moment qu'elle parut couronnée d'épis. Un jour, me promenant le long de la haie pour voir comment allait mon blé, je vis la place entourée d'une multitude d'oiseaux de je ne sais combien de sortes, qui étaient aux aguets, et n'attendaient, pour faire la picorée, que le moment de mon départ. Je fis une décharge sur eux, car je n'allais jamais sans mon fusil. Dès que le coup fut tiré, je vis dans l'air une épaisse nuée d'oiseaux que je n'avais point remarqués, et qui s'étaient tenus cachés au fond du blé.

Ce spectacle fut bien douloureux pour moi, car il me présageait l'anéantissement de mes espérances, la perte totale de ma récolte ; et ce qu'il y avait de pis, c'est qu'en voyant ce malheur, je ne savais pas encore comment le prévenir. Je résolus pourtant de ne rien négliger pour sauver mon grain, et de faire même sentinelle nuit et jour, s'il le fallait. Avant tout, je me portai sur les lieux pour constater le dommage. Ces harpies avaient, à la vérité, fait du dégât, mais non pas autant que je m'y étais attendu : la verdure des épis avait un peu arrêté leur avidité, et si je pouvais sauver les restes, ils me permettaient encore une abondante et bonne moisson.

Je restai là quelques moments pour recharger mon fusil ; puis, me retirant un peu à l'écart, il me fut aisé de voir mes voleurs postés en embuscade sur tous les arbres d'alentour, n'épiant, pour faire leur irruption, que l'heure de mon départ. L'événement ne me permit point de douter de leur projet. Je m'éloignai de quelques pas, comme pour m'en aller tout-à-fait. A peine avais-je disparu, qu'ils descendirent de nouveau l'un après l'autre, dans le champ de blé. J'en fus si irrité, que je n'attendis pas qu'ils y fussent assemblés en plus grand nombre ; il me semblait qu'on me rongeait les entrailles, et que chaque grain qu'ils avalaient me coûtait la valeur d'un pain entier. Je m'avançai donc aussitôt près de la haie, je tirai sur eux un second coup, et j'en tuai trois. C'était justement ce que je souhaitais avec ardeur, je les ramassai d'abord ; puis, afin de rendre leur punition exemplaire, je les traitai comme on fait en Angleterre pour les voleurs que l'on condamne à rester attachés au gibet après leur exécution, afin d'inspirer la terreur aux autres. On n'imaginerait pas quel bon effet cela produisit. Les oiseaux, depuis ce temps-là, non-seulement ne vinrent plus dans mon blé, mais encore abandonnèrent tout ce canton de l'île, et je n'en vis plus aucun dans le voisinage tout le temps que demeura l'épouvantail. J'en eus une joie extrême ; et je fis ma récolte à la fin de décembre, qui est, dans ce climat, l'instant propice pour la seconde moisson.

Avant de commencer cette corvée, je ne savais comment suppléer à une faucille, instrument qui m'était absolument nécessaire pour couper le blé. Je n'eus d'autre parti à prendre que de m'en fabriquer une, du mieux que je pus, avec un des sabres ou coutelas que j'avais trouvés parmi les autres armes restées dans le vaisseau. Ma récolte ayant été peu de chose, celle-ci me coûta moins de peine à recueillir. En glanant la paille je n'y cherchai que les épis seuls, que j'égrenai ensuite entre mes mains. La moisson achevée, le demi-picotin que j'avais semé se trouva m'avoir produit près de deux boisseaux et demi d'orge, du moins autant que je pouvais l'estimer, puisque je n'avais aucune mesure.

Ceci ne laissa pas de me donner beaucoup de courage; c'en était assez pour me faire connaître que la divine Providence voudrait bien un jour ne pas me laisser manquer de pain. Néanmoins je me voyais encore dans un grand embarras, car je ne savais ni comment moudre ce grain pour en faire du pain, ni comment cuire ce pain, quand même je serais parvenu à le pétrir. Toutes ces difficultés se joignant au désir que j'avais d'amasser une bonne quantité de provisions, et d'avoir par devers moi un grenier qui m'assurât du pain pour l'avenir, je résolus de ne point user cette récolte, mais de la conserver et de l'employer tout entière en semence à la saison prochaine. Je voulus, en attendant, employer toute mon industrie et toutes les heures de mon travail à exécuter le grand dessein que j'avais de perfectionner l'art de labourer, aussi bien que celui de goûter avec agrément les fruits de mon labourage.

Je pouvais bien dire alors, dans un sens propre et littéral, que je travaillais pour ma vie. Mais une chose étonnante, et à laquelle je ne crois pas que beaucoup de gens réfléchissent, ce sont les préparatifs qu'il faut faire, la peine qu'il faut essuyer, les formes différentes qu'il faut donner à l'ouvrage, avant de pouvoir produire dans sa perfection ce qu'on appelle un *morceau de pain*.

C'est ce que je reconnus à mon grand dommage, moi qui étais réduit à un état pour ainsi dire de pure nature, et chaque jour aidait à m'en convaincre de plus en plus, même après que j'eus reçu le peu de blé qui avait crû d'une manière si extraordinaire et si inattendue au pied du rocher.

Premièrement, je n'avais point de charrue pour labourer la terre, point de bêche pour la fouir. Il est vrai que j'y suppléai en faisant la pelle de bois; mais aussi, dans cet ouvrage, reconnaissait-on aisément l'inhabileté de l'ouvrier. Quoiqu'elle m'eût coûté plusieurs jours à faire, comme elle n'était point garnie de fer autour, non-seulement elle s'usa plus tôt, mais encore je m'en servis avec plus de peine et moins de succès. Cependant je me résignais à tout, et je supportais avec une patience inaltérable et la difficulté du travail et le peu de succès dont il était suivi.

Après que mon blé était semé, j'aurais eu besoin d'une herse; n'en ayant point, je me vis obligé de passer par-dessus la terre une grosse branche d'arbre, que je traînais derrière moi, et avec laquelle je grattais pour ainsi dire plutôt que je ne hersais.

Quand mon grain était en herbe, en épi, ou parvenu à maturité, de combien de choses n'avais-je pas besoin pour le fermer d'un enclos, en écarter les bêtes fauves et les oiseaux, pour le faucher, le sécher, le voiturer, le battre, le vanner et le serrer ! Puis il me fallait encore un moulin pour moudre, un tamis pour passer la farine, du levain et du sel pour faire fermenter, un four pour cuire mon pain. Voilà bien des instruments d'un côté, et de l'autre bien des ouvrages différents : je ferai pourtant voir que tous ceux-là me manquèrent, et que je ne manquai à aucun de ceux-ci. Mon blé m'exerçait beaucoup, mais il m'était aussi d'un plus grand secours que tout le reste, et je le regardais comme le plus précieux de tous mes biens. Cependant tant de choses à faire, et tant d'autres dont j'avais un besoin extrême, m'auraient fait perdre patience, sans la conviction qu'il n'y avait point de remède ; d'ailleurs, la perte de mon temps ne devait pas me tenir au cœur, parce que, de la manière dont je l'avais divisé, il y avait une certaine partie du jour affectée à ces sortes d'ouvrages. Comme je ne voulais employer aucune portion de mon blé à faire du pain, jusqu'à ce que j'en eusse une plus grande provision, j'avais par devers moi six mois pour tâcher de me fournir, par mon industrie, tous les ustensiles propres à tirer le meilleur parti des grains que je recueillerais.

Il me fallait auparavant préparer un plus grand espace de terre, parce que j'avais déjà assez de grain pour ensemencer plus d'un arpent. Je ne pouvais préparer la terre sans me faire une bêche ; c'est aussi par où je commençai, et il ne se passa pas moins d'une semaine entière avant que je l'eusse achevée : encore était-elle grossière et informe, de sorte que mon ouvrage en devint une fois plus pénible. Mais rien ne fut capable de me décourager ni de m'empêcher de passer outre. Enfin j'emblavai deux pièces de terre plates et unies, les plus proches de ma maison que je pus trouver, et les entourai d'une bonne haie. Cette clôture était composée de plants de même espèce que celle qui entourait ma maison. Je savais qu'elle croîtrait promptement, et que dans un an elle formerait une haie vive qui n'exigerait que peu de réparation. Cet ouvrage m'occupa durant trois mois, parce qu'une partie de ce temps était la saison pluvieuse, qui ne me permettait de sortir que rarement.

Pendant tout le temps que j'étais confiné dans ma maison par la continuation des pluies, je m'occupai de la manière que je raconterai tout à l'heure. En même temps que je travaillais, je ne laissais pas de m'amuser à parler à mon perroquet. Il apprit à parler et à dire son nom et son surnom, qui étaient *perroquet mignon;* et ces paroles furent les premières que j'eusse entendu prononcer dans l'île par une autre bouche que la mienne. Ce petit animal me servait de compagnon dans mon travail ; les entretiens que j'avais avec lui me délassaient souvent de mes occupations, qui étaient graves et importantes, comme vous l'allez voir. Il y avait déjà longtemps que je songeais à part moi si je ne pourrais point me faire quelque vaisseau de terre, parce que j'en avais un besoin extrême : mais j'ignorais la méthode qu'il fallait suivre pour pourvoir à ce besoin. Néanmoins, quand je considérais la chaleur du climat, je ne doutais presque pas que si je réussissais seulement à trouver de l'argile convenable, je ne pusse en former un pot, lequel, étant séché au soleil, serait assez dur et assez fort pour être manié, et pour qu'on pût y mettre des choses sèches de leur nature et qui demanderaient à être tenues à l'abri de l'humidité.

Le lecteur aurait pitié de moi, ou peut-être il s'en moquerait, si je lui disais de combien de manières bizarres je m'y pris pour disposer ma matière ; combien étrange et difforme fut la forme donnée à mes ouvrages, qui tombèrent par morceaux, les uns en-dedans, les autres en-dehors, parce que l'argile n'était pas assez ferme pour soutenir son propre poids ; combien se fêlèrent à la trop grande ardeur du soleil, pour y avoir été exposés précipitamment ; combien enfin se brisèrent en les changeant de place, soit avant qu'ils fussent secs, soit après qu'ils le furent : tellement que, quand je me fus donné bien de la peine pour apprêter ma matière et la mettre en œuvre, je ne pus faire plus de deux grandes et vilaines machines de terre, que je n'oserais appeler jarres, et qui me coûtèrent pourtant près de deux mois de travail.

Néanmoins, comme ces deux vases s'étaient bien cuits et durcis au soleil, je les soulevai adroitement, et les mis dans deux grands paniers d'osier que j'avais faits exprès pour les empêcher de se casser ; et comme il y avait du vide entre le pot et le panier, je le remplis avec de la paille de riz et d'orge, comptant que ces deux pots se tiendraient toujours secs, que j'y pourrais serrer premièrement mon blé, et peut-être aussi ma farine, après l'avoir moulue.

Si j'avais mal réussi dans la combinaison des grands vases, je parvins à en faire grand nombre de petits, comme des pots ronds, des plats, des cruches, des terrines, : l'argile prenait sous ma main toutes sortes de figures, et elle recevait du soleil une dureté surprenante.

Tout cela ne répondait pas encore à la fin que je m'étais proposée, qui était d'avoir un pot de terre capable de renfermer des choses liquides, de souffrir le feu, ce que je ne pouvais faire d'aucun des ustensiles dont j'étais déjà pourvu. Au bout de quelque temps, il arriva qu'ayant un bon feu pour apprêter mes viandes, je découvris, en fourgonnant dans mon foyer, un morceau de ma vaisselle de terre, qui se trouvait parfaitement cuit, dur comme une pierre, et rouge comme une tuile. Je fus agréablement surpris, et je me dis qu'assurément mes pots pourraient très bien cuire étant entiers, puisqu'il s'en cuisait des morceaux séparément dans une si grande perfection.

Cette découverte fut cause que je me mis à considérer comment je ferais pour disposer mon feu de manière que j'y puisse cuire des pots. Je n'avais aucune idée du genre de fourneau dont se servent les potiers, ni du vernis dont ils enduisent leur vaisselle, ne sachant pas que 'e plomb que je possédais était bon à cet usage. Je plaçai à tout hasard trois grandes cruches sur lesquelles je mis trois pots, le tout en forme de pile, avec un gros tas de cendres dessous. Je fis alentour un feu de bois qui flambait si bien aux côtés et par-dessus, qu'en peu de temps je vis mes vases tout rouges de part en part, sans qu'il en parût aucun de fêlé. Je les laissai dans ce degré de chaleur environ cinq ou six heures, jusqu'à ce que j'en aperçus un qui n'était pas fendu à la vérité, mais qui commençait à fondre et à couler : le gravier mêlé à l'argile se liquéfiait par la violence du feu, et se serait tourné en verre si j'eusse continué. Je tempérai mon brasier par degrés, jusqu'à ce que les vases commençassent à perdre un peu de leur rouge, et je fus debout toute la nuit pour avoir l'œil dessus, de peur que le feu ne s'abattît trop soudainement. A la pointe du jour, je me vis enrichi de trois cruches qui étaient, je ne dirai pas belles, mais très bonnes, et de trois autres pots de terre aussi bien cuits que je le pouvais souhaiter, et dont l'un d'eux avait reçu un parfait vernis par la fonte du gravier.

Après cette expérience, je ne me laissai plus manquer d'aucun vase de terre qui me pût être utile ; mais leur tournure était extrêmement difforme, et l'on ne s'en étonnera point, si l'on considère que je n'avais aucun secours ni aucune méthode fixe pour un tel travail.

Une chose si petite en elle-même me causa la plus grande joie qu'on ait jamais ressentie, quand je vis que j'avais fait un pot qui souffrait le feu. Et à peine avais-je eu la patience d'attendre que mes vases fussent refroidis, que j'en posai un sur le feu, avec de l'eau dedans pour faire bouillir de la viande, ce qui me réussit parfaitement bien ; car un morceau de bouc que j'avais mis dans le pot me fit un bon bouillon, quoique je manquasse des autres ingrédients nécessaires pour le rendre aussi parfaitement bon que je l'aurais souhaité.

La chose que je désirais avec le plus d'ardeur ensuite, c'était de me pourvoir d'un morceau de pierre sur lequel je pusse piler ou battre du blé ; car pour ce qui est d'un moulin, c'est une machine qui exige tant d'art qu'il ne m'entra pas seulement dans l'esprit d'y pouvoir atteindre. J'étais bien embarrassé pour trouver comment je suppléerais à une chose d'un besoin si indispensable. En effet, le métier de tailleur de pierre est, de tous, celui pour lequel je me sentais le moins de talent, outre que je n'avais aucun des outils qu'on y emploie. Je cherchai pendant plusieurs jours une pierre qui fût grosse et qui eût assez de diamètre pour la pouvoir creuser et en faire un mortier ; mais je n'en trouvai aucune dans l'île, excepté ce que renfermait le corps des rochers, où, faute d'instruments, je ne pouvais ni creuser ni tailler, et d'où par conséquent je ne pouvais rien tirer. Ajoutez que les rochers de l'île n'étaient pas d'une dureté convenable, mais d'une pierre qui, s'émiettant aisément, n'aurait par conséquent pu souffrir les coups d'un pilon pesant, et où le blé n'aurait pu se broyer sans qu'il s'y mêlât beaucoup de gravier. Après avoir perdu beaucoup de temps pour chercher une pierre, je désespérais d'y réussir, et je pris le parti de chercher dans les forêts quelque gros billot d'un bois très dur. C'est ce qu'il me fut aisé de trouver; et prenant le plus gros que je fusse capable de remuer, je l'arrondis et le façonnai en-dehors avec ma hache et ma doloire; je le creusai avec un travail infini, en appliquant le feu, moyen dont se servent les sauvages pour former leurs canots. Je fis ensuite un gros pilon de bois qu'on appelle *bois de fer*. Je mis à part ces outils ainsi préparés, en attendant ma seconde récolte, après laquelle je me proposai de moudre, ou plutôt de broyer mon blé pour le réduire en farine, et en faire du pain.

Cette difficulté surmontée, la première qui se présentait était de me fabriquer un sas ou un tamis, pour préparer ma farine et la séparer du son, sinon je ne voyais pas de possibilité d'avoir du pain. La chose était tellement difficile en elle-même, que je n'avais presque pas le courage d'y penser. En effet, j'étais bien éloigné d'avoir les choses nécessaires pour faire un tamis; car il ne me fallait pas moins qu'un beau canevas ou bien quelque autre étoffe transparente pour passer la farine. Je restai dans l'inaction et dans l'incertitude pendant plusieurs mois. Tout ce qui me restait de toile n'était que des guenilles; j'avais, à la vérité, du poil de bouc; mais je ne savais ni comment le filer, ni comment le travailler au métier, et quand même je l'aurais su, il me manquait les instruments nécessaires. Je me fatiguais la tête à chercher quelque moyen de remédier à cet inconvénient, lorsque je me rappelai enfin qu'il y avait parmi les vêtements de nos mariniers, que j'avais sauvés du vaisseau, quelques cravates de toile de coton. J'y eus recours : en effet, avec quelques morceaux de ces cravates je me fis trois petits sas assez propres à l'usage auquel je les destinais.

Ensuite venait la boulangerie, dont les fonctions devaient s'étendre tant à pétrir qu'à cuire au four. Premièrement, je n'avais point de levain, et je n'entrevoyais aucune possibilité de me procurer une chose de cette nature : je résolus donc de ne m'en plus mettre en peine, et d'en rejeter jusqu'à la moindre pensée. Quant au four, mon esprit était en travail pour imaginer les moyens de m'en fabriquer un. A la fin je trouvai une invention qui répondait assez à mon dessein : je fis quelques vases de terre fort larges, mais peu profonds, c'est-à-dire qu'ils pouvaient avoir deux pieds de diamètre, sur neuf pouces au plus de profondeur. Je les fis cuire au feu, comme j'avais fait des autres, et les mis ensuite à part. Quand je voulais enfourner mon pain, je débutais par faire un grand feu sur mon foyer, qui était pavé de briques carrées, formées et placées à ma façon : j'avoue qu'elles n'étaient pas équarries selon les règles de la géométrie. J'attendais ensuite que l'âtre fût extrêmement chaud; alors j'écartais les charbons et les cendres en les balayant proprement, puis je posais ma pâte, que je couvrais d'abord du vase de terre dont on a lu la description, et autour duquel je ramassais les charbons avec les cendres, pour y concentrer la chaleur. Ainsi je cuisais mes pains d'orge tout aussi bien que dans le meilleur four du monde: et non content de faire le boulanger, je tranchais encore du pâtissier, car je me fis plusieurs gâteaux de riz. A la vérité, je n'allais pas jusqu'à faire des pâtés ; mais quand même je l'aurais entrepris, je ne sache pas ce que j'aurais pu mettre dedans, excepté de la chair de bouc ou d'oiseaux du pays ; l'une ou l'autre aurait fait triste figure dans un pâté, faute des assaisonnements convenables.

On ne doit point s'étonner quand j'avance que toutes ces choses m'occupèrent pendant la plus grande partie de la troisième année de mon séjour dans l'île, si l'on remarque que j'employais une partie de mon temps à vaquer à l'agriculture et aux moissons. En effet, je coupai mon blé dans la même saison, je le transportai au logis du mieux que je pus, et j'en conservai les épis dans mes grands paniers, jusqu'à ce que j'eusse le loisir de les égrener entre mes mains, expédient auquel j'étais réduit, puisque je n'avais ni aire ni fléau pour les battre.

Mais à présent que la quantité de mes grains augmentait, j'avais véritablement besoin d'élargir ma grange pour les loger. Mes semailles avaient été d'un si grand rapport, que ma dernière récolte montait à vingt boisseaux d'orge, et tout au moins à une pareille quantité de riz. Dès-lors je me voyais en état de vivre à discrétion, moi qui faisais abstinence de pain depuis si longtemps, c'est-à-dire depuis que je n'avais plus de biscuit. Je voulus voir aussi quelle quantité de blé me suffirait pour une année, et si je ne pourrais pas me contenter de faire une seule semaille.

Tout bien considéré, je trouvai que quarante boisseaux suffiraient à ma consommation pendant un an. Ainsi, je résolus de semer chaque année la même quantité que la première fois, espérant qu'elle me fournirait suffisamment de pain.

Cependant, j'étais entièrement possédé du désir de traverser la mer pour prendre terre de l'autre côté ; il me vint à la pensée d'aller visiter la chaloupe de notre bâtiment, qui, après notre naufrage, avait été portée par la tempête bien avant sur le rivage, comme je l'ai déjà dit. Je la trouvai à peu près dans la même situation ; elle était presque tournée sens dessus dessous, appuyée contre une longue éminence de gros sable, où la violence des flots l'avait portée et laissée à sec.

J'eus beau faire, il ne me fut pas possible de la redresser, ni même de réussir à me glisser dessous, bien loin de la faire avancer vers l'eau. Je me vis contraint de me désister de ce projet.

Je me mis à examiner s'il ne me serait pas possible, sans instruments et sans aide, de me construire, avec le tronc d'un arbre, un canot semblable à ceux que font les habitants originaires de ce pays, ce qui me parut non-seulement praticable, mais encore facile, et l'idée seule d'un tel projet me réjouissait.

Je commençai par couper un cèdre : je doute si le Liban en fournit jamais un pareil à Salomon lorsqu'il bâtissait le temple de Jérusalem. Le diamètre de cet arbre était, par le bas, de cinq pieds dix pouces; à compter de là, il y avait quatre pieds onze pouces, sur une longueur de vingt-deux pieds; ensuite il allait en diminuant jusqu'au branchage. Ce ne fut pas sans un travail immense que j'abattis cet arbre ; car je fus assidu, pendant vingt jours, à le hacher au pied. Je fus quinze jours de plus à l'ébrancher, et à en tailler le sommet vaste et spacieux ; j'y employai haches et besaiguës, tout ce que l'art du charpentier me pouvait fournir de plus puissant, et toute la vigueur dont j'étais capable. Il me fallut un mois de travail pour le façonner et le raboter, afin d'en faire quelque chose de semblable au dos d'un bateau, de manière qu'il pût flotter droit. Je ne mis guère moins de trois mois à travailler le dedans, et à le creuser jusqu'au point d'en faire une chaloupe parfaite.

Quand j'eus achevé cet ouvrage, j'en ressentis une joie extrême. A la vérité, c'était le plus grand canot ou la plus belle gondole faite d'une seule pièce que j'eusse vue de ma vie, mais aussi je laisse à penser combien de rudes coups j'avais été obligé de frapper. La seule chose qui me restait à faire c'était de la mettre en mer ; et s'il m'eût été possible d'exécuter ce dernier point, je ne fais nul doute que je n'eusse entrepris le voyage le plus téméraire, et où il n'y avait pas la moindre apparence de pouvoir réussir.

Toutes les mesures que je pris pour lancer ce canot à l'eau avortèrent, après m'avoir coûté un travail infini. Il n'était pas cependant éloigné de la mer de plus de deux cents verges ; mais le premier inconvénient qui se présentait, c'est qu'il y avait une éminence sur le chemin de la baie. Cet obstacle ne m'arrêta point ; je résolus de le lever entièrement avec la bêche, et de couper la hauteur en pente. Je l'entrepris et je ne saurais dire combien je me fatiguai : il ne fallait pas avoir en vue un trésor moins précieux que celui de la liberté, pour me soutenir dans une telle entreprise. Mais quand j'eus aplani cette difficulté, je ne m'en vis pas plus avancé, car il m'était tout aussi impossible de remuer ce canot que la chaloupe.

Alors je mesurai la longueur du terrain et je formai le projet de creuser un bassin ou un canal pour faire venir la mer jusqu'à mon canot, puisque je ne pouvais faire aller mon canot jusqu'à la mer ; j'entrepris cet ouvrage sans délai, et, dès le commencement, venant à calculer quelles en devaient être la profondeur et la largeur, et quelle serait ma méthode pour le vider, je trouvai qu'avec toutes les ressources que je pouvais avoir, et je ne devais pas en aller chercher hors de moi-même, il me faudrait bien dix ou douze ans de peine et de travail avant de l'avoir achevé. Le terrain était si élevé, que mon bassin projeté aurait dû être profond de vingt-deux pieds pour le moins, dans l'endroit le plus éloigné de la mer ; je me désistai encore de ce projet, quoique regrettant beaucoup de n'avoir pu le réaliser. J'éprouvai un vif chagrin, et je sentis mais trop tard, quelle folie il y a d'entreprendre un ouvrage avant d'en avoir calculé les frais, et sans avoir pesé avec justesse si les difficultés qui se rencontreront dans l'exécution ne seront pas au-dessus de nos forces.

Au milieu de cette dernière entreprise, j'arrivai à la fin de la quatrième année de mon séjour dans l'île ; et j'en célébrai l'anniversaire avec la même ferveur et avec autant de consolation que je l'avais fait les années précédentes.

Ma vie passée me fit naître plusieurs réflexions ; j'avais vécu en scélérat, dans l'iniquité et dans le crime, et néanmoins ma conservation était l'effet de la Providence. Dieu avait déployé à mon égard des bontés sans nombre. Il m'avait puni au-dessous de ce que mes iniquités méritaient, et avait pourvu libéralement à ma subsistance. Toutes ces réflexions me donnèrent lieu d'espérer que Dieu avait accepté mon repentir, et que je n'avais pas encore épuisé les trésors infinis de sa miséricorde.

Non-seulement toutes ces réflexions me portèrent à une entière résignation à la volonté de Dieu, mais encore elles m'inspirèrent à son égard de vifs sentiments d'amour et de reconnaissance. J'étais au nombre des vivants, je n'avais pas reçu la juste punition de mes crimes ; au contraire, je jouissais de quelques avantages auxquels je n'aurais pu m'attendre : ainsi je n'avais ni à me plaindre ni à murmurer davantage de ma condition ; j'avais tout lieu, au contraire, de me réjouir et de remercier Dieu de ce que, par une suite continuelle de prodiges, j'avais du pain. Le miracle qu'il avait opéré en faveur d'Élie, à qui les corbeaux portaient à manger, il semblait l'avoir renouvelé à mon égard. Ma conservation n'était qu'une longue suite de miracles. Je considérais d'ailleurs qu'il n'y avait peut-être aucun lieu, dans tout le monde inhabité, où j'eusse pu vivre avec autant de douceur.

Cependant il y avait déjà longtemps qu'il ne me restait plus qu'un peu d'encre, et je tâchais de la conserver en y mettant de l'eau de temps en temps ; mais enfin elle devint si pâle qu'à peine pouvais-je en distinguer les traces sur le papier. Tant qu'elle dura, je marquai tous les jours où il m'était arrivé quelque chose d'important.

La première chose qui me manqua après l'encre fut le pain, ou plutôt le biscuit que j'avais apporté du vaisseau. Quoique je l'eusse ménagé avec une extrême frugalité, puisque je ne m'en étais accordé, pendant l'espace d'un an, qu'un petit morceau par jour, il me manqua tout-à-fait un an avant que je pusse faire du pain avec le blé que j'avais semé.

Mes habits commençaient aussi à tomber en lambeaux. Il y avait longtemps que je n'avais plus de linge, hors quelques chemises de toile rayée que j'avais trouvées dans les coffres des matelots, et que je conservais avec tout le soin possible, parce que très souvent la chaleur ne me permettait pas de pouvoir supporter d'autre vêtement qu'une chemise. Ce fut un grand bonheur pour moi de ce que parmi les habits des matelots j'en trouvai trois douzaines. Je sauvai aussi quelques surtouts grossiers : mais ils me furent de peu d'usage, parce qu'ils étaient trop chauds.

La chaleur me causait souvent des cloches sur toute la peau. Il me fut impossible de m'accoutumer à m'exposer au soleil sans avoir la tête couverte; il dardait ses rayons avec une telle violence que, lorsque j'étais sans chapeau, je ressentais à l'instant de violents maux de tête, qui cessaient dès que je me couvrais.

L'expérience de toutes ces choses me fit songer à employer les haillons que j'avais, et ce que j'appelais des habits, à un usage conforme à ma position. Toutes mes vestes étaient usées, je me mis à faire une espèce de robe avec les gros surtouts et quelques autres matériaux de cette nature que j'avais sauvés du naufrage. J'exerçai donc le métier de tailleur, ou, pour mieux dire, de ravaudeur, et je vins à bout, après bien des peines, de faire deux ou trois vestes et des culottes, ou plutôt des caleçons; mais ce travail ne faisait pas honneur à mon adresse.

J'ai dit que j'avais conservé les peaux de tous les quadrupèdes que j'avais tués; mais, comme je les avais étendues au soleil, la plupart devinrent si sèches et si dures, que je ne pus les employer à aucun usage. Quant à celles dont je pus me servir, j'en fis d'abord un bonnet, en tournant le poil en-dehors, afin de me mettre mieux à couvert de la pluie, et ensuite je m'en fabriquai un habit entier, je veux dire une large veste et des culottes ouvertes, car mes habits devaient me servir plutôt contre la chaleur que contre le froid. Au reste, si j'entendais assez peu le métier de charpentier, j'entendais encore moins celui de tailleur. Ces habits me servirent pourtant très bien, car la pluie ne pouvait les pénétrer.

Tous ces travaux finis, j'employai beaucoup de temps et bien des peines à faire un parasol : j'en avais vu faire dans le Brésil, où ils sont d'un grand usage contre les chaleurs excessives. Ce travail me coûta infiniment; il se passa bien du temps avant que je pusse faire quelque chose qui fût capable de me préserver de la pluie et des rayons du soleil, encore ce premier ouvrage ne me put-il satisfaire, ni même deux ou trois autres que je fis ensuite. Je pouvais bien les étendre, mais je ne pouvais les plier, ni les porter autrement que sur ma tête, ce qui était trop embarrassant. Enfin pourtant je fis un parasol qui répondit à peu près à mes besoins, et je le couvris de peaux dont le poil était tourné par en haut. J'y étais à l'abri de la pluie comme si j'eusse été sous un auvent, et je marchais par les chaleurs les plus brûlantes avec plus d'agrément que je ne faisais auparavant dans les jours les plus frais. Quand je n'en avais pas besoin, je le fermais et le portais sous mon bras.

Après avoir fini ces ouvrages, il ne m'arriva rien d'extraordinaire pendant l'espace de cinq ans. Je continuai le même genre de vie. Ma principale occupation, outre celle de semer mon orge et mon riz, de sécher et de suspendre mes raisins, et d'aller à la chasse, fut, pendant ces cinq années, de faire un canot. Je l'achevai, et en creusant un canal profond de six pieds et large de quatre, je l'amenai dans ma baie.

Afin d'opérer avec plus de précautions et plus de sûreté, j'équipai mon canot le mieux qu'il me fut possible ; j'y mis un mât et une voile. J'en fis l'essai, et, trouvant qu'il prenait très bien le vent, je pratiquai des layettes à ses deux extrémités, afin d'y préserver mes provisions et mes munitions de la pluie et de l'eau de la mer. Je plantai ensuite mon parasol à la poupe, afin de m'y procurer de l'ombre.

Je me servis de cette embarcation pour me promener de temps en temps sur la mer, mais sans m'écarter jamais de ma petite baie. Enfin, impatient de voir la circonférence de mon royaume, je résolus d'en faire entièrement le tour, et j'avitaillai pour cet effet mon bateau. Je pris deux douzaines de mes pains d'orge, que je devrais plutôt appeler des gâteaux, un pot de terre plein de riz sec, dont je faisais beaucoup d'usage ; une petite bouteille de rhum, la moitié d'une chèvre, de la poudre et de la dragée pour en tuer d'autres, enfin deux gros surtouts dont j'ai parlé, l'un pour me coucher dessus et l'autre pour me couvrir pendant la nuit.

C'était le 6 novembre et l'an sixième de mon règne ou de ma captivité, que je m'embarquai pour ce voyage, qui fut plus long que je ne m'étais attendu. L'île en elle-même n'était pas fort large, mais elle avait, à l'est, un grand rebord de rochers, qui s'étendaient deux lieues avant dans la mer ; les uns s'élevaient au-dessus de l'eau et les autres étaient cachés. Il y avait en outre, au bout de cette chaîne de rochers, un banc de sable qui était à sec, et avancé dans la mer d'une demi-lieue ; de telle sorte que, pour doubler cette pointe, j'étais obligé de m'avancer beaucoup en mer.

A la première vue de toutes ces difficultés, je renonçai d'abord à mon entreprise, fondé sur l'incertitude soit de la longue route qu'il me faudrait faire, soit de la manière dont je pourrais revenir sur mes pas. Je revirai même mon canot, et je le mis à l'ancre ; car je m'en étais fait une avec une pièce rompue d'un grappin que j'avais sauvé du vaisseau.

Mon canot en sûreté, je pris mon fusil et je débarquai ; puis je montai sur une petite éminence, d'où je découvris toute l'étendue de cette pointe : ce qui me permit de faire des observations d'après lesquelles je me décidai à effectuer mon voyage.

Je couchai deux nuits sur cette colline, parce que le vent, qui soufflait assez fort de l'est-sud-est, portait contre le courant et causait divers brisements de mer sur la pointe : il n'était donc pas sûr pour moi ni de me tenir trop près du rivage, de peur d'échouer, ni de m'avancer trop en mer, car alors je risquais de tomber dans le courant.

Le troisième jour le vent étant tombé, et la mer étant calme, je recommençai mon voyage. Je n'eus pas plus tôt atteint la pointe que je me trouvai dans une mer très profonde, et dans un courant aussi violent que le pourrait être une écluse de moulin. Je n'étais pourtant éloigné de la terre que de la longueur de mon canot. Le courant l'emporta avec une telle violence, qu'il me fut impossible de le maintenir auprès du rivage.

Personne ne concevra jamais le désespoir où j'étais de me voir emporté loin de ma chère île, dans la haute mer. J'en étais alors éloigné de deux lieues, et je n'avais plus d'espérance de la revoir. Je travaillais cependant avec beaucoup de vigueur à diriger mon canot vers le nord autant qu'il m'était possible. Mais le temps continuant au beau, je mis à la voile, et portai vers le nord, en tâchant de sortir du courant.

Il pouvait être quatre heures du soir, et j'étais encore éloigné d'une lieue de mon île, quand je découvris la pointe des rochers.

Je ne tardai pas à gagner le rivage ; dès que je fus abordé, me jetant à genoux, je remerciai Dieu de ma délivrance, et résolus de ne plus courir les mêmes risques pour me sauver. Je me rafraîchis du mieux que je pus ; je mis mon canot dans le réduit que j'avais remarqué sous les arbres, et, las comme je l'étais du travail et des fatigues de mon voyage, je fus bientôt endormi.

Vous qui lisez cette histoire, jugez quelles furent ma surprise et mon épouvante de m'entendre éveiller par une voix qui m'appelait à diverses reprises par mon nom : Robinson, Robinson, Robinson Crusoé, pauvre Robinson Crusoé, où avez-vous été ? Je me rassurai après avoir vu mon perroquet perché sur la haie : je reconnus d'abord que c'était lui qui m'avait appelé, car je l'avais instruit à prononcer ces mots. Souvent il venait se reposer sur mon doigt, et approchant son bec de mon visage, il se mettait à crier : Pauvre Robinson Crusoé, où êtes-vous ? où avez-vous été ? comment êtes-vous venu ici ? et autres choses semblables.

J'eus pourtant quelque peine à me remettre entièrement, quoique je fusse certain que personne ne pouvait m'avoir appelé que mon perroquet. Comment, disais-je, est-il venu dans cet endroit plutôt que dans un autre ? Il n'y avait pourtant que lui qui pût m'avoir parlé. J'abandonnai mes réflexions, et, l'appelant par son nom, cet aimable oiseau vint se reposer sur mon pouce, et dit, comme s'il eût été ravi de me revoir : Pauvre Robinson Crusoé, où avez-vous été ? Je l'emportai ensuite au logis.

Après cet incident, je menai plus d'un an une vie retirée, comme on peut bien se l'imaginer. Dans cet intervalle de temps, je me perfectionnai beaucoup dans les professions mécaniques auxquelles mes besoins m'obligeaient, et surtout je conclus, vu le manque où j'étais de plusieurs outils, que j'avais beaucoup de dispositions toutes particulières pour la charpenterie.

Je devins en outre un excellent potier, je fis aussi des progrès très considérables dans la profession de vannier ; je trouvai moyen de fabriquer plusieurs corbeilles assez mal tournées, mais qui ne laissaient pas de m'être très utiles.

Ma poudre commençait à diminuer : si elle venait à me manquer, j'étais tout-à-fait hors d'état d'y suppléer. Cette pensée me fit craindre pour l'avenir. Qu'aurais-je fait sans poudre? Comment aurais-je pu tuer des chèvres? Je nourrissais à la vérité une chevrette depuis longtemps ; je l'avais apprivoisée, dans l'espérance que j'attraperais peut-être quelque bouc ; mais je ne pus le faire que lorsque ma chevrette fut devenue une vieille chèvre. Je n'eus jamais le courage de la tuer, et je la laissai mourir de vieillesse. Mais étant dans la onzième année de ma résidence, et mes provisions se trouvant fort diminuées, je commençai à songer au moyen d'avoir des chèvres par adresse. Je souhaitais fort d'en attraper plusieurs qui fussent en vie, et, s'il était possible, d'avoir des chevrettes qui portassent.

Pour cet effet, je tendis des filets, et quelques-unes s'y prirent ; mais comme le fil en était très faible, elles s'échappèrent aisément. Je trouvais toujours les amorces mangées, mes filets rompus, et je n'en pouvais faire de plus forts, puisque je manquais de fil d'archal.

J'essayai de les prendre par le moyen d'un trébuchet. Je fis donc plusieurs fossés dans les endroits où elles avaient coutume d'aller paître ; je les couvris de claies que je chargeai de beaucoup de terre, les parsemant d'épis de riz et de blé. Mais mon projet ne réussit point, les chèvres venaient manger mon grain, s'enfonçaient même dans le trébuchet, et pourtant elles trouvaient le moyen d'en sortir. Je m'avisai enfin de tendre une nuit trois trappes, j'allai les visiter le lendemain matin, et je trouvai qu'elles étaient encore tendues, mais que les amorces en avaient été arrachées. Tout autre que moi se serait rebuté ; mais au contraire, je travaillai à perfectionner mes trappes, et en allant un matin pour les visiter, je trouvai dans l'une un vieux bouc d'une grandeur extraordinaire, et dans l'autre trois chevreaux, l'un mâle et les deux autres femelles.

Le vieux bouc était si farouche que je n'en savais que faire : je n'osais ni entrer dans son trébuchet, ni par conséquent l'emmener en vie, ce que j'aurais néanmoins souhaité avec beaucoup d'ardeur. Il m'aurait été facile de le tuer, mais cela ne répondait point à mes vues ; je le dégageai donc et le laissai en pleine liberté. Je ne crois pas qu'on ait jamais vu d'animal s'enfuir avec plus de frayeur. Il ne me vint pas dans l'esprit alors que par la faim on pouvait apprivoiser même les lions, car autrement je l'aurais laissé dans son trébuchet, et là, le faisant jeûner pendant trois ou quatre jours, et lui apportant ensuite à boire et un peu de blé, je l'aurais apprivoisé avec la même facilité que les trois autres chevreaux. Ces animaux sont fort dociles pour la personne qui les nourrit.

Quant aux chevreaux, je les tirai de leur fosse un à un, et, les attachant tous trois à un même cordon, je les amenai chez moi, non sans beaucoup de difficultés. Selon toutes les apparences, disais-je, j'aurai dans la suite, et autour de ma maison, un troupeau à ma disposition.

Il me vint à la pensée que je devrais enfermer mes chevreaux dans un certain espace de terrain que j'entourerais d'une haie très épaisse. Le projet était vaste pour un seul homme, mais l'exécution en était d'une nécessité absolue. Je cherchai une pièce de terre propre au pâturage, où il y eût de l'eau pour les abreuver et de l'ombre pour les garantir des chaleurs extraordinaires du soleil.

Dans l'espace d'un an et demi, j'eus un troupeau de douze têtes, tant boucs que chèvres et chevreaux; deux ans après j'en eus quarante-trois, quoique j'en eusse tué plusieurs pour mon usage. Je travaillai ensuite à faire cinq nouveaux enclos, mais plus petits que le premier; j'y ménageai plusieurs petits parcs pour y chasser les chèvres, afin de les prendre plus commodément, et des portes pour qu'elles pussent passer d'un enclos dans un autre.

Ce ne fut qu'assez tard que je songeai à profiter du lait de mes chèvres. La première pensée qui m'en vint me causa un très grand plaisir, et, sans balancer, je fis une laiterie. Mes chèvres me donnaient quelquefois huit à dix pintes de lait par jour: je n'avais jamais trait ni vache ni chèvre.

Que la bonté de Dieu paraît bien visiblement lorsqu'il tempère les conditions les plus affreuses par des marques toutes particulières de sa bienveillance et de sa protection! En combien de manières ne peut-il pas adoucir l'état le plus pénible, et fournir à ceux-là mêmes qui sont dans la plus grande détresse de puissants motifs pour lui rendre de sincères actions de grâces! Quelle apparence pour moi que dans ce désert où je croyais périr de faim, je dusse trouver une table aussi abondante!

Il n'y a pas de stoïcien qui ne se fût diverti de me voir dîner avec toute ma famille. J'étais le roi et le seigneur de toute l'île: maître absolu de tous mes sujets, j'avais sur eux droit de vie et de mort. Je pouvais les priver de leur liberté ou la leur rendre. Point de rebelles dans mes États.

Je dînais, comme un roi, à la vue de toute ma cour: mon perroquet, comme s'il eût été mon favori, avait seul la permission de parler; mon chien, qui alors était devenu vieux et chagrin, était toujours assis à ma droite. Mes deux chats étaient l'un à un bout de la table, et l'autre à l'autre bout, attendant que par une faveur spéciale je leur donnasse quelques morceaux de viande.

Je souhaitais beaucoup d'avoir mon canot près de mon habitation; mais je ne pouvais me résoudre à m'exposer à de nouveaux hasards. Quelquefois je songeais aux moyens de l'amener, en côtoyant, jusque dans ma baie, et d'autres fois je me consolais de l'impossibilité de le faire. Il me prit un jour une si violente envie de me porter à la pointe de l'île où j'avais déjà été, et d'observer de nouveau les côtes, en montant sur la petite colline dont j'ai parlé, que je ne pus résister à ce désir. Je me mis donc en chemin.

Si dans la province d'Yorck on rencontrait un homme dans l'équipage où j'étais alors, on s'épouvanterait ou l'on rirait aux éclats.

Je portais un chapeau d'une hauteur effroyable, et sans forme, fait de peau de chèvre. J'y avais attaché par derrière la moitié d'une peau de bouc, qui me couvrait tout le cou, afin de me préserver des chaleurs du soleil, et de peur que la pluie n'entrât sous mes habits, car dans ces climats rien n'est plus dangereux.

J'avais une espèce de robe courte, de même que mon chapeau de peau de chèvre, et dont les bords descendaient jusqu'au-dessous de mes genoux. Mes culottes étaient ouvertes, la peau d'un vieux bouc en avait fourni l'étoffe. Le poil était d'une longueur si extraordinaire, qu'il descendait, comme des pantalons, jusqu'au milieu de ma jambe. Je n'avais ni bas ni souliers, mais je m'étais fait pour mes jambes une paire de je ne sais quoi qui ressemblait néanmoins assez à des bottines : je les attachais comme on fait pour les guêtres ; elles étaient, de même que tous mes autres habits, d'une forme étrange et bizarre.

J'avais un ceinturon de la même étoffe que les vêtements. Au lieu d'une épée et d'un sabre, je portais d'un côté une scie, et de l'autre une hache. Je portais aussi un baudrier qui descendait de mon épaule droite sous mon bras gauche, et à l'extrémité duquel pendaient deux poches faites de la même manière que le restant : dans l'une je mettais ma poudre, et dans l'autre ma dragée. Sur mon dos je portais une corbeille, sur l'épaule un fusil, et sur ma tête un parasol assez grossièrement travaillé, mais qui, après mon fusil, était ce dont j'avais le plus besoin.

Pour mon visage, il n'était pas aussi hâlé qu'on pourrait le croire d'un homme qui n'en prenait aucun soin, et qui n'était éloigné de la ligne que de huit à neuf degrés. Quant à ma barbe, je l'avais une fois laissé croître jusqu'à la longueur d'un quart d'aune ; mais comme j'avais des ciseaux et des rasoirs, je la coupais ordinairement assez près, hors celle qui croissait sur la lèvre supérieure. Je m'étais fait un plaisir de lui donner la tournure d'une moustache à la mahométane, et telle que la portaient les Turcs que j'avais vus à Salé, car les Maures n'en ont point. Je ne dirai pas ici que mes moustaches étaient d'une telle longueur que j'aurais pu y suspendre mon chapeau ; mais j'ose bien assurer qu'elles étaient si longues et si singulièrement arrangées, qu'en Angleterre elles auraient paru effroyables.

Je reviens au récit de mon voyage : j'y employai cinq ou six jours. Mais me voici insensiblement arrivé à un genre de vie bien différent de celui que j'ai dépeint jusqu'ici.

Un jour que j'allais à mon canot, je découvris très distinctement sur le sable les marques d'un pied nu ; jamais je ne fus saisi d'une plus grande frayeur ; je m'arrêtai tout court comme si j'eusse eu quelque apparition. Je me mis aux écoutes, je regardai autour de moi ; mais je ne vis et n'entendis rien : je montai sur une petite éminence pour étendre ma vue au loin, j'en descendis, et j'allai au rivage ; mais je n'aperçus rien de nouveau, ni aucun autre vestige d'homme que celui dont je viens de parler. J'y retournai dans l'espérance que ma crainte n'était peut-être qu'une illusion : mais je revis les mêmes marques d'un pied nu, les orteils, le talon, et tous les autres indices d'un pied d'homme. Je ne savais qu'en conjecturer : je m'enfuis vers ma fortification, tout troublé, regardant derrière moi presque à chaque pas, et prenant tous les buissons que je rencontrais pour des hommes ; il n'est pas possible de décrire les diverses figures qu'une imagination effrayée trouve dans tous les objets. Combien d'idées folles et de pensées bizarres me sont venues à l'esprit pendant que je courais vers ma forteresse.

Je ne fus pas plus tôt arrivé que je m'y jetai comme un homme qu'on poursuit, et je ne puis me souvenir si j'y entrai par l'échelle ou par le trou qui était dans le roc, et que j'appelais une porte ; j'étais trop effrayé pour que le souvenir m'en soit resté. Jamais lapin ni renard ne se terra avec plus de frayeur que je me sauvai dans mon château ; car c'est ainsi que je l'appellerai dans la suite.

Je ne pus dormir de toute la nuit ; à mesure que la cause de ma frayeur s'éloignait, mes craintes s'augmentaient davantage, au contraire de ce qui arrive ordinairement à tous les animaux effrayés. La terreur troublait si fort mes idées que, quoique fort éloigné de l'endroit où j'avais pris l'alarme, mon imagination ne me représentait rien qui ne fût triste et affreux.

Revenant à des idées plus saines, je pensai enfin que ce ne pouvaient être que ces sauvages du continent, qui, ayant mis en mer avec leurs canots, avaient été portés dans l'île par les vents contraires ou par les courants, et qui avaient eu aussi peu d'envie de rester sur ce rivage désert que j'en avais moi-même de les y voir.

Pendant que ces réflexions roulaient dans mon esprit, je rendais grâce au ciel de ce que je ne m'étais pas trouvé alors dans cet endroit de l'île, et de ce que ma chaloupe avait échappé aux yeux des sauvages, qui autrement se seraient aperçus que l'île était habitée, ce qui aurait pu les porter à me chercher, et peut-être m'aurait fait découvrir.

Je me mis dans l'esprit que le sujet de ma crainte n'était peut-être qu'une chimère, et que le vestige que j'avais remarqué pourrait bien être la marque de mon propre pied. Peut-être, dis-je, en sortant de ma chaloupe, ai-je pris le même chemin qu'en y entrant, mes propres vestiges m'ont effrayé, et j'ai joué le rôle de ces fous qui font des histoires de spectres et d'apparitions, et qui ensuite sont plus alarmés de leurs fables que ceux devant qui ils les débitent.

Là-dessus je pris courage, et je sortis de ma retraite pour aller fureter partout à mon ordinaire. Je n'étais pas sorti de mon château pendant trois jours et autant de nuits, et je commençais à languir de faim, n'ayant chez moi que quelques biscuits et de l'eau.

Encouragé par la pensée que je n'avais eu peur que de mon ombre, j'allai à ma maison de campagne, puis je me transportai sur les lieux, afin de mesurer le vestige qui m'avait causé tant d'inquiétude. Mais dès que je fus arrivé à l'endroit fatal, je vis clairement qu'il n'était pas possible que je fusse sorti de ma barque près de là, et qui plus est, je trouvai le vestige dont il s'agit bien plus grand que mon pied, ce qui me causa de nouvelles angoisses. Un frisson me saisit comme si j'avais eu la fièvre, et je m'en retournai chez moi.

Je me proposai d'abord de jeter à bas mes enclos, de faire rentrer dans les bois mon troupeau apprivoisé, et d'aller chercher dans un autre coin de l'île des commodités pareilles à celles que je voulais sacrifier à ma conservation. Je résolus encore de renverser ma maison, ma campagne et ma hutte, et de bouleverser mes deux terres couvertes de blé, afin d'ôter aux sauvages jusqu'aux moindres soupçons capables de les amener à la découverte des habitants de l'île.

Je commençais même à me repentir d'avoir percé ma caverne si avant, et de lui avoir donné une sortie dans l'endroit où ma fortification joignait le rocher. Pour remédier à cet inconvénient, je résolus de me faire un second retranchement, également en demi-cercle à quelque distance de mon rempart, à la place même où, douze ans auparavant, j'avais planté une double rangée d'arbres. Je les avais mis si serrés, qu'il ne fallait qu'un petit nombre de palissades entre deux pour en faire une fortification suffisante.

Je me trouvais ainsi derrière deux remparts : celui de dehors était fortifié de pièces de bois, de vieux câbles, et de tout ce que j'avais jugé propre à le renforcer, et je le rendis épais de plus de dix pieds à force d'y apporter de la terre et de lui donner de la consistance en marchant dessus. Je pratiquai cinq ouvertures assez larges pour y passer le bras, et dans lesquelles je plaçai cinq mousquets, en guise de canons, sur des espèces d'affûts, de telle manière que je pouvais faire feu de toute mon artillerie en deux minutes. Je me fatiguai pendant plusieurs mois à terminer ce retranchement, et je n'eus point de repos avant de le voir fini.

Cet ouvrage achevé, je remplis un grand espace de terre, hors du rempart, des rejetons d'un bois semblable à de l'osier, propre à s'affermir et à croître en peu de temps. Je crois que j'en plantai en une seule année plus de vingt mille, de manière que je laissai un vide assez grand entre ces plants et mon rempart, afin de pouvoir découvrir l'ennemi, et qu'il ne pût me dresser des embuscades au milieu de ces jeunes arbres. Deux ans après, ils formaient un bocage épais, au bout de six ans, j'avais devant ma demeure une forêt d'une telle épaisseur et d'une si grande force qu'elle était absolument impénétrable :

personne ne se serait imaginé qu'elle cachât l'habitation d'une créature humaine.

Comme je n'avais point laissé d'avenue à mon château, je me servais, pour y entrer et pour en sortir, de deux échelles : avec la première, je montais jusqu'à un endroit du roc où il y avait place pour poser la seconde, et quand je les avais retirées l'une et l'autre, il n'aurait été possible à personne de venir à moi sans courir les plus grands dangers. D'ailleurs, si quelqu'un avait eu assez de bonheur pour descendre du roc, il se serait encore trouvé au-delà de mon retranchement extérieur.

C'est ainsi que je pris pour ma conservation toutes les mesures que la prudence humaine pouvait me suggérer, et l'on verra bientôt que ces précautions n'étaient pas inutiles, quoique ce ne fût alors qu'une crainte vague qui les inspirât.

Le seul vestige d'un homme me coûta tout ce travail, et il y avait déjà deux ans que je vivais dans ces transes mortelles.

Un jour, m'avançant vers la pointe occidentale de l'île plus que je n'avais jamais fait, je crus apercevoir, d'une hauteur où j'étais, une chaloupe bien loin en mer : j'avais trouvé quelques lunettes d'approche dans un des coffres que j'avais sauvés du vaisseau ; mais par malheur je n'en avais pas alors sur moi, et je ne pus distinguer l'objet en question, quoique j'eusse fatigué mes yeux à force de diriger mes regards vers lui. Ainsi, je restai dans l'incertitude si c'était une chaloupe ou non ; d'où je pris la résolution de ne plus sortir sans emporter une de mes lunettes.

Étant descendu de la colline, et me trouvant dans un endroit où je n'avais jamais été, je fus pleinement convaincu qu'un vestige d'homme n'était pas une chose fort rare dans mon île, et que si la Providence ne m'avait pas jeté du côté où les sauvages ne venaient jamais, j'aurais su qu'il était très ordinaire aux canots du continent de chercher une rade dans cette île, quand ils se trouvaient par hasard trop avant dans la haute mer. J'aurais appris encore qu'après quelque combat entre les canots des différentes peuplades, les vainqueurs menaient leurs prisonniers sur mon rivage pour les tuer et pour les manger.

Un spectacle qui s'offrit alors à moi sur le rivage du côté du sud-ouest, m'instruisit de toutes ces particularités ; ce spectacle me remplit d'étonnement et d'horreur : j'aperçus la terre parsemée de crânes, de mains, de pieds, et d'autres ossements humains ; près de là étaient les restes d'un feu, et un banc creusé dans la terre, en forme de cercle, où sans doute ces cannibales s'étaient placés pour faire leur épouvantable festin.

Cette cruelle vue suspendit pour quelque temps l'idée de mes proches dangers, toutes mes appréhensions étaient étouffées par les impressions que me donnait cette brutalité repoussante. J'en avais entendu parler souvent, et cependant la vue ne m'en choqua pas moins que si la chose ne m'était jamais venue à l'imagination. Je détournai mes yeux de ces restes affreux ; j'éprouvai des angoisses déchirantes, et je serais tombé en faiblesse si la nature ne m'avait soulagé par un vomissement violent : quoique revenu à moi-même, je ne pus me résoudre à rester dans cet endroit, et je tournai mes pas vers ma demeure.

Quand je me fus éloigné de cet horrible spectacle, je m'arrêtai comme un homme frappé de la foudre, et, reprenant mes sens, j'élevai mes mains au ciel ; le cœur attendri et les yeux pleins de larmes, je rendis grâces à Dieu de ce qu'il m'avait fait naître dans une partie du monde éloignée de ce peuple barbare.

L'âme pleine de ces sentiments de reconnaissance, je revins chez moi plus tranquille que je n'avais encore été, car j'étais persuadé que ces êtres féroces n'abordaient jamais dans l'île dans le dessein d'y faire quelque butin, n'ayant besoin d'y rien chercher, ou ne croyant pas y trouver grand'chose, pensée dans laquelle ils étaient peut-être confirmés par les courses qu'ils pouvaient avoir faites dans les forêts.

J'avais déjà passé dix-huit ans sans rencontrer personne, et je pouvais espérer d'en passer encore autant avec le même bonheur, pour peu que je ne me découvrisse pas moi-même, ce qui n'était nullement mon dessein, à moins de trouver l'occasion de faire connaissance avec une meilleure espèce d'hommes que des cannibales.

Je ne faisais que songer nuit et jour aux moyens de détruire quelques-uns de ces monstres au milieu de leurs divertissements sanguinaires, et sauver leurs victimes, s'il était possible. Mais tout cela n'aboutissait à rien : mon unique ressource était en moi-même. Et que pouvait faire un seul homme au milieu d'une trentaine de gens armés de javelots, de dards et de flèches, dont les coups étaient aussi sûrs que ceux de mes armes à feu.

Quelquefois je songeais à creuser une mine sous l'endroit où ils faisaient leur brasier, et y placer cinq ou six livres de poudre à canon, qui s'allumerait dès que le feu y pénétrerait, ferait sauter en l'air tout ce qui se trouverait aux environs ; mais j'étais fâché d'employer tout d'un coup tant de poudre, car ma provision ne consistait plus que dans un seul baril ; de plus, je ne pouvais avoir aucune certitude du bon effet de ma mine, qui peut-être n'aurait fait que leur griller les oreilles, sans leur donner assez de frayeur pour leur faire abandonner l'île pour toujours. Je renonçai donc à cette entreprise, et je me proposai de me mettre en embuscade dans un lieu convenable, avec mes trois fusils chargés à double charge, et de tirer sur eux au milieu de leur cérémonie sanguinaire, bien certain d'en tuer ou d'en blesser au moins deux ou trois à chaque coup, et de venir facilement à bout du reste, fussent-ils une vingtaine, en tombant sur eux avec mes trois pistolets et mon sabre.

J'employai plusieurs jours à chercher un endroit favorable à mon embuscade, et je descendis même fréquemment vers le lieu de leur festin, avec lequel je commençais à me familiariser, surtout dans le temps que mon esprit était plein d'idées de vengeance et de carnage; car je n'étais que plus animé à l'exécution de mon dessein, par les marques de la barbarie de ces anthropophages.

A la fin je trouvai une place commode sur un des côtés de la colline, d'où je pouvais attendre en sûreté l'arrivée de leurs barques, et de laquelle, pendant qu'ils débarqueraient, je pouvais me glisser dans le plus épais du bois. J'avais découvert un arbre assez creux pour me cacher entièrement; je préparai deux mousquets et mon fusil de chasse; je chargeai chacun des premiers de ferraille et de quatre ou cinq balles de pistolet, et l'autre d'une poignée de la plus grosse dragée; je fis couler quatre balles dans chaque pistolet, et, ainsi fourni de munitions pour une seconde et une troisième décharge, je me préparai au combat.

Cependant je me dis : Quelle autorité, quelle vocation ai-je pour m'établir juge et bourreau de ces gens qui, dans l'état où ils sont, ne soupçonnent pas même de crime dans leur détestable festin. Quel droit ai-je de venger un crime par un autre crime?

Je conclus donc que la raison et la politique devaient me détourner également de me mêler des actions des sauvages, et que mon unique affaire était de me tenir à l'écart, et de ne pas faire soupçonner, par la moindre marque, qu'il y eût un être raisonnable dans l'île.

Cette prudence était soutenue par la religion, qui me défendait de tremper mes mains dans le sang innocent.

Je trouvai tant d'évidence dans toutes ces différentes réflexions, que j'eus une satisfaction inexprimable de n'avoir pas commis une action que la raison me dépeignait comme aussi noire qu'un meurtre volontaire; et je rendis grâces à genoux à Dieu d'avoir préservé mes mains du sang innocent, en le suppliant de me sauver par sa Providence de celles des barbares, et de m'empêcher de rien tenter contre eux, sinon dans la nécessité d'une défense légitime.

Je restai pendant une année entière si éloigné de chercher le moyen d'attaquer les sauvages, que je ne daignai pas monter une seule fois sur la colline pour examiner s'ils avaient débarqué ou non, craignant toujours d'être tenté, par quelque action avantageuse, de renouveler mes desseins contre eux. Je ne fis qu'éloigner de là mon canot, et le conduire au côté oriental de l'île, où je le plaçai dans une cavité que je trouvai sous des rochers élevés, et que les courants rendaient impraticable à ceux des sauvages.

Je vécus depuis ce temps-là plus retiré que jamais. J'étais alors dans la vingt-troisième année de ma résidence dans cette île, et si accoutumé à ma manière d'y vivre, que sans la crainte des sauvages, j'aurais été en quelque sorte content d'y passer le reste de mes jours, et d'y mourir.

Le ciel en avait ordonné autrement, et je conseille à tous ceux qui liront mon histoire d'en tirer la réflexion suivante : Combien de fois n'arrive-t-il pas, dans le cours de notre vie, que le mal que nous évitons avec le plus grand soin, et qui nous paraît le plus terrible quand nous y sommes tombés, est pour ainsi dire la porte de notre délivrance et l'unique moyen de finir nos malheurs. Cette vérité a été surtout remarquable durant les dernières années de ma vie solitaire dans cette île, comme le lecteur le verra bientôt.

C'était au mois de décembre, temps ordinaire de ma moisson, qui m'obligeait à passer presque les jours entiers à la campagne, lorsque, sortant un peu avant le lever du soleil, je fus surpris par la vue d'une lumière sur le rivage, à une grande demi-lieue de moi. Elle ne s'offrait pas du côté où j'avais observé que les sauvages abordaient d'ordinaire; et je vis avec la plus vive douleur que c'était du côté de mon habitation.

La peur d'être surpris me fit entrer bien vite dans ma grotte, où j'avais beaucoup de peine à me croire en sûreté, parce que mon grain, à moitié coupé, pouvait découvrir aux sauvages que l'île était habitée, et les porter à me chercher partout jusqu'à ce qu'ils m'eussent déterré.

Dans cette appréhension, je retournai vers mon habitation, et ayant retiré mon échelle après moi, je me préparai à la défense : je chargeai tous mes pistolets et l'artillerie que j'avais placée dans mon nouveau retranchement, résolu de me battre jusqu'à mon dernier soupir; et dans cette posture j'attendis l'ennemi pendant deux heures, fort impatient de savoir ce qui se passait au-dehors.

N'ayant personne pour aller à la découverte, et incapable de contenir plus longtemps une si cruelle incertitude, je m'enhardis à monter sur le haut du rocher par le moyen de mes deux échelles, et, me mettant ventre à terre, je me servis de ma lunette d'approche pour reconnaître l'état des choses; je vis d'abord neuf sauvages assis en rond autour d'un petit feu, non pour se chauffer, car il faisait une chaleur extrême, mais apparemment pour préparer quelques mets de chair humaine destinés à leurs horribles festins.

Ils avaient avec eux deux canots qu'ils avaient tirés sur le rivage ; et, comme c'était alors le temps de reflux, ils paraissaient attendre le flux pour s'en retourner, ce qui calma mon inquiétude : en effet, je conclus de là qu'ils venaient et s'en retournaient toujours de la même manière, et que je pouvais battre la campagne sans danger durant le reflux, pourvu que je n'eusse pas été découvert auparavant sur le rivage. Cette observation me fit continuer ma moisson dans la suite avec assez de tranquillité.

La chose arriva précisément comme je l'avais conjecturé : dès que la marée commença à porter du côté de l'occident, je les vis se jeter dans leurs barques et faire force de rames après s'être divertis auparavant par des danses, par des postures et par des gesticulations bizarres Quelque forte que fût mon attention à les examiner, ils m'avaient paru absolument nus; mais il me fut impossible de distinguer leur sexe.

Après qu'ils se furent éloignés, je sortis avec un fusil sur chaque épaule, deux pistolets à ma ceinture, mon large sabre à mon côté, et avec tout l'empressement possible je gagnai la colline d'où j'avais vu pour la première fois les marques des festins horribles de ces cannibales : là, j'aperçus qu'il y avait eu de ce côté trois autres canots qui étaient en mer aussi bien que les autres pour regagner le continent.

Descendu sur le rivage, je vis les horribles traces de leur brutale coutume, et j'en conçus tant d'indignation, que je résolus de nouveau de tomber sur la première troupe que je rencontrerais, quelque nombreuse qu'elle pût être.

Durant quinze mois, je passai les jours dans des pensées inquiètes, et les nuits j'avais des songes effrayants qui me réveillaient en sursaut : je rêvais que je tuais des sauvages, ou que je pesais les raisons qui m'autorisaient à ce carnage.

Vers le milieu du mois de mai (selon le poteau où je marquais chaque jour, et qui me servait de calendrier), il s'éleva une tempête horrible accompagnée de tonnerre et d'éclairs. La nuit suivante ne fut pas moins épouvantable, et je fus surpris d'un bruit semblable à celui d'un coup de canon tiré en mer. Je me levai avec tout l'empressement possible, et en un instant je parvins au haut du rocher par le moyen de mes échelles. Dans le même moment une lumière me prépara à entendre un second coup de canon qui frappa mes oreilles une demi-minute après, et dont le son devait venir du côté de la mer où j'avais été emporté dans ma chaloupe par les courants.

Je jugeai d'abord que ce devait être un vaisseau en péril qui, par ces signaux, demandait du secours à quelqu'autre bâtiment qui allait avec lui de conserve. Je cherchai à lui porter quelque secours, mais, hélas ! quand je pus lui être utile, c'était trop tard ; je l'abordai, mais pour le voir brisé et tout son équipage mort ; j'y entrai et j'y pris plusieurs objets qui me servirent beaucoup. Quelques jours après, j'eus la douleur de voir sur le sable le cadavre d'un mousse noyé.

Plusieurs semaines s'écoulèrent. Un matin, je distinguai sur le rivage jusqu'à six canots dont les sauvages étaient à terre, et hors de la portée de ma vue. Je savais qu'ils venaient d'ordinaire au moins cinq ou six dans chaque barque ; par conséquent, leur nombre dérangeait toutes mes mesures. Quelle possibilité pour un seul homme d'en venir aux mains avec une trentaine ? Cependant, après avoir été dans l'irrésolution pendant quelques moments, je préparai tout pour le combat. J'écoutai attentivement si j'entendais quelque bruit ; ensuite, laissant mes deux fusils au pied de mon échelle, je me plaçai de manière que ma tête n'en dépassait pas le sommet. De là j'aperçus, par le moyen de mes lunettes, qu'ils étaient trente au moins, qu'ils avaient allumé du feu pour préparer leur festin, et qu'ils dansaient à l'entour avec mille postures et mille gesticulations bizarres, selon la coutume du pays.

Un moment après, je les vis tirer d'une barque deux misérables pour les mettre en pièces. Un des deux tomba bientôt à terre, assommé, à ce que je crois, d'un coup de massue et de sabre de bois ; sans délai, deux ou trois de ces bourreaux se jetèrent dessus, lui ouvrirent le corps, et en préparèrent les morceaux pour leur infernale cuisine, tandis que l'autre victime se tenait près de là, attendant que ce fût son tour d'être immolée. Ce malheureux se trouvant alors un peu en liberté, la nature lui inspira quelque espérance de se sauver, et il se mit à courir avec toute la vitesse imaginable, directement de mon côté, je veux dire du côté du rivage qui menait à mon habitation.

J'avoue que je fus terriblement effrayé en le voyant prendre ce chemin, surtout parce que je m'imaginais qu'il allait être poursuivi par toute la troupe. Je restai néanmoins dans le même endroit, et j'eus bientôt lieu de me rassurer en voyant que trois hommes seulement le poursuivaient, et qu'il gagnait considérablement du terrain sur eux, de manière qu'il devait leur échapper indubitablement s'il soutenait cette course pendant une demi-heure.

Il y avait au rivage, entre lui et mon château, une petite baie où il devait être arrêté nécessairement, à moins qu'il ne la passât à la nage ; mais, quand il fut arrivé là, il ne s'en mit pas fort en peine, et, quoique la marée fût haute, il s'y jeta à corps perdu, gagna l'autre bord en une trentaine d'élans tout au plus ; ensuite il se remit à courir avec la même vitesse qu'auparavant. Quand ses trois ennemis arrivèrent dans le même endroit, je remarquai qu'il n'y en avait que deux qui sussent nager, et que le troisième, après s'être arrêté un instant sur le bord, s'en retourna à petits pas vers le lieu du festin ; ce qui n'était pas un léger bonheur pour celui qui fuyait. J'observai encore que les deux qui nageaient mettaient à passer cette eau le double du temps que leur prisonnier y avait employé.

Je fus alors pleinement convaincu que l'occasion était favorable pour m'acquérir un compagnon, et que j'étais appelé évidemment par le ciel à sauver la vie de ce pauvre malheureux. Dans cette persuasion, je descendis précipitamment du rocher pour prendre mes fusils, et, remontant avec la même ardeur, je m'avançai vers la mer : je n'avais pas grand chemin à faire, et bientôt je me jetai entre les poursuivants et le poursuivi, en tâchant de lui faire entendre par mes cris de s'arrêter. Je lui fis encore signe de la main ; mais je crois qu'au commencement il avait tout aussi peur de moi que de ceux auxquels il tâchait d'échapper. J'avançai cependant vers eux à pas lents, et ensuite, me jetant brusquement sur le premier, je l'assommai d'un coup de crosse : j'aimais mieux m'en défaire de cette manière que de faire feu sur lui, de peur d'être entendu des autres, quoique la chose fût difficile à une si grande distance ; il eût d'ailleurs été impossible aux sauvages de savoir ce que signifiait ce bruit inconnu.

Le second, voyant tomber son camarade, s'arrête tout court comme effrayé : je continue d'aller droit à lui ; mais, en approchant, je le vois armé d'un arc auquel il ajuste une flèche, ce qui m'oblige à le prévenir, et je le jette à terre raide mort du premier coup. Pour le pauvre fuyard, quoiqu'il vît ses deux ennemis hors de combat, il était si épouvanté du feu et du bruit, qu'il s'arrêta tout-à-coup sans sortir du même endroit; et je vis dans son air troublé plus d'envie de s'enfuir que d'approcher. Je lui fis encore signe de venir à moi ; il fait quelques pas, puis il s'arrête encore, et continue ce même manége pendant quelques moments. il s'imaginait sans doute qu'il était devenu prisonnier une seconde fois, et qu'il allait être tué comme ses deux ennemis. Enfin, après que je lui eus fait signe d'approcher pour la troisième fois de la manière la plus propre à le rassurer, il s'y hasarda en se mettant à genoux à chaque dix ou douze pas, pour me témoigner son obéissance. Pendant tout ce temps, je lui souriais aussi gracieusement qu'il m'était possible. Enfin, étant arrivé près de moi, il se jette à mes genoux, il baise la terre, prend un de mes pieds et le pose sur sa tête, pour me faire comprendre sans doute qu'il me jurait fidélité, et qu'il me rendait hommage en qualité d'esclave. Je le relevai, en lui faisant des caresses pour l'encourager de plus en plus. Mais l'affaire n'était pas encore finie : je vis bientôt que le sauvage que j'avais fait tomber d'un coup de crosse n'était pas mort, et qu'il n'avait été qu'étourdi ; je le fis remarquer à mon prisonnier, qui là-dessus prononça quelques mots que je n'entendis pas, mais qui ne laissèrent pas de me charmer, car c'était le premier son d'une voix humaine qui eût frappé mes oreilles depuis vingt-cinq ans.

Il n'était pas temps encore de m'abandonner à ce plaisir : le sauvage avait déjà repris assez de forces pour se mettre sur son séant, et la frayeur s'empara de mon captif ; néanmoins, dès qu'il me vit faire mine de lâcher mon second coup de fusil sur ce malheureux, il me fit entendre par signes qu'il souhaitait m'emprunter mon sabre, ce que je lui accordai. A peine s'en est-il saisi, qu'il se jette sur son ennemi, et lui tranche la tête d'un seul coup, aussi vite et aussi adroitement que pourrait le faire le plus habile bourreau de l'Allemagne. C'était pourtant la première fois de sa vie qu'il voyait une épée, à moins qu'on ne veuille donner ce nom aux sabres de bois qui sont les armes ordinaires de ces peuples : cependant j'ai appris dans la suite que ces sabres sont d'un bois si dur et si pesant, qu'ils savent si bien les affiler, que d'un seul coup ils font voler une tête de dessus les épaules.

Après avoir fait cette expédition, il revint à moi en sautant et en faisant des éclats de rire pour célébrer son triomphe ; puis, avec mille gestes dont j'ignorais le sens, il mit mon sabre à mes pieds avec la tête du sauvage. Ce qui l'embarrassa extraordinairement, c'était la manière dont j'avais tué l'autre à une si grande distance, et, me le montrant, il me demanda par signe la permission de le voir de près. Arrivé tout proche, sa surprise augmente, il le regarde, le retourne tantôt d'un côté, tantôt de l'autre ; il examine la blessure que la balle avait faite

justement dans la poitrine, et qui n'avait pas saigné beaucoup. Après
l'avoir longtemps considéré, il revint à moi avec l'arc et les flèches du
mort; et moi, résolu de m'en aller, je lui ordonnai de me suivre, en
lui faisant entendre que je craignais que les sauvages ne fussent bientôt
suivis d'un plus grand nombre.

Il me fit signe ensuite qu'il allait enterrer les cadavres de peur qu'ils
ne nous fissent découvrir; je le lui permis : en un instant il eut creusé
deux trous dans le sable, où il les plaça l'un et l'autre. Cette précaution
prise, je l'emmenai avec moi, non dans mon château, mais dans la grotte
que j'avais plus avant dans l'île.

Arrivé dans ma grotte, je lui donnai du pain, une grappe de raisins
secs et de l'eau, dont il avait surtout grand besoin, étant fort altéré par
la fatigue d'une si longue et si rude course. Je lui fis signe d'aller dormir, en lui montrant un tas de paille de riz, avec une couverture qui
me servait de lit assez souvent à moi-même.

C'était un grand garçon bien découpé, de vingt-cinq ans à peu près;
il était parfaitement bien fait; tous ses membres, sans être gros, annon-
çaient un homme adroit et robuste; son air mâle ne présentait aucun
mélange de férocité : au contraire, on voyait dans ses traits, surtout
quand il souriait, cette douceur et cet agrément qui sont particuliers
aux Européens. Il n'avait pas les cheveux semblables à de la laine
frisée, ils étaient longs et noirs. Son front était grand et élevé, ses yeux
brillants et pleins de feu. Son teint n'était pas noir, mais fort basané,
sans avoir rien de cette désagréable couleur tannée des habitants du
Brésil et de la Virginie; il approchait plutôt d'une légère couleur d'o-
live, dont il n'est pas aisé de donner une idée juste, mais qui me paraissait avoir quelque chose de fort agréable. Il avait le visage rond et le
nez bien fait, la bouche belle et les lèvres minces, les dents bien ran-
gées et blanches comme de l'ivoire.

Après avoir plutôt sommeillé que dormi pendant une demi-heure, il
se réveilla et sortit de la grotte pour me rejoindre : j'avais été traire
mes chèvres, qui étaient dans l'enclos tout près de là. Il vient à moi en
courant, il se jette à mes pieds avec toutes les marques d'une âme véritablement reconnaissante; il renouvelle la cérémonie de me jurer
fidélité, en posant mon pied sur sa tête; en un mot, il fait tous les gestes
imaginables pour m'exprimer le désir de s'assujétir à moi pour toujours.
J'entendais la plupart de ses signes, et je fis de mon mieux pour lui
faire connaître que j'étais content de lui. Je commençai tout de suite à
lui parler, et il apprit à me parler à son tour; je lui enseignai d'abord
qu'il s'appellerait *Vendredi*, nom que je lui donnai en mémoire du jour
auquel il était tombé en mon pouvoir. Je lui appris encore à me nommer
son *maître*, et à dire *oui* ou *non*. Je lui donnai ensuite du lait dans un
pot de terre : j'en bus le premier, et j'y trempai mon pain; m'ayant
imité, il me fit signe qu'il le trouvait bon.

Je restai avec lui toute la nuit suivante dans la grotte; mais dès que le jour parut, je lui fis comprendre de me suivre, et que je lui donnerais des habits, car il était absolument nu. En passant par l'endroit où il avait enterré les deux sauvages, il me le montra, ainsi que les marques qu'il avait laissées pour le reconnaître, en me faisant signe qu'il fallait déterrer ces corps et les manger. Je me donnai là-dessus l'air d'un homme fort en colère ; je lui exprimai l'horreur que j'avais d'une pareille pensée, en faisant comme si j'allais vomir, et je lui ordonnai de s'écarter de ces cadavres ; ce qu'il fit dans le moment avec beaucoup de soumission. Je le menai ensuite avec moi au haut de la colline, pour voir si les ennemis étaient partis ; et, en me servant de ma lunette, je ne découvris que la place où ils avaient été, sans apercevoir ni eux ni leurs bâtiments, marque certaine qu'ils s'étaient embarqués.

Je n'étais pas encore entièrement satisfait de cette découverte, et me trouvant à présent plus de courage, et par conséquent plus de curiosité, je pris mon esclave avec moi, armé de mon épée, et l'arc avec les flèches sur le dos ; je lui fis porter un de mes mousquets, j'en gardai deux moi-même, et de cette manière nous marchâmes vers le lieu du festin.

En y arrivant, mon sang se glaça par l'horreur du spectacle, qui ne fit pas le même effet sur Vendredi ; la place était couverte d'ossements et de chairs à moitié mangées, en un mot de toutes les marques du repas de triomphe par lequel les sauvages avaient célébré leurs victoires sur les ennemis. Je vis à terre trois crânes, cinq mains, les os de deux ou trois jambes et autant de pieds ; Vendredi me fit entendre par ses signes qu'ils avaient emmené avec eux quatre prisonniers, qu'ils en avaient mangé trois, lui-même étant le quatrième ; qu'il y avait eu une grande bataille entre eux et sa nation, et qu'on avait fait de part et d'autre beaucoup de prisonniers, tous destinés au sort qu'avaient subi ceux dont je voyais les restes.

Je les fis ramasser en un monceau par mon esclave, et réduire en cendres au moyen d'un grand brasier, dont il les entoura. Je voyais bien que son estomac était avide de cette chair, et que dans le cœur il était encore un vrai cannibale ; mais je lui témoignai tant d'horreur pour un appétit si dénaturé, qu'il n'osait pas le découvrir, de crainte que je ne le tuasse.

Cette opération terminée, nous nous en retournâmes dans mon château, où je me mis à travailler aux habits de Vendredi. Je lui donnai d'abord une culotte de toile que j'avais trouvée dans le coffre d'un des matelots, et qui lui alla passablement bien. J'y ajoutai une veste de peau de chèvre ; et comme j'étais devenu tailleur dans les formes, je lui fis encore un bonnet de la peau d'un lièvre, dont la façon n'était pas trop mauvaise. Il était charmé de se voir presque aussi bien mis que son maître, quoique d'abord il eût l'air fort grotesque dans ces habillements, auxquels il n'était pas accoutumé. Sa culotte l'incommodait fort, et les manches de la veste le gênaient aux épaules et sous les bras ; mais tout cela s'élargit peu à peu dans les endroits nécessaires, et commença bientôt à lui devenir familier.

Le jour d'après, je me mis à délibérer où je logerais mon domestique d'une manière commode pour lui, sans que j'eusse rien à craindre pour moi, s'il était assez ingrat pour attenter à ma vie. Je ne trouvai rien de plus convenable que de lui faire une hutte entre mes deux retranchements, et je pris toutes les précautions nécessaires pour l'empêcher de venir dans mon château malgré moi ; de plus, je résolus d'emporter, chaque nuit, dans ma demeure, tout ce que j'avais d'armes en ma possession.

Heureusement toutes ces précautions n'étaient pas fort nécessaires : jamais homme n'eut un serviteur plus fidèle, plus rempli de candeur et d'amour pour son maître ; il s'attachait à moi avec une tendresse véritablement filiale ; il était sans fantaisies, sans opiniâtreté, incapable d'emportement, et en toute occasion il aurait sacrifié sa vie pour sauver la mienne. Il m'en donna en peu de temps un si grand nombre de preuves, qu'il me fut impossible de douter de son bon cœur et de l'inutilité de ma défiance à son égard.

Enfin, j'étais charmé de mon nouveau compagnon, je me faisais une affaire sérieuse de l'instruire et de lui enseigner à parler, et je le trouvais le meilleur écolier du monde. Il était si gai, si ravi quand il pouvait m'entendre, ou faire en sorte que je l'entendisse, qu'il me communiquait sa joie, et me faisait trouver un plaisir piquant dans nos conversations. Mes jours s'écoulaient alors dans une douce tranquillité, et pourvu que les sauvages me laissassent en paix, je consentais volontiers à finir ma vie dans ces lieux.

Trois ou quatre jours après que j'eus commencé à vivre avec Vendredi, je résolus de le détourner de son appétit cannibale en lui faisant goûter de mes viandes. Je le conduisis un matin dans les bois, où j'avais dessein de tuer un de mes chevreaux pour l'en régaler. En y entrant, je découvris une chèvre couchée à l'ombre, et accompagnée de deux de ses petits : j'arrêtai Vendredi, en lui faisant signe de ne point remuer, et en même temps je fis feu sur un des chevreaux et je le tuai. Le pauvre sauvage, qui m'avait vu terrasser de loin un de ses ennemis, sans savoir comment j'y étais parvenu, effrayé de nouveau, tremblait comme la feuille, sans tourner les yeux du côté du chevreau, pour voir si je l'avais tué ou non ; il ne songea qu'à ouvrir sa veste pour examiner s'il n'était pas blessé lui-même. Il croyait sans doute que j'avais résolu de me défaire de sa personne, car il vint se mettre à genoux devant moi, embrassant les miens ; il me tint d'assez long discours, où je ne comprenais rien, sinon qu'il me suppliait de ne pas le tuer.

Pour le désabuser, je le pris par la main en souriant ; je le fis lever, et, lui montrant du doigt le chevreau, je lui fis signe de l'aller chercher. Pendant qu'il était occupé à découvrir comment cet animal avait été tué, je rechargeais mon fusil. Au moment même, j'entrevis sur un arbre un oiseau que je pris d'abord pour un oiseau de proie, mais qui se trouva être un perroquet. J'appelle mon sauvage, et lui montrant du doigt mon fusil, le perroquet et la terre, je lui fis entendre mon dessein d'abattre l'oiseau : effectivement je le jetai à bas, et je vis mon sauvage épouvanté de nouveau malgré tout ce que j'avais tâché de lui faire comprendre. Ne m'ayant rien vu mettre dans mon fusil, il le regarde comme une source inépuisable de destruction. De longtemps il ne put revenir de sa surprise; et, si je l'avais laissé faire, je crois qu'il aurait adoré mon fusil aussi bien que moi. Il n'osa pas y toucher pendant plusieurs jours; il lui parlait, comme si cet instrument eût été capable de lui répondre; c'était, ainsi que je l'ai appris dans la suite, pour le prier de ne pas lui ôter la vie.

Quand je le vis un peu revenu de sa frayeur, je lui fis signe d'aller chercher l'oiseau; ce qu'il exécuta, mais voyant qu'il avait de la peine à le trouver, parce que la bête, n'étant pas tout-à-fait morte, s'était traînée assez loin de là, je pris ce temps pour recharger mon fusil. Il revint bientôt après avec ma proie, et ne trouvant plus l'occasion de l'étonner encore, je m'en retournai avec lui dans ma demeure.

Le même soir, j'écorchai le chevreau, je le dépeçai, et j'en mis quelques morceaux sur le feu dans un pot; j'en fis un bouillon, et je donnai une partie de cette viande, ainsi préparée, à Vendredi, qui, voyant que j'en mangeais, se mit à la goûter aussi. Il me fit signe qu'il y prenait plaisir, mais ce qui lui parut étrange, c'est que je mangeais du sel avec mon bouilli. Pour me faire comprendre que le sel n'était pas bon, il en mit quelques grains dans sa bouche, il les rejeta, et fit une grimace comme s'il avait mal au cœur : ensuite il se rinça la bouche avec de l'eau fraîche. Moi, au contraire, je fis les mêmes grimaces en prenant une bouchée de viande sans sel; mais je ne pus le porter à en faire de même, et il fut fort longtemps sans pouvoir s'y accoutumer.

Après l'avoir ainsi apprivoisé avec cette nourriture, je voulus, le jour d'après, le régaler d'un plat de rôti ; ce que je fis en attachant un morceau de chevreau à une corde, et en le faisant tourner continuellement devant le feu, comme je l'avais vu pratiquer quelquefois en Angleterre. Dès que Vendredi en eut goûté, il me fit tant de grimaces pour me dire qu'il le trouvait excellent, et qu'il ne mangerait plus de chair humaine, qu'il y aurait eu bien de la stupidité à ne le pas entendre.

Le jour d'après, je l'occupai à battre du blé et à le vanner à ma manière, ce qu'en peu de temps il fit aussi bien que moi ; il apprit de même à pétrir du pain ; en un mot, il ne lui fallut que peu de jours d'apprentissage pour être capable de me servir de toutes les manières.

J'avais à présent deux bouches à nourrir, et par conséquent besoin d'une plus grande quantité de grain que par le passé. Je choisis donc un champ un peu plus étendu, et je me mis à l'enclore, comme j'avais fait pour mes autres terres. Vendredi m'aida, non-seulement avec beaucoup d'adresse et de diligence, mais encore avec beaucoup de plaisir, sachant que c'était pour augmenter mes provisions, et pour être en état de les partager avec lui. Il parut fort sensible à mes soins, et il me fit entendre que sa reconnaissance l'animerait à travailler avec d'autant plus d'assiduité. C'est là l'année la plus agréable que j'aie passée dans l'île. Vendredi commençait à parler passablement ; il savait déjà presque les noms de toutes les choses dont je pouvais avoir besoin et tous les lieux où j'avais à l'envoyer ; ce qui me rendit l'usage de ma langue, qui m'avait été si longtemps inutile, du moins par rapport au discours. Ce n'était pas seulement sa conversation qui me plaisait, j'étais charmé de plus en plus de sa fidélité, et je commençais à l'aimer avec la plus vive affection, voyant qu'il avait pour moi tout l'attachement possible.

Je lui demandai combien il y avait de l'île au continent ; si, dans ce trajet, les canots ne périssaient pas souvent. Il me répondit qu'il n'y avait point de danger, et qu'un peu avant dans la mer on trouvait tous les matins le même vent et le même courant, et toutes les après-dînées un vent et un courant directement opposés.

Je crus d'abord que ce n'était autre chose que le flux et le reflux ; mais je compris dans la suite que ce phénomène était causé par la grande rivière Orénoque, dans l'embouchure de laquelle mon île était située, et que la terre que je découvrais à l'est et au nord-ouest était la grande île de la Trinité, située au septentrion de la rivière. Je fis mille questions à Vendredi touchant le pays, les habitants, la mer, la côte et les peuples qui en étaient voisins, et il me donna tous les renseignements qu'il put ; mais j'avais beau lui demander les noms des différents peuples des environs, il ne me répondait rien, sinon Carib, d'où j'inférai que c'étaient les Caraïbes, que nos cartes placent sur la côte qui s'étend de la rivière Orénoque vers la Guyane et Sainte-Marthe. Il me dit encore que, bien loin derrière la lune (il voulait dire vers le couchant de la lune, à l'ouest de son pays), il y avait des hommes blancs et barbus comme moi, et qu'ils avaient tué *grand beaucoup d'hommes;* c'était là sa manière de s'exprimer. Il était aisé de comprendre qu'il désignait par là les Espagnols, dont les cruautés se sont répandues par tous ces pays, et que les habitants détestent par tradition.

Je m'informai alors de lui comment je pourrais faire pour me rendre chez ces hommes blancs. Il me repartit que j'y pouvais aller *en deux canots*, ce que je ne compris pas d'abord ; mais quand il se fut expliqué par signes, je vis qu'il entendait par là un canot aussi grand que deux autres.

Cet entretien me fit grand plaisir et me donna l'espérance de me tirer quelque jour de l'île, et de trouver un puissant secours dans mon fidèle sauvage.

Je priai Dieu ardemment de disposer le cœur de ce malheureux sauvage à la connaissance de l'Evangile : je le supplai de guider tellement ma langue que son esprit pût être convaincu, et son âme sauvée.

Dès que Vendredi et moi fûmes en état de conférer ensemble, et qu'il commença à parler anglais, je lui fis le récit de mes aventures, au moins de celles qui avaient quelque rapport avec mon séjour dans cette île, et avec la manière dont j'y avais vécu. Je lui révélai le mystère de la poudre et des balles, et je lui enseignai la manière de tirer ; de plus, je lui donnai un couteau, qu'il se faisait un plaisir extraordinaire de posséder, et je lui fabriquai un ceinturon avec une gaîne suspendue comme celle où l'on met les couteaux de chasse, mais disposée pour une hache, dont l'utilité est beaucoup plus générale.

Je lui fis encore une description de l'Europe et principalement de l'Angleterre, ma patrie ; je lui dépeignis notre manière de vivre, notre culte religieux, le commerce que nous faisions dans tout l'univers par le moyen de nos vaisseaux : je n'oubliai pas de lui donner une idée de celui que j'étais allé visiter, et de l'endroit où il avait échoué. Il est vrai que cette particularité était peu nécessaire, puisque, selon toutes les apparences, la mer l'avait si bien ruiné qu'il n'en restait pas le moindre débris.

Je lui fis remarquer aussi les restes de la chaloupe que nous perdîmes quand je m'échappai du naufrage. A peine y eut-il jeté les yeux, qu'il se mit à réfléchir avec un air d'étonnement, sans dire un seul mot. Je lui demandai quel était le sujet de sa méditation, et il répondit : *Moi voir aussi telle chaloupe chez ma nation.*

Je fus assez longtemps à comprendre ce qu'il voulait dire ; mais, après un mûr examen, je devinai qu'il me voulait faire entendre qu'une semblable chaloupe avait été portée par une tempête sur le rivage de sa nation. J'en conclus que quelque vaisseau européen devait avoir fait naufrage sur ces côtes et que peut-être les vents ayant détaché la chaloupe, l'avaient poussée sur le sable ; mais je fus assez simple pour ne pas me mettre dans l'esprit que ceux qui la montaient avaient pu se sauver du naufrage par ce moyen. L'unique chose à laquelle je songeai, fut de demander à mon sauvage la description de la chaloupe en question.

Il s'en acquitta passablement, puis il me fit entrer tout-à-fait dans sa pensée, en ajoutant : *Nous sauver les hommes blancs de noyer.* Je lui demandai aussitôt s'il y avait donc quelques hommes blancs dans cette chaloupe. *Oui,* dit-il, *la chaloupe pleine d'hommes blancs.* Et, en comptant sur ses doigts, il me fit comprendre qu'il y en avait jusqu'à dix-sept, et qu'ils demeuraient chez sa nation.

Ce discours remplit ma tête de nouvelles chimères ; je m'imaginai d'abord que les gens du vaisseau échoué à la vue de mon île s'étaient jetés dans la barque, et que, par malheur, ils s'étaient sauvés sur les côtes des sauvages. Cette pensée me porta donc à demander avec plus d'exactitude ce qu'ils étaient devenus. Il m'assura qu'ils étaient dans son pays depuis quatre ans, subsistant de vivres que leur fournissait sa nation, et lorsque je lui demandai pourquoi ils n'avaient pas été mangés, il me répondit : *Nous faire frères avec eux : non manger les hommes que quand la guerre fait battre :* c'est-à-dire que sa nation avait fait la paix avec eux, et qu'elle ne mangeait que des prisonniers.

Assez longtemps après, il arriva qu'étant au haut d'une colline, du côté de l'est, d'où, comme je l'ai dit, l'on pouvait découvrir par un temps serein le continent de l'Amérique, après avoir attentivement regardé de ce côté-là, il parut tout ravi : il se mit à sauter et à gambader. Je lui en demandai le sujet ; alors il cria de toutes ses forces : *O joie ! ô plaisant ! là voir mon pays, ma nation.*

Le sentiment de la plus vive allégresse était répandu sur tout son visage, et je crus lire dans le feu de ses yeux un désir violent de retourner dans sa patrie. Cette découverte me rendit moins tranquille sur son chapitre, et je ne doutai point que, si jamais il trouvait une occasion d'y retourner, il n'oubliât et ce que je lui avais enseigné sur la religion, et toutes les obligations qu'il pouvait m'avoir. Je craignais même qu'il ne fût capable de me découvrir à ses compatriotes, et d'en amener dans l'île quelques centaines pour les régaler de ma chair, avec le même plaisir qu'il prenait autrefois à manger quelqu'un de ses ennemis. Mais je faisais grand tort au pauvre garçon, ce dont je fus très mortifié après. Cependant, durant quelques semaines, je fus plus circonspect à son égard, et je lui fis moins de caresses : c'était pourtant dans le temps même que cet honnête sauvage fondait toute sa conduite sur les plus excellents principes du christianisme, et d'une nature bien dirigée.

On n'aura pas de peine à croire que je ne négligeai rien pour pénétrer les desseins dont je le soupçonnais ; mais je trouvais dans toutes ses paroles tant de candeur, tant de probité, que mes soupçons durent nécessairement tomber à la fin, faute de motif. Il ne s'apercevait seulement pas que mes manières étaient changées à son égard, preuve évidente qu'il ne songeait à rien moins qu'à me tromper.

Un jour, me promenant avec lui sur la colline dont j'ai déjà fait mention, par un temps trop chargé pour découvrir le continent, je lui demandai s'il ne souhaitait pas être dans son pays, au milieu de sa nation. *Oui*, répondit-il, *moi fort joyeux voir ma nation*. Et qu'y feriez-vous ? lui dis-je ; voudriez-vous redevenir sauvage, et manger encore de la chair humaine ? Il parut chagrin à cette question, et remuant la tête : *Non*, répliqua-t-il, *Vendredi leur conter vivre bon prier Dieu, manger pain de blé, chair de bête, lait, non plus manger hommes.* Mais ils vous mangeront, repartis-je. *Non*, dit-il, *eux non tuer moi, volontiers aimer apprendre,* puis il ajouta qu'ils avaient appris beaucoup de choses des hommes barbus qui étaient venus dans la chaloupe. Je lui demandai alors s'il avait envie d'y retourner, et lorsqu'il m'eut répondu en souriant qu'il ne pouvait nager jusque-là, je lui promis de faire un canot. Il me dit alors qu'il le voulait bien, pourvu que je fusse de la partie, et il m'assura que, bien loin de me manger, ils feraient grand cas de moi, lorsqu'il leur aurait conté que j'avais sauvé sa vie et tué ses ennemis. Pour me tranquilliser, il me fit un détail de toutes les bontés qu'ils avaient eues pour les hommes barbus jetés par la tempête sur leur rivage.

Dès ce moment, je pris la résolution de hasarder le passage, dans le dessein de joindre ces étrangers, qui devaient être, selon moi, des Espagnols ou des Portugais.

Tout ce qui portait mon sauvage au désir de me mener avec lui dans sa patrie, c'était son amour pour ses compatriotes, auxquels il croyait mes instructions bien utiles. Pour moi, mes vues étaient d'une autre nature; je ne songeais qu'à rejoindre les hommes, et, sans différer davantage je me mis à choisir un arbre assez fort pour en faire un grand canot propre à notre voyage. Il y en avait assez dans l'île; mais je souhaitais d'en trouver un assez près de la mer pour pouvoir le lancer sans beaucoup de peines, dès qu'il serait transformé en barque.

Mon sauvage en trouva bientôt un d'un bois qui m'était inconnu, mais qu'il connaissait propre à notre dessein. Il était d'avis de le creuser en brûlant le dedans; mais après que je lui eus enseigné l'usage des coins de fer, il s'y prit fort adroitement; et, après un mois d'un rude travail, il termina son ouvrage. La barque était fort proprement faite, surtout quand, par le moyen de nos haches, nous lui eûmes donné en-dehors la forme d'une chaloupe; ensuite nous fûmes encore occupés une quinzaine de jours à la mettre à l'eau, où nous la fîmes entrer peu à peu par le moyen de quelques rouleaux. Nous attendîmes les mois de novembre et de décembre, dans l'un desquels j'étais déterminé à hasarder le passage.

Mon désir d'exécuter cette entreprise s'affermit avec le retour de la belle saison, et j'étais continuellement occupé à tout préparer, principalement à rassembler les provisions nécessaires pour notre voyage, ayant dessein de mettre en mer dans une quinzaine de jours. Un matin, pendant que je travaillais à ces préparatifs, j'ordonnai à Vendredi d'aller sur le bord de la mer pour chercher quelques tortues, dont la prise nous était fort agréable, tant à cause des œufs que de la chair même. Il n'y avait qu'un moment qu'il était sorti quand je le vis revenir à toutes jambes, et voler par-dessus nos retranchements extérieurs, comme si ses pieds ne touchaient pas à terre. Sans me donner le temps de lui faire des questions, il se mit à crier : *O maître, maître! ô douleur! ô mauvais!* Qu'y a-t-il, Vendredi? lui dis-je. *Oh!* répondit-il, *là-bas, un, deux, trois canots; un, deux, trois.* Je conclus de sa manière de s'exprimer qu'il devait y avoir six canots; mais je trouvai dans la suite qu'il n'y en avait que trois.

J'entrai dans le bois avec toute la précaution et tout le silence possible, ayant Vendredi sur mes traces, et je m'avançai jusqu'à ce qu'il n'y eût qu'une petite pointe de bois entre nous et les sauvages. Apercevant alors un arbre fort élevé, j'appelle Vendredi tout doucement, et lui ordonne de percer jusque-là pour découvrir ce que les sauvages faisaient. Il obéit, et il vint bientôt me rapporter qu'on le voyait distinctement de cette place, qu'ils étaient tout autour de leur feu, se régalant de la chair de l'un de leurs prisonniers ; qu'à quelques pas de là il y en avait un autre, garrotté et étendu sur le sable, qui aurait bientôt le même sort ; que ce dernier n'était pas de leur nation, mais un des hommes barbus qui étaient arrivés de son pays avec une chaloupe. Ce rapport et surtout la particularité du prisonnier barbu, ranimèrent toute ma fureur : je m'avançai vers l'arbre, et je vis clairement un homme blanc couché sur le sable, les mains et les pieds garrottés : les habits dont je le vis couvert ne me laissèrent pas de doute que ce ne fût un Européen.

Il y avait un autre arbre, revêtu d'un petit buisson plus près de leur horrible festin d'environ cinquante verges, où sans être aperçu, si je pouvais y parvenir, je vis que je les aurais à demi-portée de fusil. Cette découverte me donna assez de prudence pour me maîtriser quelques moments, quoique ma rage fût montée au plus haut degré ; et, me glissant derrière quelques broussailles, je parvins à cet endroit ; j'y trouvai une petite élévation d'où je découvris, à quatre-vingts verges de moi, tout ce qui se passait.

Je vis qu'il n'y avait pas un instant à perdre : dix-neuf de ces barbares étaient assis à terre, serrés les uns contre les autres, ayant détaché d'eux d'entre eux pour leur apporter apparemment le pauvre chrétien membre à membre. Ils étaient déjà occupés à lui délier les pieds, quand, me tournant vers Vendredi : Allons, lui dis-je, suis mes ordres exactement : fais précisément ce que tu me verras faire, sans manquer dans le moindre point. Il me le promit. Posant à terre un de mes mousquets et un de mes fusils de chasse, je le vis m'imiter parfaitement. Avec mon autre mousquet, je couchai les sauvages en joue, lui ordonnant d'en faire autant. Es-tu prêt ? lui dis-je. Oui, répondit-il : en même temps nous fîmes feu l'un et l'autre.

Vendredi m'avait tellement surpassé à viser juste, qu'il en tua deux et en blessa trois, tandis que je n'en blessai que deux et n'en tuai qu'un seul. On peut juger si les autres étaient dans une terrible consternation ; tous ceux qui n'avaient pas été blessés se levèrent précipitamment sans savoir de quel côté tourner leurs pas pour éviter un danger dont la source leur était inconnue. Vendredi cependant avait toujours les yeux fixés sur moi, pour observer et imiter mes mouvements. Après avoir vu l'effet de notre première décharge, je jetai mon mousquet pour prendre le fusil de chasse, et Vendredi en fit de même. Il coucha en joue comme moi. Es-tu prêt ? lui demandai-je encore, et dès qu'il m'eut répondu oui : Feu donc, lui dis-je, et en même temps nous tirâmes parmi la troupe effrayée. Comme nos armes étaient chargées d'une dragée grosse comme de petites balles de pistolet, il n'en tomba que deux ; mais il y en avait tant de blessés, que nous les vîmes courir la plupart çà et là tout couverts de sang, et qu'un moment après il en tomba trois à demi morts.

Ayant jeté alors à terre nos armes déchargées, je saisis mon second mousquet, j'ordonnai à Vendredi de me suivre ; ce qu'il fit avec beaucoup d'intrépidité. Nous sortîmes brusquement, et dès que nous fûmes à découvert, nous poussâmes un grand cri ; ensuite je me mis à courir de toutes mes forces, autant que me le permettait le poids de mes armes, vers la pauvre victime, qui était étendue sur le sable, entre le lieu du festin et la mer. Les bouchers qui allaient exercer leur art sur ce malheureux l'avaient abandonné au bruit de notre première décharge, et, prenant la fuite avec une terrible frayeur du côté de la mer, s'étaient jetés dans un des canots, où ils furent suivis par trois autres. Je criai à Vendredi de courir de ce côté-là, et de tirer dessus. Il m'entendit, et, s'étant avancé sur eux d'une quarantaine de verges, il fit feu. Je m'imaginai au commencement qu'il les avait tous tués, les voyant tomber les uns sur les autres ; mais j'en revis bientôt trois sur pied.

Pendant que mon sauvage s'attachait ainsi à la destruction de ses ennemis, je tirai mon couteau pour couper les liens du prisonnier, et ayant mis en liberté ses pieds et ses mains, je le plaçai sur son séant, et je lui demandai en portugais qui il était ; il me répondit en latin : *Christianus*. Le voyant si faible qu'il avait de la peine à se soutenir debout et à parler, je lui donnai ma bouteille, et lui fis signe de boire ; il le fit, et mangea en outre un morceau de pain que je lui avais donné pareillement. Après avoir repris un peu ses esprits, il fit entendre qu'il était Espagnol, et qu'il m'avait toutes les obligations imaginables pour l'important service que je venais de lui rendre. Me servant de tout l'espagnol que je pouvais rassembler, je lui dis : Nous parlerons une autre fois, mais à présent il faut combattre ; s'il vous reste quelque force, prenez ce pistolet et cette épée, et faites-en un bon usage. Il les prit d'un air reconnaissant, et il semblait que ces armes lui rendissent toute sa vigueur. Il tomba dans le moment sur ses ennemis comme un furieux, et en un tour de main il en dépeça deux à coups de sabre. Il est vrai qu'ils ne se défendaient guère. Ces barbares étaient si effrayés du bruit de nos fusils, qu'ils se trouvaient aussi peu en état de songer à leur conservation que leur chair avait été peu capable de résister à nos balles.

Je tenais toujours mon dernier fusil à la main, sans le tirer, pour n'être pas pris au dépourvu. C'était tout ce que j'avais pour me défendre, ayant donné mon pistolet et mon sabre à l'Espagnol. J'ordonnai cependant à Vendredi de retourner à l'arbre où nous avions commencé le combat, et d'y chercher nos armes déchargées ; ce qu'il fit avec une grande rapidité. Pendant que je m'étais mis à les charger de nouveau, je vis un combat très acharné entre l'Espagnol et un des sauvages, qui l'avait attaqué avec un des sabres de bois destinés à le priver de la vie si je ne l'avais empêché. L'Espagnol qui, bien que faible, était aussi brave et aussi hardi qu'il est possible de l'être, avait déjà combattu le sauvage pendant quelque temps, et lui avait fait deux blessures à la tête, quand l'autre, l'ayant saisi par le milieu du corps, le jette à terre, et fait tous ses efforts pour lui arracher mon épée. L'Espagnol ne perdit pas son sang-froid dans cette occasion ; il quitta sagement son sabre, mit la main à son pistolet, et tua son ennemi sur-le-champ. Vendredi, qui n'était plus à portée de recevoir mes ordres, se voyant en pleine liberté, poursuivit les autres sauvages avec sa hache, et acheva d'abord trois de ceux qui avaient été jetés à terre par nos décharges, et ensuite tous ceux qu'il put atteindre. De l'autre côté, l'Espagnol, ayant pris un des fusils, se mit à la poursuite de deux autres qu'il blessa tous deux ; mais, comme il n'avait pas la force de courir, ils se sauvèrent dans le bois, où Vendredi en tua encore un ; pour le second, qui était d'une agilité extrême, il lui échappa, s'étant jeté à corps perdu dans la mer, et ayant gagné à la nage le canot, où il y avait trois de ses camarades : ces quatre furent les seuls qui se sauvèrent de nos mains.

Ils faisaient force de rames pour se mettre hors de la portée de fusil ; et quoique mon esclave leur tirât encore deux ou trois coups, je n'en vis pas un montrer qu'il en fût atteint. Il souhaitait fort que nous prissions un des canots pour leur donner la chasse, et ce n'était pas sans raison ; car il était fort à craindre, s'ils échappaient, qu'ils ne fissent le récit de leur triste aventure à leurs compatriotes, et qu'ils ne revinssent avec quelques centaines de barques pour nous accabler par leur nombre ; j'y consentis donc. Je me jetai dans un de leurs canots en commandant à Vendredi de me suivre ; mais je fus bien surpris en y voyant un troisième prisonnier garrotté de la même manière que l'avait été l'Espagnol, et presque mort de peur, n'ayant pas su ce dont il s'agissait ; car il était tellement lié, qu'il était hors d'état de lever la tête, et qu'il lui restait à peine un souffle de vie.

Je me mis d'abord à couper les cordes qui l'incommodaient si fort, et je m'efforçai de le soulever ; mais il n'avait pas la force de se soutenir ni de parler. Il jeta seulement des cris sourds et lamentables, craignant sans doute qu'on ne le déliât que pour lui ôter la vie.

Dès que Vendredi fut entré dans la barque, je lui dis de l'assurer de sa délivrance, et de lui donner un coup de rhum ; ce qui, joint à la bonne nouvelle à laquelle il ne s'attendait pas, le fit revivre et lui donna assez de force pour se mettre sur son séant.

Quelques instants après que Vendredi l'eut regardé et l'eut entendu parler, c'était un spectacle à tirer des larmes des yeux de l'homme le plus insensible, de le voir embrasser ce sauvage, pleurer, rire, sauter, danser à l'entour, ensuite se tordre les mains, se battre le visage, et puis sauter, danser de nouveau, enfin se comporter comme s'il eût été hors de sens. Pendant quelques moments il n'eut pas la force de m'expliquer la cause de tant de mouvements opposés; mais étant un peu revenu à lui, il me dit enfin que ce sauvage était son père.

Il m'est impossible d'exprimer jusqu'à quel point je fus touché des transports que l'amour filial produisit dans le cœur de ce pauvre garçon à la vue de son père délivré des mains de ses bourreaux. Il m'est tout aussi difficile de bien dépeindre toutes les tendres extravagances où ce spectacle le jeta : tantôt il entrait dans le canot, tantôt il en sortait; tantôt il y rentrait de nouveau; il s'asseyait auprès de son père, et pour le réchauffer il lui tenait la tête serrée contre sa poitrine; il lui prenait les pieds et les mains, raidis par la force dont ils avaient été liés; et il tâchait de les amollir en les frottant. Voyant quel était son dessein, je lui donnai de mon rhum pour rendre ce frottement plus utile, ce qui fit beaucoup de bien au pauvre vieillard.

Cet incident nous fit oublier de poursuivre le canot des sauvages, qui était déjà hors de notre vue : ce fut un bonheur pour nous, car deux heures après, lorsqu'ils ne pouvaient encore avoir fait le quart du chemin, il s'éleva un vent terrible qui continua pendant toute la nuit; et comme il venait du nord-ouest, et qu'il leur était contraire, il ne me parut guère possible alors qu'ils pussent regagner leurs côtes.

Pour revenir à Vendredi, il était tellement occupé autour de son père, que, pendant assez longtemps, je n'eus pas le cœur de le retirer de là : mais quand je crus qu'il avait suffisamment satisfait ses transports, je l'appelai : il vint en sautant, en riant et en marquant la joie la plus vive. Je lui demandai s'il avait donné du pain à son père : *Non*, dit-il, *moi vilain chien, manger tout moi-même*. Là-dessus je lui donnai un gâteau d'orge que j'avais dans ma poche; j'y ajoutai un coup de rhum pour lui-même. Il n'y goûta pas, alla porter le tout à son père avec une poignée de raisins secs que je lui avais donnée.

Un moment après je le vis sortir de la barque et se mettre à courir vers mon habitation avec une telle rapidité, que je le perdis de vue dans un instant, car c'était l'homme le plus agile et le plus léger que j'aie vu de mes jours. J'avais beau crier, il n'entendait rien; mais environ un quart d'heure après je le vis revenir avec moins de vitesse, parce qu'il portait quelque chose; c'était un pot rempli d'eau fraîche et quelques morceaux de pain qu'il me donna; quant à l'eau, il la porta à son père, après que j'en eus bu pour me désaltérer. Elle ranima entièrement le vieillard, et lui fit plus de bien que la liqueur forte qu'il avait prise, car il mourait de soif.

Quand il eut bu, et que je vis qu'il y avait encore de l'eau de reste, j'ordonnai à Vendredi de la porter à l'Espagnol avec un des gâteaux qu'il était allé me chercher. Celui-ci, extrêmement faible, s'était couché sur l'herbe, à l'ombre d'un arbre; il se releva néanmoins pour manger et pour boire, et je m'approchai moi-même pour lui donner une poignée de raisins. Il me regarda d'un air tendre et plein de la plus vive reconnaissance; il avait si peu de forces, quoiqu'il eût marqué tant de vigueur dans le combat, qu'il ne pouvait se tenir sur ses jambes ; il l'essaya deux ou trois fois, mais en vain : ses pieds, enflés prodigieusement à force d'avoir été garrottés, lui causaient trop de douleur. Pour le soulager, j'ordonnai à Vendredi de les lui frotter avec du rhum, comme il avait fait à l'égard de son père.

Quoique mon sauvage s'acquittât de ce devoir avec affection, il ne pouvait s'empêcher, de moment à autre, de tourner les yeux vers son père, pour voir s'il était toujours dans le même endroit et dans la même posture. Une fois entre autres, ne le voyant pas, il se lève avec précipitation et court vers lui avec tant de vitesse, qu'il était difficile de voir si ses pieds touchaient à terre ; mais en entrant dans le canot, il vit qu'il n'y avait rien à craindre, et que son père s'était couché seulement pour se reposer. Dès qu'il fut de retour, je priai l'Espagnol de souffrir que Vendredi l'aidât à se lever et le conduisît vers la barque, pour le mener de là vers mon habitation, où j'aurais de lui tout le soin possible. Mon sauvage n'attendit pas que l'Espagnol fît le moindre effort ; comme il était aussi robuste qu'agile, il le chargea sur ses épaules, le porta jusqu'à la barque, et le fit asseoir sur un des côtés du canot près de son père ; puis, sortant de la barque, il la lance à l'eau, et, quoiqu'il fît un grand vent, il la fit longer le rivage plus vite que je n'étais capable de marcher. Après l'avoir fait entrer dans la baie, il se mit de nouveau à courir pour chercher l'autre canot des sauvages qui nous était resté, et il y arriva avec cette barque aussi vive que j'y étais venu par terre. Il me fit passer la baie, ensuite il alla aider nos nouveaux compagnons à sortir du canot où ils étaient ; mais ils ne se trouvaient ni l'un ni l'autre en état de marcher, de manière que Vendredi ne savait comment faire.

Après avoir médité sur les moyens de remédier à cet inconvénient, je priai mon sauvage de s'asseoir et de se reposer, et je me mis à travailler à une espèce de litière ; nous les y posâmes tous deux, et les portâmes jusqu'à notre retranchement extérieur ; mais là nous fûmes dans un plus grand embarras qu'auparavant. Je n'avais nul désir d'abattre ce rempart, et je ne voyais pas comment on pourrait les faire passer par-dessus. Le seul parti qu'il y eût à prendre, s'était de travailler de nouveau ; et, avec l'aide de Vendredi, je dressai en moins de deux heures une jolie petite tente couverte de ramée et de vieilles voiles, entre mon retranchement extérieur et le bocage que j'avais eu soin de planter à quelques pas de là. Dans cette hutte, je leur fis deux lits de quelques bottes de paille, sur chacun desquels je mis une couverture pour les tenir chaudement.

Voilà mon île peuplée : je me voyais riche en sujets ; et c'était une idée fort satisfaisante pour moi de me considérer comme un petit monarque. Toute cette île était mon domaine par des titres incontestables. Mes sujets m'étaient parfaitement soumis ; j'étais leur législatateur et leur souverain seigneur ; ils m'étaient tous redevables de la vie, et tous ils étaient prêts à la risquer pour mon service dès que l'occasion s'en présenterait.

Etant alors assez fort pour ne rien craindre des sauvages, à moins qu'ils ne vinssent en très grand nombre, nous nous promenions par toute l'île, sans aucune inquiétude ; et comme nous avions tous l'esprit plein de notre délivrance, il m'était impossible de ne pas songer aux moyens de l'effectuer. Entre autres, je marquai plusieurs arbres qui me paraissaient propres à mes vues ; j'employai Vendredi et son père à les couper, et je leur donnai l'Espagnol pour inspecteur. Je leur montrai avec quel travail infatigable j'avais fait des planches d'un arbre épais, et je leur recommandai d'agir de même. Ils me firent une douzaine de bonnes planches de chêne d'à peu près deux pieds de large, de trente-cinq de long, et épaisses depuis deux pouces jusqu'à quatre. On peut comprendre quelle peine il fallut pour en venir à bout.

Je songeais en même temps à augmenter mon troupeau : tantôt j'allais à la chasse avec Vendredi, tantôt je l'envoyais avec l'Espagnol, et de cette manière nous attrapâmes vingt-deux chevreaux, que nous joignîmes à mon troupeau ; quand il nous arrivait de tuer une chèvre, nous ne manquions jamais d'en conserver les petits. Et, la saison étant venue de cueillir le raisin, je fis sécher une si grande quantité de grappes, qu'on aurait pu en remplir plus de soixante barils. Ce fruit faisait, avec notre pain, une grande partie de nos aliments.

C'était alors le temps de la moisson, et notre grain se trouvait en fort bon état, quoique j'aie vu des années plus fertiles dans l'île. La récolte fut pourtant assez bonne pour répondre à nos désirs : de vingt-deux boisseaux d'orge que nous avions semés, il nous en vint deux cent vingt, et notre riz s'était multiplié à proportion ; ce qui était suffisant pour nous et pour les hôtes que nous attendions jusqu'à notre moisson prochaine, ou bien s'il s'agissait de faire le voyage projeté : il y en avait assez pour avitailler abondamment notre vaisseau, de quelque côté de l'Amérique que nous voulussions diriger notre course.

Après avoir recueilli ainsi nos grains, nous nous mîmes à travailler en osier, et à faire quatre grands paniers pour les y conserver. L'Espagnol était extrêmement habile à ces sortes d'ouvrages, et il me blâmait souvent de n'avoir pas employé cet art à faire mes enclos et mes retranchements ; mais par bonheur la chose n'était pas nécessaire alors.

Tous ces préparatifs achevés, je permis à mon Espagnol de passer en terre ferme, pour aller retrouver ses compatriotes, et je lui donnai un ordre par écrit de ne pas emmener un seul homme sans l'avoir fait jurer devant lui et devant le vieux sauvage, que, bien loin d'attaquer le maître de l'île, et de causer le moindre chagrin à un homme qui avait la bonté de travailler à leur délivrance, il ne négligerait rien pour le défendre contre toutes sortes d'attentats, et qu'il se soumettrait entièrement à ses commandements, de quelque côté qu'il trouvât bon de le mener. J'ordonnai encore à l'Espagnol de me rapporter un traité formel par écrit signé de toute la troupe, sans songer que, selon toutes les apparences, elle n'avait ni papier ni encre.

Muni de ces instructions, il partit avec le père de Vendredi, dans le même canot qui avait servi à les amener sur le rivage où ils devaient être dévorés par les cannibales leurs ennemis. Je leur donnai à chacun un mousquet, et environ huit charges de poudre et des balles, en leur enjoignant d'en être très économes, et de ne les employer que dans les occasions pressantes.

Telles furent les premières mesures décisives que je pris pour ma délivrance, après plus de vingt-sept ans de séjour dans cette île. Aussi ne négligeai-je aucune précaution nécessaire pour les rendre efficaces. Je donnai à mes voyageurs une provision de pain et de grappes sèches pour plusieurs jours, et une autre provision pour huit jours destinée aux Espagnols ; je convins encore avec eux d'un signal qu'ils devaient mettre au canot à leur retour, pour pouvoir les reconnaître avant qu'ils abordassent, et je leur souhaitai un heureux voyage. Ils mirent en mer avec un vent frais pendant la pleine lune. C'était au mois d'octobre, selon mon calcul.

J'avais déjà attendu pendant huit jours le retour de mes députés, quand, un matin, lorsque j'étais encore profondément endormi, Vendredi approcha de mon lit avec précipitation, en criant : Maître, ils sont venus ! ils sont venus !

Je me lève, et m'étant habillé, je me mets à traverser mon bois, songeant si peu au moindre danger, que j'étais sans armes, contre ma coutume. Je fus bien surpris, en tournant mes yeux vers la mer, de voir à une lieue et demie de distance une chaloupe avec une voile triangulaire, faisant cours vers mon île, et poussée par un vent favorable. Je vis d'abord qu'elle ne venait pas directement du côté opposé à mon rivage, mais du côté du sud. Je dis à Vendredi de ne pas se donner le moindre mouvement, puisque ce n'étaient pas ceux-là que nous attendions, et que nous ne pouvions savoir encore s'ils étaient amis ou ennemis.

Pour en être mieux éclairci, j'allai chercher ma lunette d'approche, et, par le moyen de mon échelle, je montai au haut du rocher comme j'avais coutume de le faire quand j'appréhendais quelque événement, et que je voulais le découvrir sans être découvert moi-même.

A peine avais-je mis le pied sur le haut de la colline, que je vis clairement un vaisseau à l'ancre, à peu près à deux lieues et demie au sud-ouest de mon habitation, et je crus remarquer, par la structure de ce bâtiment, qu'il était anglais, aussi bien que la chaloupe.

Je ne saurais exprimer les impressions confuses que cette vue fit sur mon imagination. Quoique ma joie de voir un navire, dont l'équipage devait être sans doute de ma nation, fût extrême, je ne laissai pas de sentir quelques mouvements secrets, dont j'ignorais la cause, et qui m'inspiraient de la circonspection. Je ne pouvais concevoir quelles affaires un vaisseau anglais pouvait avoir dans cette partie du monde, puisque ce n'était assurément la route d'aucun des pays où nous avions établi notre commerce : de plus, il n'y avait eu aucune tempête capable de les porter de ce côté malgré eux ; par conséquent, j'avais lieu de croire qu'ils n'avaient pas de bons desseins, et qu'il valait mieux demeurer dans ma solitude que de tomber entre les mains de voleurs et de meurtriers.

Je ne m'étais pas tenu longtemps dans cette posture, sans voir clairement approcher la chaloupe du rivage, comme si elle cherchait une baie pour débarquer commodément.

Lorsqu'ils furent sur le rivage, je vis clairement qu'ils étaient Anglais, hormis un ou deux, que je pris pour des Hollandais, mais qui pourtant ne l'étaient pas. Ils étaient onze en tout, mais il y en avait trois sans armes et garrottés, comme je crus m'en apercevoir. Dès que cinq ou six d'entre eux eurent sauté sur le rivage, ils firent sortir les autres de la chaloupe, comme des prisonniers : je vis un des trois marquer par des gestes une affliction qui allait jusqu'à l'extravagance ; les deux autres levaient quelquefois les mains vers le ciel, et paraissaient fort affligés, mais leur douleur me semblait plus modérée.

J'étais dans une grande incertitude, sans concevoir ce que signifiait un pareil spectacle ; Vendredi s'écria : *O maître, vous voyez, hommes anglais manger prisonniers aussi bien qu'hommes sauvages ; voyez, eux les vouloir manger*. Non, non, dis-je, Vendredi, je crains seulement qu'ils ne les massacrent, mais sois sûr qu'ils ne les mangeront pas. Je tremblais cependant, et j'étais pénétré d'horreur à cette vue ; à chaque moment je m'attendais à les voir assassiner ; je vis même une fois un de ces scélérats lever déjà un grand sabre pour frapper un de ces malheureux, et je crus que je l'allais voir tomber à terre, ce qui glaça tout mon sang dans mes veines.

Dans ces circonstances, je regrettai extrêmement mon Espagnol et mon vieux sauvage, et je souhaitai fort de pouvoir joindre ces indignes Anglais, sans en être découvert, à la portée de fusil, pour délivrer les prisonniers de leurs cruelles mains, car je ne leur voyais point d'armes à feu, mais il plut à la Providence de me faire réussir d'une autre manière.

Pendant que ces insolents matelots rôdaient par toute l'île, comme s'ils voulaient aller à la découverte du pays, j'observai que les trois prisonniers étaient en liberté d'aller où ils voulaient ; mais ils n'en eurent pas le courage : ils s'assirent à terre d'un air pensif et désespéré.

Je me préparai pour le combat, mais avec plus de précaution que jamais, persuadé que j'aurais à combattre beaucoup plus d'ennemis que par le passé. J'ordonnai à Vendredi d'en faire de même, et je m'en promettais de grands secours parce qu'il tirait avec une justesse étonnante : je lui donnai trois mousquets, et je pris moi-même deux fusils. Ma figure était effroyable : j'avais sur la tête mon terrible bonnet de peau de chèvre ; à mon côté, pendait mon sabre nu, et je portais deux pistolets à ma ceinture, et un fusil sur chaque épaule.

Mon dessein était de ne rien entreprendre avant la nuit ; mais sur les deux heures, au plus chaud du jour, je trouvai qu'ils étaient allés tous dans les bois, apparemment pour s'y reposer ; et quoique les prisonniers ne fussent pas en état de dormir, je les vis couchés à l'ombre d'un grand arbre tout près de moi, et hors de la vue des autres.

Là-dessus je résolus de me découvrir à eux pour être instruit de leur situation, et dans le moment je me mis en marche. Vendredi me suivait d'assez loin, armé d'une manière aussi formidable que moi, mais ne ressemblant pas autant à un spectre.

Après que je me fus approché des prisonniers, sans être découvert, autant qu'il fut possible, je leur dis en espagnol d'un ton élevé : « Qui êtes-vous, Messieurs? » Ils ne répondirent rien, et je les vis sur le point de s'enfuir quand je me mis à leur parler anglais. — Messieurs, leur dis-je, n'ayez pas peur, peut-être avez-vous trouvé ici un ami sans vous y attendre. — Il serait donc un être envoyé du ciel, répondit un d'entre eux d'une manière grave et le chapeau à la main, car nos malheurs sont au-dessus de tout secours humain. — Tout secours est du ciel, Monsieur, lui dis-je ; mais ne voudriez-vous pas enseigner à un étranger le moyen de vous secourir? Car vous paraissez accablés d'une grande affliction, je vous ai vus débarquer, et quand vous vous êtes entretenus avec les scélérats qui vous ont conduits ici, j'en ai vu un tirer le sabre comme s'il eût voulu vous tuer.

Le pauvre homme, tremblant et les yeux pleins de larmes, me repartit d'un air étonné : — Parlé-je à un homme, à Dieu, ou à un ange? — Tranquillisez-vous, Monsieur, lui dis-je ; si Dieu avait envoyé un ange à votre secours, il paraîtrait à vos yeux sous de meilleurs habits et avec d'autres armes. Je suis réellement un homme ; je suis même un Anglais, et tout disposé à vous rendre service. Je n'ai avec moi qu'un esclave ; mais nous avons des armes et des munitions ; dites librement si nous pouvons vous rendre service, et expliquez-moi la nature de vos malheurs.

— Hélas! Monsieur, dit-il, le récit en serait trop long pour vous être fait pendant que nos ennemis sont si proches ; il suffira de vous dire que j'ai été commandant du vaisseau que vous voyez ; mes matelots se sont révoltés contre moi, peu s'en faut qu'ils ne m'aient massacré ; mais, ce qui vaut presque autant, ils veulent m'abandonner dans ce désert avec ces deux hommes, dont l'un est mon contre-maître, et l'autre mon passager. Nous nous sommes attendus à périr ici dans peu de jours, croyant l'île inhabitée, et nous ne sommes pas encore rassurés.

— Mais, lui dis-je, que sont devenus vos rebelles? — Les voilà couchés, répondit-il en montrant du doigt une touffe d'arbres fort épaisse ;

je tremble de peur qu'ils ne nous aient entendus parler: car il est certain qu'ils nous massacreront tous.

Je lui demandai si les mutins possédaient des armes à feu, et j'appris qu'ils n'avaient avec eux que deux fusils, dont un était resté dans la chaloupe. — Laissez-moi donc faire, lui répondis-je : ils sont tous endormis; rien n'est plus aisé que de les tuer, à moins que vous n'aimiez mieux les faire prisonniers. Alors il me conta qu'il y avait parmi eux deux scélérats dont on ne pouvait rien espérer de bon, et que, si on mettait ceux-là hors d'état de nuire, il croyait que le reste retournerait facilement à son devoir; il ajouta qu'il ne pouvait me les indiquer de si loin, et qu'il était prêt à suivre mes ordres en tout. Eh bien ! dis-je, commençons par nous tirer d'ici, de peur qu'ils ne nous aperçoivent en s'éveillant, et suivez-moi vers un lieu où nous pourrons délibérer à loisir.

Après que nous nous fûmes mis à couvert dans le bois : Monsieur, lui dis-je, je veux hasarder tout pour votre délivrance, pourvu que vous m'accordiez deux conditions. Il m'interrompit pour m'assurer que, si je lui rendais sa liberté et son vaisseau, il emploierait l'un et l'autre à me témoigner sa reconnaissance, et que, si je ne pouvais lui rendre que la moitié de ce service, il était résolu de vivre ou de mourir avec moi dans quelque partie du monde que je voulusse le conduire. Ses deux compagnons me donnèrent les mêmes assurances.

Ecoutez mes conditions, leur dis-je; il n'y en a que deux : 1° pendant que vous serez dans cette île avec moi, vous renoncerez à toute sorte d'autorité ; et, si je vous mets les armes en main, vous me les rendrez dès que je le trouverai bon ; vous serez entièrement soumis à mes ordres, sans songer jamais à me causer le moindre préjudice ; 2° si nous réussissons à prendre le vaisseau, vous me mènerez en Angleterre avec mon esclave, sans rien demander pour le passage.

Il me le promit avec les expressions les plus fortes qu'un cœur reconnaissant puisse dicter.

Je leur donnai alors trois mousquets avec des balles et de la poudre, et je demandai au capitaine de quelle manière il jugeait à propos de diriger cette entreprise. Il me témoigna toute la gratitude imaginable, et me dit qu'il se contenterait de suivre exactement mes ordres, et qu'il me laissait avec plaisir toute la conduite de l'affaire. Je lui répondis qu'elle me paraissait assez épineuse; que cependant le meilleur parti était, selon moi, de faire feu sur eux en même temps pendant qu'ils étaient couchés, et que, si quelqu'un échappant à notre première décharge, voulait se rendre, nous ne pourrions lui sauver la vie.

Il me répliqua, avec beaucoup de modération, qu'il serait fâché de les tuer, s'il y avait moyen de faire autrement ; mais pour les deux scélérats incorrigibles dont je vous ai parlé, continua-t-il, qui ont été les auteurs de la révolte, s'ils nous échappent, nous sommes perdus à coup sûr, ils amèneront tout l'équipage pour nous détruire.

Il faut donc, repartis-je, s'en tenir à mon premier avis ; une nécessité absolue rend l'action légitime. Cependant, lui voyant toujours de l'aversion pour répandre tant de sang, je lui dis de prendre les devants a\ es compagnons, et d'agir selon les circonstances.

Au milieu de cet entretien, nous vîmes deux des mutins se lever et se retirer, je demandai au capitaine si c'étaient les chefs de la rébellion. Il me dit que non. Eh bien donc! lui dis-je, laissons-les échapper, puisque la Providence semble les avoir éveillés exprès pour leur sauver la vie, quant aux autres, s'ils ne sont pas à vous, c'est votre faute.

Animé par ces paroles, il s'avance un mousquet au bras, et un pistolet à la ceinture, précédé de ses deux compagnons ; le bruit de leur approche éveille un des mutins, qui se met à crier pour éveiller ses camarades ; mais en même temps le contre-maître et le passager font feu sur tous deux : le capitaine, gardant son coup avec beaucoup de prudence, et visant avec toute la justesse possible les chefs des mutins, en tue un sur la place. L'autre, dangereusement blessé, crie au secours ; le capitaine le joint, lui dit qu'il n'est plus temps de demander du secours ; qu'il n'a plus qu'à prier Dieu de lui pardonner sa trahison, et l'assomme aussitôt d'un coup de crosse de fusil.

Il en restait encore trois, dont l'un était légèrement blessé ; mais me voyant arriver, et sentant qu'il leur était impossible de résister, ils demandèrent quartier. Le capitaine y consentit, à condition qu'ils lui prouveraient l'horreur qu'ils devaient avoir de leur crime, en l'aidant fidèlement à recouvrer son vaisseau, et à le ramener à la Jamaïque, d'où ils venaient. Ils lui donnèrent toutes les assurances de repentir et de bonne volonté qu'il pouvait désirer, et il résolut de leur sauver la vie ; ce que je ne désapprouvai pas ; je l'obligeai seulement à les garder pieds et poings liés tant qu'ils seraient dans l'île.

Sur ces entrefaites, j'envoyai Vendredi et le contre-maître vers la chaloupe, avec ordre d'en ôter les rames et les voiles. Les trois matelots, qui étaient écartés de la troupe, revinrent au bruit des mousquets ; et, voyant leur capitaine, de leur prisonnier devenu leur vainqueur, ils se soumirent à lui et consentirent à se laisser garrotter comme les autres.

Voyant alors tous nos ennemis hors de combat, j'eus le temps de faire au capitaine le récit de mes aventures ; il m'écouta avec une attention qui allait jusqu'à l'extase, et surtout la manière miraculeuse dont je m'étais pourvu de munitions et de vivres. Ce tissu de prodiges fit une forte impression sur lui ; mais, quand il vint à réfléchir sur son propre sort, et à considérer que la Providence ne paraissait m'avoir conservé que pour lui sauver la vie, il fut si touché, qu'il répandit un ruisseau de larmes, incapable de prononcer une seule parole.

Notre conversation finie, je le conduisis avec ses deux compagnons dans mon château ; je leur donnai tous les rafraîchissements que j'étais en état de leur fournir, et je leur montrai toutes mes inventions depuis mon arrivée dans l'île.

Tout ce que je disais au capitaine, tout ce que je lui montrais lui paraissait surprenant : il admirait surtout ma fortification, et la manière dont j'avais caché ma retraite par le moyen du bocage que j'avais planté il y avait déjà vingt ans. Ce petit bois était devenu d'une épaisseur impénétrable de toutes parts, excepté du côté où je m'étais ménagé un petit passage tortueux. Je lui dis que ce qu'il voyait était mon château, le lieu de ma résidence, mais que j'avais encore, à l'exemple d'autres princes, une maison de campagne que je lui montrerais une autre fois, car pour le présent il fallait songer aux moyens de nous rendre maîtres du vaisseau. Il en convint, mais il m'avoua qu'il ne voyait pas quelles mesures il y avait à prendre. Il y a encore, dit-il, vingt-six hommes à bord. Sachant que, par leur conspiration, ils ont mérité de perdre la vie, ils s'y opiniâtreront par désespoir ; car ils sont tous persuadés sans doute qu'en cas qu'ils se rendent ils seront pendus dès qu'ils arriveront en Angleterre, ou dans quelque colonie de la nation ; le moyen donc de songer à les attaquer avec un nombre si fort inférieur au leur !

Je ne trouvai ce raisonnement que trop juste, et je vis qu'il n'y avait rien à faire, sinon de tendre quelque piége à l'équipage, et de l'empêcher au moins de débarquer et de nous détruire. J'étais sûr qu'en peu de temps les gens du vaisseau, étonnés du retardement de leurs camarades, mettraient leur autre chaloupe en mer, pour venir voir ce qu'ils étaient devenus, et je craignais fort qu'ils ne vinssent armés en trop grand nombre pour que nous pussions leur résister.

Je dis au capitaine que la première chose que nous avions à faire, c'était de couler la chaloupe à fond, afin qu'ils ne pussent l'emmener ; ce qu'il approuva.

Nous mîmes aussitôt la main à l'œuvre, en commençant par ôter tout ce qui y restait, c'est-à-dire une bouteille d'eau-de-vie et une autre pleine de rhum, quelques biscuits, un cornet rempli de poudre et un pain de sucre d'environ six livres, enveloppé d'une pièce de canevas. L'eau-de-vie et le sucre me furent très agréables, car j'avais presque eu le temps d'en oublier le goût.

Après avoir porté ces objets à terre, nous fîmes un grand trou au fond de la chaloupe. A dire la vérité, je ne pensais guère sérieusement à recouvrer le vaisseau ; ma seule vue était, en cas qu'ils partissent en nous laissant la chaloupe, de la réparer et de la mettre en état de nous mener vers mes amis les Espagnols, dont je n'avais pas perdu l'idée.

Non content d'avoir fait à la chaloupe un trou assez grand pour qu'il ne fût pas possible de le boucher en peu de temps, nous mîmes toutes nos forces à la pousser assez avant sur le rivage, afin que la marée même ne pût la mettre à flot. Au milieu de cette occupation pénible, nous entendîmes un coup de canon, et nous vîmes en même temps sur le vaisseau le signal ordinaire pour faire venir la chaloupe à bord : mais ils avaient beau multiplier les signaux et redoubler leurs coups de canon, la chaloupe n'avait garde d'obéir.

Dans le même instant nous les vîmes, par le moyen de nos lunettes, mettre leur autre chaloupe en mer, et se diriger vers le rivage à force de rames ; quand ils furent à la portée de notre vue, nous aperçûmes distinctement qu'ils étaient au nombre de dix, et qu'ils avaient des armes à feu. Nous pûmes distinguer jusqu'aux traits de leur visage pendant assez longtemps, parce qu'ayant dérivé par la marée, ils furent obligés de suivre le rivage pour débarquer dans le même endroit où avait abordé la première chaloupe.

De cette manière, le capitaine pouvait les examiner à loisir ; il n'y manqua pas, et il me dit qu'il voyait parmi eux trois fort braves garçons, et qu'il était sûr que les autres les avaient entraînés par force dans la conspiration ; mais que pour le bosseman, qui commandait la chaloupe, et pour les autres, c'étaient les plus grands scélérats de tout l'équipage, qui n'auraient garde de se désister de leur entreprise, et qu'il craignait bien qu'ils ne fussent trop forts pour nous.

Je lui répondis, en souriant, que dans notre situation, nous devions être au-dessus de la peur. Ayez bon courage : je ne vois pour nous, dans toute cette affaire, qu'une seule circonstance embarrassante. — Laquelle donc ? me dit-il. — C'est, répondis-je, qu'il y a parmi cette petite troupe quelques honnêtes gens qu'il faut songer à conserver. S'ils étaient tous les plus grands scélérats de l'équipage, je croirais que la Providence les aurait séparés du reste pour les livrer entre nos mains ; car fiez-vous-en à moi, tout ce qui débarquera doit tomber en notre pouvoir, et nous serons maîtres de leur vie et de leur mort.

Ces paroles, prononcées d'une voix ferme et avec une contenance gaie, lui rendirent le courage, et il se mit à m'aider vigoureusement à faire nos préparatifs. A la première apparence de la chaloupe qui venait à nous, nous avions déjà songé à séparer nos prisonniers, et à les mettre en lieu sûr.

Il y en avait deux dont le capitaine était moins assuré que des autres ; je les avais fait conduire par Vendredi et par un compagnon du capitaine dans ma grotte, d'où ils n'avaient garde de se faire voir ou de se faire entendre, ni de trouver le chemin au travers des bois, quand même ils parviendraient à se débarrasser de leurs liens. Je leur avais donné quelques provisions, en les assurant que s'ils se tenaient en repos, je les remettrais dans quelques jours en pleine liberté ; mais que s'ils faisaient la moindre tentative pour se sauver, il n'y aurait point de quartier pour eux. Ils me promirent de souffrir leur prison patiemment, et ils me marquèrent une vive reconnaissance de la bonté que j'avais de leur donner des provisions et de la lumière, car Vendredi leur avait laissé quelques chandelles ; ils s'imaginaient qu'il devait rester en sentinelle devant la grotte.

Nos autres prisonniers se trouvaient plus heureux ; à la vérité, nous en avions garrotté deux qui étaient encore suspects : mais pour les deux autres, je les avais pris à mon service, à la recommandation du capitaine, et sur leur serment solennel de nous être fidèles jusqu'à la mort. De cette manière nous étions sept bien armés, et j'étais persuadé que nous étions en état de venir à bout de nos ennemis, et surtout à cause des honnêtes gens que le capitaine m'assurait avoir découverts parmi eux.

La première chose qu'ils firent fut de courir vers la chaloupe échouée, et nous nous aperçûmes aisément de leur surprise en la voyant percée par le fond, et dépouillée de ses agrès. Un moment après, ils poussèrent tous en même temps deux ou trois grands cris pour se faire entendre de leurs compagnons ; mais, voyant que c'était peine perdue, ils se mirent en cercle, et firent une décharge générale de leurs armes, dont le bruit fit retentir tout le bois : nous étions bien sûrs pourtant que les prisonniers de la grotte ne l'entendraient pas, et que ceux que nous gardions nous-mêmes n'avaient pas le courage d'y répondre.

Les rebelles, ne recevant pas le moindre signe de vie de la part de leurs compagnons, étaient dans une telle surprise, qu'ils prirent la résolution de retourner tous à bord du vaisseau, pour y raconter que l'esquif était coulé à fond, et que leurs camarades devaient être massacrés aussi les aperçûmes-nous lancer leur chaloupe en mer, et y entrer tous.

A peine avaient-ils quitté le rivage, que nous les vîmes revenir, après avoir délibéré apparemment sur quelques nouvelles mesures pour trouver leurs compagnons : il en resta trois dans la chaloupe, et les autres entrèrent dans le pays pour aller à la découverte.

Je considérais le parti qu'ils venaient de prendre comme un grand inconvénient pour nous ; en vain nous rendrions-nous maîtres des sept qui étaient à terre si la chaloupe nous échappait ; car ceux qui restaient dedans auraient regagné certainement leur navire, qui n'aurait pas manqué de faire voile, ce qui nous eût ôté toute possibilité de le recouvrer.

Cependant le mal était sans remède, d'autant plus que nous vîmes la barque s'éloigner du rivage, et jeter l'ancre à quelque distance de là. Tout ce qui nous restait à faire, c'était d'attendre l'événement.

Les sept qui étaient débarqués se tenaient serrés en marchant de front du côté de la colline sous laquelle était mon habitation, et nous pouvions les voir clairement sans être aperçus ; nous souhaitions bien qu'ils approchassent d'avantage, afin de faire feu sur eux, ou bien qu'ils s'éloignassent pour que nous pussions sortir de notre retraite sans être découverts

Quand ils furent au haut de la colline, d'où ils pouvaient découvrir une grande partie des bois et des vallées de l'île, surtout du côté du nord est, où le terrain est le plus bas, ils se mirent de nouveau à crier jusqu'à n'en pouvoir plus, et n'osant sans doute se hasarder à pénétrer dans le pays plus avant, ils s'assirent pour consulter ensemble. S'ils avaient trouvé bon de s'endormir, comme avait fait le premier parti que nous avions défait, ils nous auraient rendu un bon service ; mais ils étaient trop remplis de frayeur pour le risquer, quoique assurément ils n'eussent aucune idée du danger qui les menaçait.

Le capitaine, croyant deviner le sujet de leur délibération, et s'imaginant qu'ils allaient risquer une seconde décharge pour se faire entendre de leurs camarades, me proposa de tomber sur eux tous à la fois dès qu'ils auraient tiré, et de les forcer à se rendre sans répandre de sang. Je goûtai fort ce conseil, pourvu qu'il fût exécuté avec justesse, et que nous fussions assez près d'eux pour qu'ils n'eussent pas le temps de recharger leurs armes.

Mais ce dessein s'évanouit faute d'occasion, et nous fûmes fort longtemps à savoir quel parti prendre. Enfin, je dis qu'il n'y avait rien à faire avant la nuit, et que si alors ils n'étaient par rembarqués, nous pourrions trouver le moyen d'attirer à terre ceux qui étaient dans la chaloupe, et ensuite de les attaquer et de les vaincre.

Après avoir attendu longtemps le résultat de leur délibération, nous les vîmes, à notre grand regret, se lever et marcher vers la mer ; ils avaient apparemment une idée si affreuse des dangers qui les attendaient dans cet endroit, qu'ils étaient résolus, comptant leurs compagnons perdus sans ressource, de retourner à bord du vaisseau, et de poursuivre leur voyage.

Le capitaine, voyant qu'ils s'en retournaient sérieusement, en était au désespoir ; mais je m'avisai d'un stratagème pour les faire revenir sur leurs pas, et le succès répondit exactement à mes vues.

J'ordonnai au contre-maître et à Vendredi de passer la petite baie du côté de l'ouest, vers l'endroit où j'avais sauvé le dernier de la fureur de ses ennemis ; je leur recommandai qu'aussitôt qu'ils seraient parvenus à quelque colline, ils se missent à crier de toutes leurs forces ; qu'ils fussent assurés d'avoir été entendus par les matelots, et qu'ils poussassent un nouveau cri dès que les autres leur auraient répondu ; qu'ensuite, se tenant toujours hors de vue de ces gens, ils tournassent en cercle, en continuant de pousser des cris de chaque colline qu'ils rencontreraient, afin de les attirer par-là bien avant dans les bois, et qu'enfin ils revinssent à moi par les chemins que je leur indiquais.

Les rebelles mettaient le pied dans la chaloupe quand les nôtres poussèrent le premier cri. Ils l'entendirent d'abord, et courant vers le rivage du côté de l'ouest, d'où ils avaient entendu la voix, ils furent arrêtés par la baie, qu'il leur fut impossible de passer, à cause de la hauteur des eaux, ce qui les porta à y faire venir la chaloupe, comme je l'avais prévu.

Quand elle les eut mis de l'autre côté, j'observai qu'ils la faisaient monter plus haut dans la baie comme dans une bonne rade, et qu'un des matelots en sortait, n'y laissant que deux de ses compagnons, qui attachèrent la barque au tronc d'un arbre.

C'était justement ce que je souhaitais, et, laissant Vendredi et le contre-maître exécuter tranquillement mes ordres, je pris les autres avec moi, et, faisant un détour pour venir de l'autre côté de la baie, nous surprîmes ceux de la chaloupe à l'improviste. L'un y était resté ; nous trouvâmes l'autre couché sur le sable ; le capitaine, qui était le plus avancé, sauta sur lui, lui cassa la tête d'un coup de crosse, et cria ensuite à celui qui était dans l'esquif de se rendre, ou qu'il était mort. Il ne fallut pas beaucoup de peine pour l'y résoudre ; il se voyait arrêté par cinq hommes ; son camarade était assommé, et d'ailleurs c'était un de ceux dont le capitaine m'avait dit du bien, aussi ne se rendit-il pas seulement, mais encore il s'engagea avec nous, et nous servit très fidèlement.

Pendant ce temps, Vendredi et le contre-maître remplirent si bien leur mission, qu'en criant et en répondant aux cris des mutins, ils les menèrent de coline en colline, jusqu'à ce qu'ils fussent sur les dents. Ils ne les laissèrent en repos qu'après les avoir attirés assez avant dans les bois pour qu'ils ne pussent regagner leur chaloupe avant qu'il fît tout-à-fait obscur.

Ils étaient bien fatigués eux-mêmes, en revenant à moi : il est vrai qu'ils avaient du temps pour se reposer, puisque le plus sûr pour nous était d'attaquer les ennemis pendant l'obscurité.

Ceux-ci ne revinrent à leur chaloupe que quelques heures après le retour de Vendredi, et nous pouvions entendre distinctement les plus avancés crier aux autres de se presser ; et ces derniers répondaient qu'ils étaient à moitié morts de lassitude, nouvelle fort agréable pour nous.

Il n'est pas pas possible d'exprimer quel fut leur étonnement quand ils virent la marée écoulée, la chaloupe engagée dans le sable et sans garde.

Ils se mirent à crier de nouveau, appelèrent les deux camarades par leurs noms ; mais point de réponse. Nous les vîmes alors, par le peu de jour qui restait encore, courir çà et là, et se tordre les mains comme des gens désespérés. Tantôt ils entraient dans la chaloupe pour s'y reposer, tantôt ils en sortaient pour courir sur le rivage ; et ils continuèrent ce manége sans relâche pendant quelque temps.

Mes gens avaient grande envie de les attaquer tous ensemble ; mais mon dessein était de les prendre à mon avantage, afin d'en tuer le moins qu'il serait possible, et de ne pas hasarder la vie d'un seul d'entre nous. Je résolus donc d'attendre, dans l'espérance qu'ils se sépareraient ; et pour qu'ils ne s'échappassent point, je fis approcher d'avantage mon embuscade, et j'ordonnai à Vendredi et au capitaine de se traîner à quatre pieds, pour se placer aussi près d'eux qu'il serait possible sans se découvrir.

Ils n'avaient pas été longtemps dans cette position, quand le bosseman, chef principal de la mutinerie, et qui se montrait, dans son malheur, plus lâche et plus désespéré qu'aucun autre, tourna ses pas vers ce côté-là. Le capitaine était tellement animé contre ce scélérat, qu'il avait de la peine à le laisser approcher assez pour être sûr de ne pas le manquer ; il se retint pourtant ; mais après s'être donné encore un peu de patience, il se lève tout-à-coup et fait feu dessus.

Le bosseman fut tué sur la place, un autre blessé dans le ventre, mais il n'en mourut que deux heures après, et le troisième se sauva.

Au bruit de ces coups, j'avançai brusquement avec toute mon armée, qui consistait en huit hommes. J'étais moi-même généralissime ; Vendredi était mon lieutenant-général, et nous avions pour soldats le capitaine avec ses deux compagnons, et les trois prisonniers auxquels j'avais confié des armes.

La nuit était fort obscure, de manière qu'il leur fut impossible de connaître notre nombre ; en conséquence, j'ordonnai à celui que nous avions trouvé dans l'esquif et qui était alors un de mes soldats, de les appeler par leurs noms, pour savoir s'ils voulaient capituler ; ce qui me réussit, comme il est aisé de le croire.

Il se mit donc à crier : Thomas Smith ! Thomas Smith ! Celui-là répondit d'abord : Est-ce toi, Jackson ? car il le reconnut à la voix. — Oui, oui, repartit l'autre ; au nom de Dieu, Thomas, mettez bas les armes et rendez-vous, ou vous êtes morts.

— A qui faut-il nous rendre ? dit Smith : où sont-ils ? — Ils sont ici ? répondit Jackson, c'est notre capitaine avec cinquante hommes. Il vous a cherchés déjà pendant deux heures. Le bosseman est tué, Guillaume Frie est blessé dangereusement : je suis prisonnier de guerre, et si vous ne voulez pas vous rendre, vous êtes perdus.

— Y aura-t-il quartier, répliqua Smith, si nous mettons les armes bas ? — Je m'en vais le demander au capitaine, dit Jackson. Le capitaine se mit alors à parler lui-même à Smith. — Vous connaissez ma voix, lui cria-t-il ; si vous jetez vos armes, vous aurez tous la vie sauve, excepté Guillaume Atkins. — Capitaine, s'écria Atkins, donnez-moi quartier. Qu'ai-je fait plus que les autres ? Ils sont aussi coupables que moi. Il ne disait pas la vérité, car il avait été le premier à maltraiter le capitaine ; il lui avait lié les mains, en lui adressant les injures les plus outrageantes.

Le capitaine lui dit qu'il ne lui promettait rien, qu'il devait se rendre à discrétion, et avoir recours à la bonté du gouverneur. C'était moi qu'il désignait par ce beau titre.

Ils mirent les armes bas, demandant la vie. J'envoyai Vendredi et deux autres pour les lier tous ; ensuite ma grande armée prétendue de cinquante hommes, qui réellement n'était que de huit, s'avança et se saisit d'eux et de leur chaloupe. Pour moi, je me tins à l'écart avec un seul des miens, pour raison d'état.

Le capitaine eut le loisir de parler avec tous les prisonniers. Il leur reprocha fortement leur trahison, les autres mauvaises actions dont elle aurait été sans doute suivie, et qui sûrement les auraient entraînés dans les derniers malheurs, et enfin conduits à la potence.

Ils parurent tous fort repentants, et demandèrent la vie d'un air très soumis. Il leur répondit qu'ils n'étaient pas ses prisonniers, mais ceux du gouverneur de l'île. — Vous avez cru, continua-t-il, me reléguer dans une île déserte ; mais il a plu à Dieu de vous diriger d'une telle manière, que cet endroit se trouve habité et même gouverné par un Anglais. Ce gouverneur est le maître de vous perdre tous, mais, vous ayant donné quartier, il pourrait bien vous envoyer en Angleterre pour être livrés entre les mains de la justice, excepté Atkins, à qui j'ai ordre de dire, de sa part, de se préparer à la mort, car il doit être pendu demain matin.

Cette fiction produisit tout l'effet imaginable : Atkins se jeta à genoux, afin de prier le capitaine d'intercéder pour lui auprès du gouverneur, et les autres le conjurèrent de faire en sorte qu'ils ne fussent pas envoyés en Angleterre.

Comme je m'étais mis dans l'esprit que le temps de ma délivrance allait venir, je me persuadai que tous ces matelots pourraient être portés aisément à s'employer de tout leur cœur pour recouvrer le vaisseau. Pour les tromper davantage, je m'éloignai d'eux, afin de ne leur pas faire voir quel personnage ils avaient pour gouverneur. J'ordonnai alors qu'on fît venir le capitaine, et là-dessus un de mes gens, qui était à quelque distance de moi, se mit à crier : Capitaine, le gouverneur veut vous parler. — Dites à son excellence, répondit d'abord le capitaine, que je vais à elle dans le moment. Ils donnèrent dans le piège à merveille, et ne doutèrent pas un moment que le gouverneur ne fût près de là avec ses cinquante soldats.

Quand le capitaine fut venu, je lui communiquai le dessein que j'avais formé de nous emparer du vaisseau. Il l'approuva fort, et résolut de le mettre à exécution le lendemain. Pour nous y prendre d'une manière plus sûre, je crus qu'il fallait séparer nos prisonniers, et j'ordonnai au capitaine et à ses deux compagnons de saisir Atkins avec deux autres des plus criminels de la troupe, pour les mener dans la grotte où il y en avait déjà deux autres, qui certainement n'était pas un lieu fort agréable, surtout pour des gens effrayés.

J'envoyai le reste à ma maison de campagne, qui était entourée d'un enclos ; et, comme ils étaient garrottés et que leur sort dépendait de leur conduite, je pouvais être sûr qu'ils ne m'échapperaient pas.

Ce fut à ceux-là que j'envoyai le lendemain le capitaine, pour tâcher d'approfondir leurs sentiments, et pour voir s'il était de la prudence de les employer dans l'exécution de notre projet. Il leur parla et de leur mauvaise conduite, et du triste sort où elle les avait réduits ; il leur répéta que, quoique le gouverneur leur eût donné quartier, ils ne laisseraient certainement pas d'être pendus, si on les envoyait en Angleterre. Cependant, ajouta-t-il, si vous voulez me promettre de m'aider fidèlement dans une entreprise aussi juste que celle de m'emparer de mon vaisseau, le gouverneur s'engagera formellement à obtenir votre pardon.

On peut juger quel effet une pareille proposition devait produire sur ces malheureux. Ils se mirent à genoux devant le capitaine, et lui promirent, avec les plus horribles imprécations, qu'ils lui seraient fidèles jusqu'à la dernière goutte de leur sang, qu'ils le suivraient partout où il voudrait les mener, et qu'ils le considèreraient toujours comme leur père, puisqu'ils lui seraient redevables de la vie.

— Eh bien ! dit le capitaine, je m'en vais communiquer vos promesses au gouverneur, et je ferai tous mes efforts pour vous le rendre favorable. Il me vint rapporter leur réponse, en ajoutant qu'il ne doutait pas de leur sincérité.

Cependant, afin de ne rien négliger pour notre sûreté, je le priai de retourner, et de leur dire qu'il consentait à en choisir cinq d'entre eux pour les employer dans son entreprise, mais que le gouverneur garderait comme otage les deux autres, avec les trois prisonniers qu'il avait dans son château, et qu'il ferait pendre sur le bord de la mer ces cinq otages, si leurs camarades étaient assez perfides pour manquer à leurs serments.

Il y avait là un air de sévérité qui faisait voir que le gouverneur ne plaisantait pas. Les cinq dont il s'agissait acceptèrent ce parti avec joie, et c'était autant l'intérêt des otages que du capitaine de les exhorter à faire leur devoir.

Tel était l'état des forces que nous avions alors : 1° le capitaine, son contre-maître et son passager ; 2° deux prisonniers faits dans la première rencontre, auxquels, à la recommandation du capitaine, j'avais donné la liberté et mis les armes à la main ; 3° les deux que j'avais tenus jusqu'alors garrottés dans ma maison de campagne, mais que je venais de relâcher à la prière du capitaine ; 4° les cinq que j'avais mis en liberté les derniers. Selon ce calcul, ils étaient douze en tout, outre les cinq otages.

C'était là tout ce que le capitaine pouvait employer pour se rendre maître du vaisseau ; car, pour Vendredi et moi, nous ne pouvions abandonner l'île où nous avions sept prisonniers que nous devions tenir séparés et pourvoir de vivres.

Quant aux cinq otages qui étaient dans la grotte, je trouvai bon de les tenir garrottés ; mais Vendredi avait ordre de leur apporter à manger deux fois par jour. Pour les deux autres, je les employai à porter les provisions à une certaine distance où Vendredi devait les recevoir d'eux.

La première fois que je m'étais montré à ces derniers, c'était en compagnie du capitaine, qui leur dit que j'étais l'homme que le gouverneur avait destiné pour avoir l'œil sur leur conduite, avec ordre à eux de n'aller nulle part sans ma permission, sous peine d'être menés dans le château et mis aux fers.

Comme ils ne me connaissaient pas en qualité de gouverneur, je pouvais jouer un autre personnage devant eux, ce que je fis à merveille, en parlant toujours avec beaucoup d'ostentation du château, du gouverneur et de la garnison.

La seule chose qui restait encore à faire au capitaine pour se mettre en état d'exécuter son dessein, c'était de gréer les deux chaloupes et de les équiper. Dans l'une il mit son passager pour capitaine avec quatre hommes. Il monta lui-même dans l'autre avec son contre-maître et cinq autres matelots, et il conduisit parfaitement son entreprise.

Il était environ minuit quand il découvrit le vaisseau, et dès qu'il l'aperçut à la portée de la voix, il ordonna à Jackson de crier, et de dire à l'équipage qu'ils amenaient la première chaloupe avec les matelots; mais qu'ils avaient été longtemps avant que de les trouver. Jackson amusa les mutins de ces discours et d'autres semblables jusqu'à ce que l'esquif fût sous le navire. Le capitaine et le contre-maître y montèrent les premiers avec leurs armes; ils assommèrent d'abord à coups de crosse le second maître et le charpentier; et fidèlement secondés par les autres, ils se rendirent maîtres de tout ce qu'ils trouvèrent sur les ponts. Ils étaient déjà occupés à fermer les écoutilles, afin d'empêcher ceux d'en bas de venir au secours de leurs camarades, lorsque les gens de la seconde chaloupe montèrent du côté de la proue, nettoyèrent tout le château d'avant, et s'emparèrent de l'écoutille qui menait à la chambre du cuisinier, où ils firent prisonniers trois des mutins.

Ainsi maître de tout le tillac, le capitaine commanda au contre-maître de prendre trois hommes avec lui et de forcer la chambre où était le nouveau commandant. Celui-ci ayant pris l'alarme, s'était levé, et, assisté de trois matelots, s'était saisi d'armes à feu. Dès que le contre-maître eut ouvert la porte par le moyen d'un levier, ces quatre rebelles firent feu sur lui et ses compagnons sans en tuer un seul, mais ils en blessèrent deux légèrement, et cassèrent un bras au contre-maître, qui ne laissa pas, tout blessé qu'il était, de brûler la cervelle au nouveau capitaine d'un coup de pistolet. La balle lui entra dans la bouche, et sortit derrière l'oreille; ses compagnons le voyant mort, prirent le parti de se rendre. Le combat finit, et le capitaine recouvra son vaisseau, sans être obligé de répandre plus de sang.

Il m'instruisit d'abord du succès de son entreprise, en faisant tirer sept coups de canon, ce qui était le signal dont nous étions convenus ensemble. On peut juger si j'étais charmé de les entendre, puisque je m'étais tenu sur le rivage depuis le départ des chaloupes jusqu'à deux heures après minuit. Je considérai alors ma délivrance comme assurée.

Après des félicitations mutuelles, le capitaine me dit qu'il avait apporté quelques rafraîchissements, tels qu'un vaisseau en pouvait fournir, et surtout un vaisseau qui venait d'être pillé par des mutins. Là-dessus, il cria aux gens de sa chaloupe de mettre à terre les présents destinés pour le gouverneur.

Je les fis porter dans ma demeure, et je me mis à délibérer avec le capitaine sur ce que nous devions faire de nos prisonniers: la chose en valait la peine, surtout à l'égard des deux chefs des mutins, dont nous connaissions la méchanceté incorrigible. Le capitaine m'assura que les bienfaits étaient aussi peu capables de les réduire que les punitions, et que, s'il s'en chargeait, ce ne serait que pour les conduire, les fers aux pieds, en Angleterre, ou à la première colonie anglaise, afin de les mettre entre les mains de la justice. Comme je voyais le capitaine assez humain pour ne prendre ce parti qu'à regret, je lui dis que je savais un moyen de porter ces deux scélérats à lui demander comme une grâce la permission de demeurer dans l'île, et il y consentit de tout son cœur.

J'envoyai là-dessus Vendredi et deux des otages que je venais de mettre en liberté, parce que leurs compagnons avaient fait leur devoir ; je les envoyai, dis-je, à la grotte, pour amener les cinq matelots garrottés à ma maison de campagne, et pour les y garder jusqu'à mon arrivée.

J'y vins quelque temps après, paré de mon habit neuf, en compagnie de mon capitaine ; et c'est alors qu'on me traita de gouverneur ouvertement. Je me fis d'abord amener les prisonniers, et je leur dis avec un air de sévérité que j'étais parfaitement instruit de leur conspiration contre le capitaine, et des mesures qu'ils avaient prises ensemble pour commettre des pirateries avec le vaisseau dont ils s'étaient emparés ; mais que, par bonheur, ils étaient tombés eux-mêmes dans l'abîme qu'ils avaient creusé pour les autres, puisque le vaisseau venait d'être recouvré par ma direction, et qu'ils verraient dans le moment leur prétendu capitaine, pour prix de sa trahison, pendu à la grande vergue ; que, quant à eux, je voudrais bien savoir quelles raisons assez fortes ils avaient à m'alléguer pour m'empêcher de les punir, comme j'étais en droit de le faire, en qualité de pirates pris sur le fait.

Un d'eux me répondit qu'ils n'avaient rien à dire en leur faveur, sinon que le capitaine, en les prenant, leur avait promis la vie, et qu'ils demandaient grâce. Je leur repartis que je ne savais pas trop bien quelle grâce j'étais en état de leur faire, puisque j'allais quitter l'île, et m'embarquer pour l'Angleterre, et qu'à l'égard du capitaine, il ne pouvait les emmener que garrottés, et dans le dessein de les livrer à la justice comme mutins et comme pirates, ce qui les conduirait tout droit à la potence ; qu'ainsi je ne trouvais pas de meilleur parti pour eux que de rester dans l'île, que j'avais permission d'abandonner avec tous mes gens, et que j'étais assez porté à leur pardonner s'ils voulaient se contenter du sort qu'ils pouvaient s'y ménager.

Ils parurent recevoir ma proposition avec reconnaissance, en me disant qu'ils préféraient infiniment ce séjour à la destinée qui les attendait en Angleterre. Mais le capitaine fit semblant de ne la point approuver, et de ne pas oser y consentir : alors j'affectai de lui dire d'un air piqué qu'ils étaient mes prisonniers, et non les siens ; que, leur ayant offert leur grâce, je n'étais pas homme à leur manquer de parole, et que, s'il y trouvait à redire, je les remettrais en liberté comme je les avais trouvés, permis à lui de courir après eux, et de les attraper s'il pouvait.

Je le fis comme je l'avais dit, et, leur ayant ôté les liens, je leur dis de gagner les bois, et leur promis de leur laisser des armes à feu, des munitions, et les instructions nécessaires pour vivre à leur aise s'ils voulaient les suivre. Ensuite je communiquai au capitaine mon dessein de rester encore cette nuit dans l'île, afin de préparer tout pour mon voyage, et je le priai de retourner cependant au vaisseau pour y tenir tout en ordre et d'envoyer le lendemain sa chaloupe. Je l'avertis aussi de ne pas manquer de faire pendre à la vergue le nouveau capitaine qui avait été tué, afin que nos prisonniers pussent l'y voir.

Dès que le capitaine fut parti, je les fis venir à mon habitation, et j'entrai dans une conversation très sérieuse touchant leur situation. Je les louai du parti qu'ils avaient pris, puisque le capitaine, s'il les avait amenés à bord du vaisseau, les aurait fait pendre certainement aussi bien que leur chef, que je leur montrai attaché à la grande vergue.

Quand je les vis déterminés à rester dans l'île, je leur donnai tous les détails nécessaires sur la manière de faire du pain, d'ensemencer les terres et de sécher les raisins ; en un mot, je les instruisis de tout ce qui pouvait rendre leur vie agréable et commode. Je leur parlai encore des seize Espagnols qu'ils devaient attendre, et pour lesquels je leur laissai une lettre, en leur faisant promettre de vivre avec eux en bonne amitié.

Je leur laissai mes armes, savoir : mes mousquets, trois fusils de chasse et trois sabres ; de plus, je possédais encore un baril et demi de poudre ; car j'en avais consommé fort peu. Je leur enseignai aussi la manière d'élever les chèvres, de les traire, de les engraisser, et de faire du beurre et du fromage. De plus, je leur promis de faire en sorte que le capitaine leur laissât une plus grande provision de poudre et quelques graines potagères, dont j'aurais été ravi d'être fourni moi-même quand j'étais dans leur cas. Je leur fis encore présent d'un sac plein de pois que le capitaine m'avait donné, et leur expliquai jusqu'à quel point ils se multiplieraient s'ils avaient soin de les semer.

Le jour d'après, je les quittai, et je m'embarquai ; mais nous ne pûmes faire voile ce jour-là ni la nuit suivante. Il était environ cinq heures du matin quand nous vîmes deux de ceux que nous avions laissés dans l'île, venant à la nage, et priant, au nom de Dieu, qu'on leur permît d'entrer dans le vaisseau, quand ils devraient être pendus un quart d'heure après, puisque certainement les trois autres scélérats les massacreraient s'ils restaient parmi eux.

Le capitaine fit quelques difficultés de les recevoir, sous prétexte qu'il n'en avait pas le pouvoir sans moi ; mais il se laissa gagner à la fin par les belles promesses qu'ils lui firent de se bien conduire ; et effectivement ils devinrent de fort braves garçons.

Quelque temps après, la chaloupe fut envoyée à terre avec les provisions que le capitaine avait promises aux exilés, et auxquelles il avait fait ajouter en ma faveur leurs coffres et leurs habits, qu'ils reçurent avec beaucoup de gratitude.

En disant adieu à mon île, je pris avec moi mon grand bonnet de peau de chèvre, mon parasol et mon perroquet; je n'oubliai pas non plus l'argent dont j'ai fait mention, et qui était resté enfoui si longtemps qu'il était tout rouillé, sans pouvoir être reconnu pour ce que c'était avant d'avoir été frotté : je n'y laissai pas non plus la petite somme que j'avais tirée du vaisseau espagnol naufragé.

C'est ainsi que j'abandonnai mon île, le 19 décembre de l'an 1686, selon le calcul du vaisseau, après un séjour de vingt-huit ans deux mois et dix-neuf jours, délivré de cette triste vie le même jour que je m'étais échappé autrefois de la captivité des Maures de Salé. Mon voyage fut heureux ; j'arrivai en Angleterre le 11 juin de l'an 1687, après avoir été hors de ma patrie trente-cinq ans.

Quand j'arrivai dans mon pays natal, je m'y trouvai aussi étranger que si jamais je n'y eusse mis les pieds. Ma fidèle gouvernante, à qui j'avais confié mon petit trésor, vivait encore; mais elle avait éprouvé de grands malheurs, et elle était devenue veuve pour la seconde fois. Je la soulageai beaucoup, par rapport à l'inquiétude qu'elle avait sur ce dont elle m'était redevable ; et non-seulement je lui protestai que je ne l'inquiéterais pas, mais encore, pour la récompenser de sa fidélité dans l'administration de mes affaires, je lui fis autant de bien que ma situation pouvait me le permettre.

J'allai ensuite dans la province d'Yorck ; mais mon père et ma mère étaient morts, et ma famille éteinte, excepté deux sœurs et deux enfants d'un de mes frères, et comme depuis longtemps je passais pour défunt, on m'avait oublié dans le partage des biens, de manière que je n'avais d'autre ressource que mon petit trésor, qui ne suffisait pas pour me procurer un établissement.

A la vérité, je reçus un bienfait auquel je ne m'attendais pas. Le capitaine que j'avais si heureusement sauvé avec son vaisseau et sa cargaison, ayant donné aux propriétaires une information favorable de ma conduite à cet égard, ils me firent venir, m'honorèrent d'un compliment fort gracieux, et d'un présent d'à peu près deux cents livres sterling.

Cependant, en faisant réflexion sur les différentes circonstances de ma vie, et sur le peu de moyens que j'avais de m'établir dans le monde, je résolus de m'en aller à Lisbonne, pour voir si je ne pourrais pas m'y informer au juste de l'état de ma plantation dans le Brésil, et de ce que pouvait être devenu mon associé, qui sans doute devait me compter au nombre des morts.

Dans cette vue, je m'embarquai pour Lisbonne, et j'y arrivai au mois de septembre suivant avec Vendredi, qui m'accompagnait dans toutes mes courses, et qui me donnait de plus en plus des marques de son attachement et de sa probité.

Arrivé dans cette ville, je trouvai, après plusieurs perquisitions, à mon grand contentement, le vieux capitaine qui me reçut dans son vaisseau en pleine mer quand je me sauvai des côtes de Barbarie.

Il était fort vieilli, et il avait abandonné son état après avoir mis à sa place son fils, qui, dès sa première jeunesse, l'avait accompagné dans ses voyages et qui continuait pour lui son négoce du Brésil. Je le reconnus à peine, et il fit de même à mon égard ; mais, en lui disant qui j'étais, une reconnaissance mutuelle eut bientôt lieu.

Après avoir renouvelé cette vieille connaissance, on peut croire que je m'informai de ma plantation et de mon associé. Le bonhomme me dit que depuis neuf ans il n'avait point été dans le Brésil, qu'il pouvait m'assurer néanmoins qu'à son dernier voyage mon associé était encore vivant, mais que les facteurs que j'avais joints à lui dans l'administration de mes affaires étaient morts, qu'il croyait pourtant que je pourrais avoir des renseignements fort justes sur mes affaires, puisque, la nouvelle de ma mort s'étant répandue partout, mes facteurs avaient été obligés de donner le compte des revenus de ma portion au procureur fiscal, qui se l'était appropriée, en cas que je ne revinsse jamais pour la réclamer ; qu'il en avait assigné un tiers au roi, et deux tiers au monastère de Saint-Augustin, pour être employés au soulagement des pauvres et à la conversion des Indiens à la foi catholique ; que cependant, si mon bien était réclamé par moi-même, ou quelqu'un de ma part, il ne manquerait pas d'être remis à son propriétaire, excepté seulement les revenus, qui seraient réellement employés pour des usages charitables.

Il m'assura en même temps que l'intendant des revenus du roi, par rapport aux biens immeubles, et celui du monastère, avaient eu grand soin de tirer de mon associé, tous les ans, un compte fidèle du revenu total, dont ils recevaient toujours la juste moitié.

Je lui demandai s'il croyait que ma plantation se fût assez accrue pour valoir la peine d'y jeter les yeux, et si je ne trouverais point de difficulté pour me remettre en possession de la juste moitié.

Il me répondit qu'il ne pouvait me dire exactement jusqu'à quel point ma plantation s'était augmentée ; ce qu'il savait, c'est que mon associé était devenu extrêmement riche, en jouissant de sa moitié, et que le tiers de ma portion, qui avait été au roi, et ensuite donné à quelque autre monastère, allait au-delà de deux cents moidores, qu'au reste, il n'y avait point de doute qu'on ne me remît en possession de mon bien ; que mon associé vivant encore, pouvait certifier mes droits, et que mon nom était placé sur la liste de ceux qui avaient des plantations dans ce pays. Il m'assura de plus que les successeurs de mes facteurs étaient de fort honnêtes gens et très à leur aise, lesquels non-seulement pouvaient m'aider à rentrer dans la possession de mes terres, mais devaient encore avoir en main, pour mon compte, une bonne somme amassée du revenu de ma plantation pendant que leurs pères en avaient soin, et avant que, faute par moi de comparaître, le roi et le monastère dont j'ai parlé se fussent approprié ledit tiers ; ce qui était arrivé il y avait environ douze ans.

A ce récit, je parus un peu mortifié, et je demandai à mon vieil ami comment il était possible que mes facteurs eussent ainsi disposé de mes effets, tandis qu'ils savaient que j'avais fait un testament en sa faveur, où je l'instituais mon héritier universel.

Il me dit que rien n'était plus vrai, mais que n'ayant point de preuve de ma mort, il n'avait pas été en état d'agir en qualité d'exécuteur testamentaire, et que d'ailleurs il n'avait pas trouvé à propos de se mêler d'une affaire si embarrassée ; que cependant il avait fait enregistrer ce testament, et qu'il s'en était mis en possession ; que s'il avait pu donner quelque assurance de ma mort ou de ma vie, il aurait agi pour moi comme par procuration, et se serait emparé de la fabrique de sucre ; et que même il avait donné ordre à son fils de le faire en son nom.

Mais, ajouta le bon vieillard, j'ai une autre nouvelle à vous donner qui ne vous sera peut-être pas si agréable : c'est que, tout le monde vous croyant mort, votre associé et vos facteurs m'ont offert de s'accommoder avec moi par rapport au revenu des sept ou huit premières années, lequel j'ai effectivement reçu. Cependant, continua-t-il, ces revenus n'ont pas été grand'chose, à cause des grands déboursés qu'il a fallu faire pour augmenter la plantation, bâtir la fabrique et acheter des esclaves. Je vous rendrai néanmoins un compte fidèle de tout ce que j'ai reçu, et de l'usage que j'en ai fait.

Cet honnête vieillard se mit alors à se plaindre de ses désastres, qui l'avaient obligé à se servir de mon argent pour acquérir quelque portion dans un autre vaisseau. Cependant, mon cher ami, continua-t-il, vous ne manquerez pas de ressources dans votre nécessité et vous serez pleinement satisfait dès que mon fils sera de retour.

Là-dessus il tira un vieux sac de cuir et me donna soixante moidores, avec le titre, qu'il avait par écrit, de son droit dans le chargement du vaisseau que son fils avait conduit du Brésil, et où il avait un quart, et son fils un autre. Il me remit tous ces papiers pour ma sûreté.

J'étais extrêmement touché de la probité du pauvre vieillard, et, me ressouvenant de tout ce qu'il avait fait pour moi, en me prenant à bord de son vaisseau, et des marques de sa générosité, dont je venais de recevoir encore des preuves nouvelles, j'avais de la peine à retenir mes larmes ; je lui demandai donc d'abord s'il était dans une situation à se passer de la somme qu'il me restituait, et si ce remboursement ne le gênait pas. Il me répondit qu'en effet il en serait un peu incommodé ; mais que dans le fond c'était mon argent, et que peut-être j'en avais plus grand besoin que lui.

Tout ce que me disait cet honnête homme était si plein de bonté et de délicatesse, que je ne pouvais m'empêcher de m'attendrir. Je pris cent moidores, je lui en fis ma quittance en lui rendant le reste, et en l'assurant que si jamais je rentrais en possession de mon bien, je lui remettrais le tout, comme je le fis aussi dans la suite ; que pour le certificat qu'il voulait me donner de sa portion et de celle de son fils dans le vaisseau, j'étais fort éloigné de vouloir le prendre, sachant que si j'étais dans le besoin, il serait assez honnête homme pour me payer ; que si je n'en avais pas besoin, et si je parvenais à mon but dans le Brésil, je ne lui demanderais pas un sou.

Lorsqu'il me vit décidé à passer moi-même dans le Brésil, il ne me désapprouva pas ; mais il me dit qu'il y avait d'autres moyens pour faire valoir mes droits, et comme il se trouvait des vaisseaux prêts à partir pour le Brésil, dans la rivière de Lisbonne, il me fit mettre mon nom dans un registre public, avec une disposition de sa part, dans laquelle il déclarait sous serment que j'étais la même personne qui avait entrepris et commencé la plantation dont il s'agissait. Il me conseilla d'envoyer cette disposition faite dans les formes, avec un procuration, à un marchand de sa connaissance qui était sur les lieux, et de rester avec lui jusqu'à ce qu'on m'eût rendu compte de l'état de mes affaires.

Ces mesures réussirent au-delà de mes espérances ; car, en sept mois de temps, il me vint de la part des héritiers de mes facteurs un grand paquet qui contenait les papiers suivants :

1° Un compte-courant du produit de ma plantation pendant six ans, depuis que leurs pères avaient fait leur balance avec le vieux capitaine. Par ledit compte il me revint une somme de 1174 moidores.

2° Un autre compte des dernières années, avant que le gouvernement se fût saisi de l'administration de mes effets, comme appartenant à une personne qui, n'ayant pas reparu, pouvait être considérée comme morte civilement. Le revenu de ma plantation s'était alors considérablement accru ; il me revenait, selon la balance de ce compte, la somme de 3241 moidores (Le moidore vaut 33 fr. 96 c.)

3° Un compte du prieur du monastère qui avait joui de mon revenu pendant plus de quatorze ans, et qui n'étant pas obligé de me restituer ce dont il avait disposé en faveur de l'hôpital, déclara avec beaucoup de probité qu'il avait encore entre les mains 872 moidores qu'il était prêt à me rendre, mais pour le tiers que le roi s'était approprié, je n'en tirai rien du tout.

Ce paquet contenait de plus une lettre de congratulation de mon associé, sur ce que j'existais encore, avec un détail de l'accroissement de ma plantation, de ses revenus annuels, du nombre d'acres de terre qui y étaient employés. Il me priait en même temps, d'une manière fort affectueuse, de venir moi-même prendre possession de mes effets, ou du moins de l'informer à qui je souhaitais qu'il les remît.

Cette lettre, qui finissait par des protestations pathétiques de son amitié et de celle de toute sa famille, était accompagnée d'un fort beau présent qui consistait en six belles peaux de léopard, qu'il avait reçues apparemment d'Afrique par quelqu'un de ses vaisseaux dont le voyage avait été plus heureux que le mien, en six caisses d'excellentes confitures, et une centaine de pièces d'or non monnayées un peu plus petites que des moidores.

Je reçus dans le même temps, de la part des héritiers de mes facteurs, douze cents caisses de sucre, huit cents rouleaux de tabac, et le reste de ce qui me revenait en or.

J'aurais de la peine à exprimer les différentes pensées qui m'agitèrent en me voyant environné de tant de bien ; car j'étais tout d'un coup maître de 50,000 livres sterling en argent, et d'une propriété dans le Brésil de plus de 1,000 livres sterling de revenu dont j'étais aussi sûr qu'un Anglais peut l'être d'un bien qu'il possède dans sa propre patrie. En un mot, je me trouvais dans un tel bonheur, que j'avais de la peine à le comprendre moi-même, et je ne savais trop comment me conduire pour en jouir à mon aise

La première chose à laquelle je songeai, fut de récompenser mon bienfaiteur, le capitaine portugais, qui m'avait donné tant de marques de sa charité dans mes malheurs, et tant de preuves de sa probité dans ma bonne fortune.

Je lui montrai tout ce que je venais de recevoir, en l'assurant qu'après la Providence divine c'était lui que je considérais comme la source de toute ma richesse, et que j'étais charmé de pouvoir le récompenser au centuple de toutes les bontés qu'il avait eues pour moi. Je commençai d'abord par lui rendre les cent moidores qu'il m'avait donnés, et, ayant fait venir un notaire, je lui donnai un acquit dans les formes des quatre cent soixante-dix qu'il avait reconnu me devoir, ensuite je lui donnai une procuration pour le constituer receveur des revenus annuels de ma plantation, avec ordre à mon associé de les lui envoyer par les flottes ordinaires. Je m'engageai encore à lui faire présent de cent moidores par an pendant toute sa vie, et cinquante par an après sa mort pour son fils. C'est ainsi que je trouvai juste de témoigner à ce bon vieillard ma reconnaissance de tous les services qu'il m'avait rendus.

Il ne me restait plus qu'à délibérer sur ce que je ferais du bien dont la Providence m'avait rendu possesseur ; plusieurs mois s'écoulèrent pourtant avant que je prisse une résolution fixe à cet égard, et pendant ce temps, après avoir satisfait pleinement aux obligations que j'avais au vieux capitaine portugais, je pensai aussi à témoigner ma reconnaissance à la pauvre veuve, dont le mari était mon premier bienfaiteur, et qui elle-même avait été ma fidèle gouvernante et la sage directrice de mes affaires. Dans ce dessein, j'allai trouver un marchand de Lisbonne, à qui je donnai ordre d'écrire à son correspondant de Londres de chercher cette bonne femme, pour lui remettre de ma part cent livres sterling, et pour l'assurer que pendant ma vie elle ne manquerait jamais de rien. En même temps j'envoyai cent livres sterling à chacune de mes sœurs, qui vivaient à la campagne, et qui, bien qu'elles ne fussent pas dans une nécessité absolue, étaient bien éloignées d'être à leur aise, l'une étant veuve, et l'autre ayant un mari dont elle n'avait pas lieu d'être contente. Malheureusement, parmi tous mes parents et toutes mes connaissances, je ne trouvai personne à qui je pusse confier le gros de mes affaires de manière à être tranquille avant de passer dans le Brésil, ce qui me donna bien de l'inquiétude.

J'avais assez d'envie quelquefois de m'établir entièrement dans cette province, où j'étais comme naturalisé, mais j'étais retenu par quelques scrupules de conscience. Il est bien vrai qu'autrefois j'avais eu assez peu de délicatesse pour professer extérieurement la religion dominante du pays, parce que je ne voyais pas alors qu'il y eût là un si grand crime ; en y pensant plus mûrement, je jugeai qu'il n'était pas sûr pour moi de mourir dans une pareille dissimulation, et je me repentis d'en avoir jamais été capable.

Cependant ce n'était pas là le plus grand obstacle qui s'opposait à mon voyage, mais bien la difficulté que je trouvais à disposer de mes effets d'une manière sûre. Je me déterminai donc à retourner en Angleterre avec mon argent, dans l'espérance d'y retrouver une personne digne de toute ma confiance, et j'exécutai ce dessein peu de temps après.

Avant de partir, la flotte du Brésil étant prête à faire voile, je fis les réponses convenables aux lettres obligeantes que j'avais reçues de ce pays. J'écrivis au prieur une lettre de reconnaissance pour le remercier de l'intégrité qu'il avait mise dans sa conduite envers moi, et pour lui faire présent des 870 moidores qu'il avait à moi, avec prière d'en donner 500 au monastère et d'en distribuer 370 aux pauvres, selon qu'il trouverait bon.

J'écrivis une lettre semblable à mes facteurs, sans l'accompagner d'aucun présent, sachant bien qu'ils n'avaient pas besoin des effets de ma libéralité. On peut bien croire que je n'oubliai pas non plus de remercier mon associé de ses soins pour l'accroissement de notre plantation, et de lui donner mes instructions sur la manière dont je souhaitais qu'il dirigeât mes affaires. Je le priai d'envoyer régulièrement les revenus de ma moitié au vieux capitaine, et je l'assurai que j'irais le voir, j'ajoutai à ces promesses un joli présent de quelques pièces d'étoffe de soie d'Italie, de deux pièces de drap d'Angleterre, de cinq pièces de baie noire, et de quelques pièces de ruban de Flandre d'un assez grand prix.

Ayant ainsi mis ordre à mes affaires, vendu ma cargaison, et réduit toutes mes marchandises en argent, je ne trouvai plus rien d'embarrassant que le choix de la route que je devais prendre pour passer en Angleterre. J'étais fort accoutumé à la mer, et cependant je me sentais une aversion extraordinaire pour m'y hasarder, et quoique je fusse incapable d'en alléguer la moindre raison, cette aversion redoubla de jour en jour d'une telle force, que je fis remettre à terre jusqu'à deux ou trois fois mon bagage que j'avais fait embarquer.

J'avais essuyé assez de malheurs sur cet élément pour le craindre. Je fus bien inspiré dans cette circonstance, car les deux vaisseaux sur lesquels, à différents temps, j'avais voulu m'embarquer, furent très malheureux dans leur voyage : l'un fut pris par les Algériens, et l'autre fit naufrage près de Torbai, sans qu'il s'en sauvât plus de trois personnes : par conséquent, j'aurais été également à plaindre en m'embarquant dans l'un ou l'autre.

Mon vieil ami sachant l'embarras où je me trouvais par rapport à mon voyage, m'exhorta fort à ne point aller par mer; il me conseilla plutôt d'aller par terre jusqu'à la Corogne, et de passer à La Rochelle par le golfe de Biscaye, d'où il me serait aisé de continuer mon chemin par terre jusqu'à Paris, et de passer de là par Calais à Douvres : ou bien de me rendre à Madrid et de traverser toute la France par terre.

Mon aversion prodigieuse pour la mer me détermina donc à suivre ce dernier parti, qui me la faisait éviter partout, excepté le petit passage de Calais à Douvres. Je n'étais pas fort pressé, je craignais peu la dépense, la route était agréable ; et pour que je ne m'ennuyasse pas, mon vieux capitaine me procura la compagnie d'un Anglais, fils d'un marchand de Lisbonne, qui me fit trouver deux autres compagnons de voyage de la même nation, auxquels se joignirent encore deux Portugais qui devaient s'arrêter à Paris, de manière que nous étions six maîtres et cinq valets. Les deux marchands et les deux Portugais se contentaient de deux valets à eux quatre : mais pour moi, je trouvai bon de m'attacher un matelot anglais qui devait me tenir lieu de laquais pendant le voyage, parce que Vendredi n'était guère capable de me servir comme il fallait dans des pays dont il avait à peine une idée.

De cette manière nous quittâmes Lisbonne bien montés et bien armés, formant une petite troupe assez leste, qui me faisait l'honneur de m'appeler son capitaine, non-seulement à cause de mon âge, mais encore parce que j'avais deux valets, et que j'étais l'entrepreneur de tout le voyage.

Quand nous fûmes à Madrid, nous résolûmes de nous y arrêter quelque temps pour voir la cour et tout ce qu'il y a de plus remarquable ; mais comme l'automne approchait, nous nous hâtâmes de sortir de ce pays, et nous abandonnâmes Madrid environ au milieu d'octobre. En arrivant sur les frontières de la Navarre, nous fûmes fort alarmés en apprenant qu'une si grande quantité de neige y était tombée du côté de la France, que plusieurs voyageurs avaient été obligés de retourner à Pampelune après avoir tenté de passer les montagnes en s'exposant aux plus grands hasards.

Arrivés à Pampelune, nous trouvâmes que cette nouvelle n'était que trop fondée, et nous y sentîmes un froid insupportable, surtout pour moi, qui étais accoutumé à vivre dans des climats si chauds qu'à peine y peut-on souffrir des habits. J'y étais d'autant plus sensible, que dix jours auparavant nous étions passés par la Vieille-Castille dans un temps extrêmement chaud. On peut imaginer si c'était un grand plaisir pour moi d'être exposé aux vents qui venaient des Pyrénées, et qui nous causaient un froid assez rude pour engourdir nos oreilles, et pour nous les faire perdre.

Le pauvre Vendredi était le plus malheureux de nous tous, car il voyait pour la première fois de sa vie des montagnes couvertes de neige et il sentait le froid, choses inconnues pour lui jusqu'alors.

La neige cependant continua toujours à tomber avec violence et pendant si longtemps, que l'hiver ayant été précoce, les passages, qui jusqu'alors avaient été difficiles, devinrent absolument impraticables. La neige était d'une hauteur prodigieuse, et, n'ayant point acquis de la fermeté par une forte gelée, comme dans les pays septentrionaux, elle faisait courir risque aux voyageurs d'y être enterrés tout vifs à chaque pas.

Nous nous arrêtâmes plusieurs jours à Pampelune ; mais persuadés que l'approche de l'hiver ne mettait pas nos affaires en meilleur état (aussi était-ce, par toute l'Europe, l'hiver le plus cruel qu'il y ait eu de mémoire d'homme), je proposai à mes compagnons d'aller à Fontarabie, et de passer de là par mer à Bordeaux, ce qui n'était qu'un très petit voyage.

Pendant que nous étions à en délibérer, nous vîmes entrer dans notre auberge quatre gentilshommes français. Ayant été arrêtés du côté de la France, comme nous du côté de l'Espagne, ils avaient eu le bonheur de trouver un guide qui traversant le pays du côté du Languedoc, leur avait fait passer les montagnes par des chemins où il y avait peu de neige, et où du moins elle était assez endurcie par le froid pour soutenir les hommes et les chevaux.

Nous fîmes chercher ce guide, qui nous assura qu'il nous mènerait par le même chemin sans avoir rien à craindre de la neige, mais que nous devions être assez bien armés pour pouvoir nous défendre contre les bêtes féroces, et surtout contre les loups, qui devenus enragés faute de nourriture, se faisaient voir par troupes au pied des montagnes. Nous lui dîmes que nous ne craignions rien de ces animaux, et nous nous déterminâmes à le suivre ; le même parti fut pris par douze cavaliers français avec leurs valets, qui avaient été contraints de revenir sur leurs pas

Nous sortîmes de Pampelune le 15 novembre, et nous fûmes d'abord bien surpris de voir notre guide, au lieu de nous mener en avant, nous faire retourner l'espace de vingt milles anglais, en parcourant le même chemin par lequel nous étions venus de Madrid ; mais ayant passé deux rivières, et traversé un climat fort chaud et fort agréable, où l'on ne découvrait pas la moindre neige, il tourna tout d'un coup du côté gauche et nous fit entrer dans les montagnes par un autre chemin. Nous y aperçûmes des précipices dont la vue faisait frissonner, mais il sut nous conduire par tant de traverses, qu'il nous fit passer les montagnes sans que nous en fussions instruits, et sans être fort incommodés de la neige, et tout d'un coup, il nous montra les agréables et fertiles provinces du Languedoc et de la Gascogne, qui frappaient nos yeux par une charmante verdure. Il est vrai que nous les voyions à une grande distance de nous, et qu'il fallait encore bien faire du chemin avant d'y entrer.

Vous fûmes pourtant bien mortifiés un jour en voyant tomber de la neige avec une telle abondance qu'il nous fut d'abord impossible d'avancer ; mais notre guide nous redonna du courage en nous assurant que toutes les difficultés de la route seraient bientôt surmontées. Nous trouvâmes effectivement que chaque jour nous descendions de plus en plus, et que nous avancions du côté du nord, ce qui nous donna une assez grande confiance en notre guide pour continuer hardiment notre voyage.

Nous avions encore à peu près deux heures de jour, quand, nous hâtant vers notre gîte, nous vîmes sortir d'un chemin creux, à côté d'un bois épais, trois loups monstrueux, suivis d'un ours. Comme notre guide nous avait assez devancés pour être hors de notre vue, deux de ces loups se jetèrent sur lui, et si nous eussions été seulement éloignés d'un demi-mille, il aurait été certainement dévoré avant que nous eussions été en état de lui donner du secours. L'un de ces animaux s'attacha au cheval, et l'autre attaqua l'homme avec tant de fureur, qu'il n'eut ni le temps ni la présence d'esprit de se saisir de ses armes à feu : il se contenta de pousser des cris épouvantables. Comme Vendredi était le plus avancé de nous tous, je lui dis d'aller voir à toute bride ce que c'était. Dès qu'il découvrit de loin ce dont il s'agissait, il se mit à crier de toutes ses forces : O maître ! maître ! mais il ne laissa pas de continuer son chemin tout droit vers le pauvre guide, et, en garçon plein de courage, il appuya son pistolet contre la tête du loup qui s'était attaché à l'homme, et le fit tomber à terre raide mort.

C'était un grand bonheur pour le guide que Vendredi, étant accoutumé dans sa patrie à toutes sortes de bêtes, ne les craignît guère, ce qui l'avait rendu assez hardi pour tirer son coup de près, au lieu que quelqu'un de nous, tirant de plus loin, aurait couru risque ou de manquer le loup ou de tuer l'homme.

Aussitôt que le loup qui avait attaqué le cheval vit son camarade à terre, il abandonna sa proie et s'enfuit. Il s'était heureusement attaché à la tête du cheval, où ses dents, rencontrant les bossettes de la bride, n'avaient pu porter des coups bien dangereux. Il n'en était pas ainsi de l'homme, qui avait reçu deux morsures cruelles, l'une dans le bras et l'autre au-dessus du genou, et qui avait été sur le point de tomber de son cheval dans le moment que Vendredi était venu si heureusement à son secours.

On croit facilement qu'au bruit du coup de pistolet de mon sauvage, nous doublâmes tous le pas autant qu'un chemin extrêmement escarpé pouvait nous le permettre.

A peine étions-nous débarrassés des arbres qui nous barraient la vue, que nous vîmes distinctement ce qui venait d'arriver, sans pourtant pouvoir distinguer d'abord quelle espèce d'animal venait de tuer Vendredi.

Mais voici un autre combat bien plus surprenant; il se donna entre mon sauvage et l'ours dont j'ai parlé, qui nous divertit beaucoup, quoique au commencement nous fussions fort alarmés. Il sera bon, pour l'intelligence de cette aventure, de la faire précéder d'une courte description du caractère de l'ours. On sait que cet animal, pesant et grossier, est tout-à-fait incapable d'arpenter comme le loup, qui est fort léger et très alerte; mais il a deux qualités essentielles qui font la règle générale de la plupart de ses actions : il ne considère pas l'homme comme sa proie, à moins qu'une faim excessive ne le fasse sortir de son naturel, et il ne l'attaque que quand il en est attaqué le premier. Si vous le rencontrez dans un bois, et que vous ne vous mêliez pas de ses affaires, il ne se mêlera pas des vôtres · mais ayez bien soin de le traiter avec beaucoup de politesse et de lui laisser le chemin libre, car c'est un cavalier fort pointilleux, qui ne voudrait point s'abaisser jusqu'à faire un seul pas hors de sa route, fût-ce pour un roi. S'il vous fait peur, le meilleur parti que vous puissiez prendre, c'est de détourner les yeux et de continuer votre chemin, car si vous vous arrêtez pour le regarder fixement, il pourrait bien s'en offenser. Si vous étiez assez hardi pour lui jeter quelque chose qui le touchât, ne fût-ce qu'une pierre grande comme le doigt, soyez sûr qu'il le prendrait pour un affront sanglant, et qu'il abandonnerait toutes ses autres affaires pour en tirer vengeance, car il est extrêmement délicat sur le point d'honneur : c'est là sa première qualité. Il en a encore une autre qui est tout aussi remarquable : c'est que, s'il vient à s'imaginer que vous l'avez offensé, il ne vous quittera ni jour ni nuit jusqu'à ce qu'il en ait satisfaction, et que l'affront soit lavé dans votre sang.

Je reviens au combat dont j'ai promis la relation. A peine Vendredi eut-il aidé notre guide à descendre de cheval, que nous vîmes l'ours sortir du bois, et je puis protester qu'on n'en a jamais vu d'une taille plus monstrueuse.

Nous fûmes tous effrayés à sa vue, excepté Vendredi, qui, marquant dans toute sa contenance beaucoup de joie et de courage, s'écria . *O maître, maître, vous donner congé, moi lui toucher dans la main, moi vous faire bon rire!* Que voulez-vous dire, grand fou que vous êtes? lui répondis-je : il vous mangera. *Lui manger moi! lui manger moi!* répondit-il · *moi manger lui, vous tous rester là, moi vous donner bon rire.* Aussitôt il saute à bas de son cheval, ôte ses bottes dans le moment, chausse une paire d'escarpins qu'il avait dans sa poche, donne son cheval à garder à mon laquais, se saisit d'un fusil, et se met à courir comme le vent.

L'ours cependant se promenait au petit pas sans songer à malice, jusqu'à ce que Vendredi s'en étant approché, commença à lier conversation avec lui, comme si l'animal était capable de l'entendre : *Ecoute donc*, lui cria-t-il, *moi te vouloir parler un peu*. Nous le suivions à quelque distance. Nous étions déjà descendus des montagnes du côté de la Gascogne, et nous nous trouvions dans une vaste plaine, où pourtant il y avait une assez grande quantité d'arbres répandus çà et là.

Vendredi étant pour ainsi dire sur les pas de l'ours, ramasse une grosse pierre, la jette à cet affreux animal, et l'attrape justement à la tête, sans néanmoins lui faire plus de mal que si le caillou avait donné contre une muraille. Aussi mon drôle n'avait d'autre but que de se faire suivre par l'ours et de nous donner bon rire, selon sa manière de s'exprimer ; l'ours, suivant sa louable coutume, ne manque pas d'aller droit à lui, en faisant des pas si terribles, que pour les suivre il aurait fallu mettre un cheval à un médiocre galop.

Il n'avait garde cependant d'attraper Vendredi, que je vis, à mon grand étonnement, prendre sa course de notre côté, comme s'il avait besoin de notre secours, et nous nous apprêtâmes à faire feu sur la bête tous en même temps, pour le délivrer de ses griffes : j'étais pourtant dans une grande colère contre lui pour avoir attiré l'ours sur nous, lorsqu'il ne songeait qu'à aller droit son chemin. Cela s'appelle-t-il nous faire rire ? maraud, lui dis-je, viens vite, et prends ton cheval, afin que nous puissions tuer ce diable d'animal que tu as mis à notre poursuite. *Point, point*, répondit-il tout en courant, *non tirer, vous point remuer, vous avoir grand rire*. Il courait deux fois plus vite que l'ours ; il y avait encore un assez grand espace entre l'un et l'autre, lorsqu'il prend tout d'un coup à côté de nous, où il voyait un grand chêne très propre à l'exécution de son projet, et nous faisant signe de le suivre, il met bas son fusil à quelques pas de l'arbre, et il y grimpe avec une adresse étonnante.

Nous suivions cependant à quelque distance l'ours irrité, qui prenait le même chemin ; étant proche de l'arbre, il s'arrête auprès du fusil, le flaire, et le laissant là, il se met à grimper contre le tronc de l'arbre, à la manière des chats, quoiqu'il fût d'une pesanteur extraordinaire.

J'étais surpris de la folie de mon valet, et jusque-là je ne voyais pas le mot pour rire dans toute cette affaire. L'ours avait déjà gagné les branches de l'arbre, et il avait fait la moitié du chemin, depuis le tronc jusqu'à l'endroit où Vendredi s'était mis sur la faible extrémité d'une grosse branche. Dès que l'animal eut posé les pattes sur la même branche, et qu'il se fut mis en devoir d'aller jusqu'à mon valet, il nous cria qu'il allait apprendre à danser à l'ours, et en même temps il se met à sauter sur la branche et à remuer de toutes ses forces ; il fit ainsi chanceler l'ours, qui regardait déjà en arrière pour voir de quelle manière il se tirerait de là, ce qui nous fit rire effectivement de tout notre cœur. Mais la farce n'était pas encore jouée jusqu'au bout. Quand Vendredi vit l'animal s'arrêter, il lui parla de nouveau, comme s'il eût été sûr de lui faire entendre son mauvais anglais. *Quoi!* lui dit-il, *toi ne pas venir plus loin, toi prié encore un peu venir.* En même temps il cesse de remuer la branche, et l'ours, comme s'il était sensible à son invitation, fait effectivement quelques pas en avant, et aussi souvent qu'il plaisait à mon drôle de remuer la branche, l'ours trouvait à propos de s'arrêter tout droit.

Je crus alors qu'il était temps de lui casser la tête ; en conséquence, je criai à Vendredi de se tenir en repos : mais il me pria de n'en rien faire, et de lui permettre de le tuer lui-même quand il voudrait.

Pour abréger l'histoire, mon sauvage dansait si souvent sur la branche, et l'ours, en s'arrêtant, se mettait dans une posture si grotesque, que nous en mourions de rire. Nous n'entendions pourtant rien au dessein de Vendredi ; nous avions cru d'abord qu'en remuant la branche, il avait envie de culbuter cette lourde bête du haut en bas ; mais elle était trop fine pour s'y laisser attraper, et elle se cramponnait à la branche avec ses quatre griffes d'une telle force, qu'il était impossible de la faire tomber, et nous avions de la peine à comprendre par quelle plaisanterie l'aventurier finirait.

Vendredi nous tira bientôt d'embarras, car, voyant que l'ours n'avait pas envie d'approcher d'avantage : *Bon, bon,* lui dit-il, *toi ne pas venir plus à moi, moi venir à toi,* et là-dessus il s'avance vers l'extrémité de la branche, et s'y pendant par les mains, il la fait plier assez pour se laisser tomber à terre sans risque.

L'ours voyant son ennemi décamper, prend la résolution de le rejoindre ; il se met à marcher à reculons sur la branche, mais avec beaucoup de lenteur et de précaution, ne faisant jamais un pas sans regarder en arrière. Quand il fut arrivé au tronc, il en descendit avec la même circonspection, toujours à reculons, et ne remuant pas un pied qu'il ne sentît l'autre bien fermement attaché à l'écorce. Il allait justement appuyer une de ses jambes sur la terre, quand Vendredi s'avança sur lui, et, lui mettant le bout du fusil dans l'oreille, le fit tomber raide mort.

Après cette expédition, mon gaillard s'arrêta pendant quelques moments d'un air grave pour voir si nous n'étions pas à rire ; et voyant qu'effectivement il nous avait extrêmement divertis, il fit un terrible éclat de rire lui-même, en disant que c'était ainsi qu'on tuait les ours dans son pays. Comment, lui répondis-je, pouvez-vous les tuer de cette manière ? vous n'avez point de fusils. *Oui,* repartit-il, *point de fusils, mais nous tirer beaucoup grands longs flèches.*

Il avait tenu parole, et cette comédie nous avait donné beaucoup de plaisir. Cependant j'en aurais encore ri d'un meilleur cœur, si je ne m'étais pas trouvé dans un lieu sauvage, où les hurlements des loups me donnaient beaucoup d'inquiétude. Le bruit qu'ils faisaient était épouvantable, et je ne me souviens pas d'en avoir jamais entendu un pareil, qu'une seule fois sur le rivage.

Si ce bruit affreux et l'approche de la nuit ne nous avaient tirés de là, nous aurions suivi le conseil de Vendredi, en écorchant la bête, dont la peau valait bien la peine d'être conservée ; mais nous avions encore trois lieues à faire avant d'arriver au gîte, et notre guide nous pressait de pousser notre voyage.

Toute cette route était couverte de neige, quoique à une moindre épaisseur que sur les montagnes, et par conséquent elle était moins dangereuse. Mais en récompense, les loups, animés par la faim, étaient descendus par bandes entières dans les plaines et dans les forêts, et avaient fait des ravages affreux dans plusieurs villages, où ils avaient tué une grande quantité de bétail et dévoré même des hommes.

Nous apprîmes de notre guide qu'il nous restait encore à traverser un endroit fort dangereux, et où nous ne manquerions pas de rencontrer les loups.

C'était une petite plaine environnée de bois de tous côtés, et aboutissant à un défilé fort étroit, par où nous devions passer absolument pour sortir des forêts, et pour gagner le bourg où nous devions coucher cette nuit.

Nous entrâmes dans le premier bois une demi-heure après. Dans ce bois, nous ne rencontrâmes rien qui fût capable de nous effrayer, excepté dans une très petite plaine d'environ un demi-quart de mille, où nous vîmes cinq grands loups traverser le chemin tous à la file les uns des autres, comme s'ils couraient après une proie assurée. Ils ne firent pas seulement semblant de nous apercevoir, et en moins de rien ils étaient hors de notre vue. Cependant notre guide, qui était un poltron achevé, nous pria de nous préparer à la défense, puisque apparemment ces loups seraient suivis d'une grande quantité d'autres.

Nous suivîmes son conseil, sans cesser un moment de porter les yeux de tous côtés ; mais nous n'en découvrîmes pas un seul dans tout le bois, qui était long de plus d'une demi-lieue. Il n'en fut pas de même dans la plaine dont j'ai fait mention ; le premier objet qui nous y frappa fut un cheval tué par ces animaux, sur le cadavre duquel ils étaient encore au nombre de quelques douzaines, occupés non-seulement à en dévorer la chair, mais à ronger les os.

Nous ne trouvâmes point du tout à propos de troubler leur festin ; et, de leur côté, ils ne songèrent pas à le quitter pour nous inquiéter dans notre voyage. Vendredi avait pourtant grande envie de leur lâcher quelques coups de fusil, mais je l'en empêchai, prévoyant que bientôt nous aurions des affaires de reste. Nous n'avions pas encore traversé la moitié de la plaine quand nous entendîmes à notre gauche des hurlements terribles : un moment après, nous vîmes une centaine de loups venir à nous par rangs et par files, comme s'ils avaient été mis en bataille par un officier expérimenté.

Je crus que le seul moyen de les bien recevoir était de nous ranger tous sur une même ligne, et de nous tenir bien serrés : ce que nous exécutâmes dans le moment. Je donnai encore ordre à mes gens de faire leur décharge, en sorte qu'il n'y eût que la moitié qui tirât à la fois, et que l'autre se tînt prête à faire dans le moment une seconde décharge; et si, malgré tous ces efforts, les loups ne laissaient pas de pousser leur pointe, qu'ils ne s'amusassent pas à recharger leurs fusils, mais qu'ils missent promptement le pistolet à la main. Nous en avions chacun une paire; ainsi, nous étions en état de faire six grandes décharges de suite. Mais pour lors, nos armes ne nous furent pas nécessaires; car dès les premiers coups, les ennemis s'arrêtèrent tout court. Il y en eut quatre de tués et plusieurs autres de blessés, qui en se tirant de la foule laissaient sur la neige les traces de leur sang. Voyant que le reste ne se retirait pas, je me souvins d'avoir entendu dire que les bêtes les plus féroces étaient effrayées des cris des hommes; conséquemment, j'ordonnai à mes compagnons d'en pousser de toutes leurs forces.

Je vis par-là que cette opinion n'était pas mal fondée; car dans le moment ils commencèrent leur retraite, et, après que j'eus fait faire une seconde décharge sur leur arrière-garde, ils s'enfuirent dans le bois.

Leur fuite nous donna le loisir nécessaire pour recharger nos armes chemin faisant; mais à peine eûmes-nous pris cette précaution, que nous entendîmes dans le même bois, du côté gauche, plus en avant que la première fois, des hurlements encore plus effrayants.

La nuit s'approchait, ce qui redoublait le péril de notre position, surtout quand nous vîmes paraître en même temps trois troupes de loups, l'une à gauche, l'autre derrière nous, et la troisième à notre front, de manière que nous en étions presque environnés. Néanmoins, comme ils ne tombèrent pas d'abord sur nous, nous jugeâmes à propos de gagner toujours du pays, autant que nous pouvions faire avancer nos chevaux; ce qui n'était tout au plus qu'à un bon trot, à cause des mauvais chemins.

De cette manière, nous découvrîmes bientôt le défilé par lequel il fallait passer de nécessité, et qui était au bout de la plaine, comme j'ai déjà dit ; mais, étant sur le point d'y entrer, nous fûmes surpris par la vue d'un nombre considérable de loups qui paraissaient vouloir nous disputer le passage.

Tout d'un coup nous entendîmes d'un autre côté un coup de fusil, et, dans le même instant, nous vîmes un cheval sellé et bridé sortir du bois, s'enfuir comme le vent, ayant à sa poursuite seize ou dix-sept loups, qui devaient bientôt l'atteindre, puisqu'il était impossible qu'il soutînt encore longtemps une course si vigoureuse.

En nous avançant du côté de l'ouverture d'où ce cheval venait de sortir, nous aperçûmes les cadavres d'un autre cheval et deux hommes fraîchement dévorés par les bêtes enragées : l'un d'eux devait être nécessairement celui qui avait tiré un coup de fusil; car nous en trouvâmes un déchargé à terre auprès de lui et nous le vîmes lui-même tout défiguré, la tête et le haut de son corps ayant été déjà rongés jusqu'aux os.

Ce spectacle nous remplit d'horreur, et nous ne savions de quel côté nous tourner, quand ces abominables bêtes nous forcèrent à prendre une résolution, en nous cernant de tous côtés, au nombre de plus de trois cents.

Par bonheur nous découvrîmes près du bois plusieurs grands arbres abattus, apparemment dans l'été, pour servir à faire de la charpente. Je plaçai ma petite troupe au beau milieu, après lui avoir fait mettre pied à terre. Je l'arrangeai en forme de triangle devant le plus grand de ces arbres, qui pouvaient nous servir de rempart.

Cette précaution ne nous fut pas inutile, car ces loups acharnés nous chargèrent avec une fureur inexprimable et des hurlements capables de faire dresser les cheveux, comme s'ils étaient tombés sur une proie assurée ; et je suis persuadé que leur rage était surtout animée par la vue des chevaux que j'avais fait placer au milieu de nous. J'ordonnai à mes gens de tirer comme dans la première décharge ; et ils réussirent si bien, qu'ils firent tomber un bon nombre de nos ennemis, dès la première décharge ; mais il était nécessaire de faire un feu continuel, car ils venaient sur nous avec furie, ceux de derrière poussant en avant les premiers.

Après notre seconde décharge, nous les vîmes s'arrêter un peu, et j'espérais déjà que nous en serions bientôt quittes ; mais je m'étais bien trompé. Nous fûmes encore obligés de faire feu deux fois de nos pistolets, et je crois que dans ces quatre décharges nous en tuâmes bien dix-sept ou dix-huit, et que nous en blessâmes plus du double.

J'aurais été très fâché de faire tirer notre dernier coup sans une absolue nécessité : je fis donc venir mon valet anglais, Vendredi étant occupé à charger mon fusil et le sien, et je lui ordonnai de prendre un cornet de poudre, et de faire une traînée sur l'arbre qui nous servait de rempart, et sur lequel les loups se jetaient à tout moment avec une rage épouvantable. Il m'obéit sur-le-champ, et dès que je vis nos ennemis montés sur l'arbre, j'eus justement le temps de mettre le feu à la traînée, en lâchant dessus le chien d'un pistolet déchargé. Tous ceux qui se trouvaient sur l'arbre furent grillés par le feu, dont la force en jeta sept ou huit parmi nous, que nous dépêchâmes en moins de rien ; pour les autres, ils étaient si effrayés de cette lumière subite, augmentée par l'obscurité de la nuit, qu'ils commencèrent à se retirer. J'effectuai sur eux une dernière décharge, que nous accompagnâmes d'un grand cri qui acheva de les mettre entièrement en fuite. Ensuite nous fîmes une sortie, l'épée à la main, sur une vingtaine d'estropiés, et il en résulta que les hurlements plaintifs de ceux que nous taillions en pièces contribuèrent à épouvanter les autres qui avaient regagné les bois.

Nous en avions tué tout au moins une soixantaine, et en plein jour nous en aurions dépêché davantage. Le champ de bataille nous restait, mais nous avions encore une grande lieue à faire, et nous entendions de temps en temps un bruit affreux dans les bois. Nous crûmes même plus d'une fois en voir près de nous, sans en être bien sûrs, à cause de la neige qui nous éblouissait les yeux.

Après avoir marché encore une heure dans de pareilles inquiétudes, nous arrivâmes au bourg où nous devions passer la nuit. Nous trouvâmes tous les habitants sous les armes, parce que la nuit d'auparavant un grand nombre de loups et quelques ours y étaient entrés, et leur avaient donné une alarme qui les obligeait à se tenir continuellement en sentinelle, surtout pendant la nuit, afin de défendre leurs troupeaux et de se défendre eux-mêmes.

Le jour d'après, notre guide était fort mal; les membres où il avait été blessé étaient tellement enflés, qu'il lui fut impossible de nous servir davantage : nous fûmes obligés d'en prendre un autre pour nous conduire jusqu'à Toulouse. Là nous trouvâmes, au lieu de montagnes de neige et de loups, un climat chaud et une campagne riante et fertile.

Quand nous racontâmes notre aventure, on nous dit que rien n'était plus ordinaire que d'en avoir de semblables au pied des montagnes, surtout quand il y avait de la neige ; on était fort surpris de ce que nous avions trouvé un guide assez hardi pour nous mener par cette route dans une saison si rigoureuse, et l'on saura que nous devions nous trouver fort heureux d'avoir sauvé notre vie de la fureur de tant de loups affamés.

Je ne dirai rien de mon voyage en France, puisque plusieurs autres ont parlé de tout ce qui concerne ce pays infiniment mieux que je ne saurais le faire. Je passai de Toulouse à Calais par Paris, et j'arrivai à Douvres le 11 janvier, après avoir essuyé un froid presque insupportable.

J'étais parvenu alors au but de mes désirs : j'avais avec moi tout mon bien ; toutes mes lettres de change avaient été payées sans aucun délai.

Dans cette heureuse situation, je me servis de ma bonne veuve comme d'un conseiller privé : ses bontés pour moi étaient redoublées par la reconnaissance, et elle ne trouvait aucun soin trop embarrassant, ni aucune peine trop fatigante, quand il s'agissait de me rendre service; aussi avais-je une si parfaite confiance en elle, que je croyais tous mes effets en sûreté entre ses mains; et certes, pendant tout le temps que j'ai joui de son amitié, je me suis cru heureux d'avoir trouvé une personne d'une probité si inaltérable.

J'avais renoncé au projet de me rendre au Brésil, et je me décidai à rester dans ma patrie, surtout si j'étais assez heureux pour trouver le moyen de me défaire avantageusement de ma plantation. Dans cette intention, j'écrivis à mon vieil ami de Lisbonne, qui me répondit qu'il me procurerait aisément le moyen de la vendre dans le pays même: qu'il jugeait à propos si j'y consentais, de l'offrir en mon nom aux deux héritiers de mes facteurs, qui étaient riches, et qui, se trouvant sur les lieux, en connaissaient parfaitement la valeur ; que, pour lui, il était sûr qu'ils seraient ravis d'en faire l'achat, et qu'ils m'en donneraient au moins quatre ou cinq mille pièces de huit de plus que je n'en pourrais trouver de tout autre. J'y consentis, l'affaire fut bientôt réglée ; et huit mois après, la flotte du Brésil étant arrivée en Portugal, j'appris par une lettre du capitaine que mon offre avait été acceptée, et que mes facteurs avaient envoyé à leur correspondant à Lisbonne trente-trois mille pièces de huit pour payer le prix convenu.

Je ne balançai pas un moment à signer les conditions de la vente, telles qu'on les avait dressées à Lisbonne ; et ayant renvoyé l'acte à mon vieil ami, il me fit tenir des lettres de change de la valeur de trente-deux mille huit cents pièces de huit pour le prix de ma plantation, à condition qu'elle resterait chargée du paiement de cent moidores par an, tant que le capitaine vivrait, et de cinquante pendant toute la vie de son fils.

C'est par là que je finis la première partie de l'histoire de ma vie. On y voit une si grande variété d'aventures, que je doute fort que celle d'aucun autre homme en puisse fournir autant. Elle commence par des extravagances qui ne préparent le lecteur à rien d'heureux, et elle finit par un bonheur qu'aucun des événements qu'on y trouve ne promettait.

Je pris sous ma tutelle mes deux neveux : l'aîné avait quelque bien, ce qui me détermina à l'élever avec distinction, et à faire en sorte qu'après ma mort il pût soutenir la manière de vivre que je lui faisais prendre. Pour l'autre, je le confiai à un capitaine de vaisseau ; et le trouvant, après cinq années de voyages, sensé, courageux et entreprenant, je lui confiai le gouvernement d'un vaisseau.

Je me mariai d'une manière avantageuse, et je devins père de trois enfants, savoir : deux garçons et une fille, alors je goûtai les douceurs de la vie de père de famille, dont je m'étais cru privé à jamais. Je reconnus alors, mieux que je n'avais encore pu le faire, combien mon vénérable père avait eu raison de me vanter les plaisirs purs d'une condition moyenne, et les jouissances de la vie privée. Mais, comme il n'est pas de bonheur parfait sur la terre, et que toute situation agréable ne saurait durer, je perdis mon épouse chérie. Privé de cette douce compagnie, je me replongeai dans de nouvelles fatigues, et j'allai m'exposer à de nouveaux dangers, pour satisfaire une nouvelle fantaisie, qui vint me surprendre au milieu d'un bonheur acheté par tant de travaux.

Après avoir lutté trente-cinq ans contre une variété de malheurs dont les exemples sont fort rares, j'avais joui pendant sept années de tout ce que l'abondance et la tranquillité du corps et de l'esprit ont de plus agréable ; mon âge était déjà fort avancé, et j'avais appris par une longue expérience que rien n'est plus propre à rendre l'homme heureux que la médiocrité. Qui n'eût cru que, dans cette douce situation, le goût, né avec moi pour les voyages et pour les aventures, se serait évanoui avec le feu de la jeunesse, et qu'à l'âge de soixante-un ans je me trouverais exempt de tout désir de m'éloigner de mon pays.

Le motif qui détermine ordinairement à ce parti ne pouvait plus avoir d'influence sur moi ; il ne s'agissait plus de faire fortune, car j'étais dans un état où je ne pouvais me croire plus riche par l'acquisition d'une centaine de mille livres ; j'avais du bien suffisamment pour moi et mes héritiers ; il s'augmentait même de jour en jour ; car, ma famille étant peu nombreuse, je ne pouvais dépenser mes revenus à moins de mener un train au-dessus de ma condition, et de m'embarrasser d'équipages, de domestiques, et d'autres ridicules magnificences, dont j'avais à peine une idée, bien loin d'en faire les objets de mon inclination. Ainsi, le seul parti qu'un homme sage aurait pris à ma place eût été de jouir paisiblement des présents de la Providence, et de s'abandonner à la satisfaction de les voir s'accroître dans ses mains.

Ces considérations n'eurent pas la force nécessaire pour me faire résister longtemps au besoin de parcourir de nouveau le monde. C'est une véritable maladie ; je désirais surtout revoir mon île, mes plantations : le souvenir de ma colonie que j'y avais laissée ne me permettait pas un moment de repos : c'était l'unique sujet de mes pensées pendant le jour, et de mes rêves pendant la nuit.

Après avoir lutté longtemps contre mon imagination, j'en devins le maître ; je réussis peu à peu à me tranquilliser : mais ce qui contribua le plus à cet heureux retour sur moi-même, c'est le dessein que je pris de me créer de l'occupation et de chercher quelques affaires qui m'ôtassent le loisir d'abandonner mon imagination à ces idées capricieuses ; car je m'étais aperçu que mon cerveau n'en était rempli que quand je me trouvais dans l'oisiveté, et lorsque je ne savais comment exercer l'activité naturelle de mon esprit.

J'achetai une métairie dans le comté de Bedford, avec le dessein de m'y retirer ; la maison était jolie, et les terres d'alentour très susceptibles d'améliorations. Rien ne me convenait mieux, puisque naturellement j'avais beaucoup de goût pour l'agriculture et pour tous les soins qu'exige l'accroissement des revenus d'une terre. Cette maison de campagne était éloignée de la mer, ce qui m'empêchait de renouveler mes folies par le commerce avec les marins, et par le récit de tout ce qui regardait les pays lointains. Je m'y établis avec ma famille. J'achetai des charrues et tout ce qu'il faut pour cultiver les terres ; je me fournis de charrettes, d'un chariot, de chevaux, de vaches, de brebis, et me mettant à travailler avec application, je me vis en six mois de temps un véritable gentilhomme campagnard. Je m'appliquai tout entier à diriger mes laboureurs, à planter, faire des enclos, et je crus mener la vie la plus fortunée que la nature puisse offrir à un homme qui, après de longs malheurs, cherche un asile contre de nouvelles infortunes.

Je cultivais mon propre domaine, et je n'avais point de rentes à payer : j'étais le maître de planter, d'arracher, de bâtir, d'abattre, comme je le trouvais à propos : tout ce que je recueillais était pour moi, et toutes mes améliorations pour le bien de ma postérité. Je ne songeais plus à reprendre le cours de ma vie errante, et, me trouvant exempt de tout chagrin, je croyais véritablement avoir atteint cette médiocrité dont mon père m'avait si souvent fait l'éloge, lorsque je fus troublé par un coup imprévu, dont le funeste effet était sans remède, et dont les conséquences me replongèrent plus profondément que jamais dans mes chimères. Le coup dont je parle fut la perte de mon épouse.

Mon but n'est pas ici de tracer son panégyrique, d'entrer dans le détail de ses bonnes qualités. Je dirai seulement qu'elle était le soutien de toutes mes affaires, le centre de tous mes projets, l'auteur de toute ma félicité, puisque, par sa prudence, elle m'avait détourné de l'exécution de mes desseins irréfléchis. Ses tendres discours avaient fait sur moi plus d'impression que jadis les larmes d'une tendre mère, les sages préceptes d'un père éclairé, et les prudents conseils de mes amis n'auraient été capables d'en faire sur mon esprit. Je m'étais félicité mille fois de m'être laissé gagner par sa douceur et par son attachement : sa mort me laissait comme un homme déplacé dans le monde, privé de tout secours et de toute consolation.

Dans ce triste état, je me voyais aussi étranger au sein de ma patrie que je l'étais au Brésil, lorsque j'y abordai ; environné de domestiques, je me trouvais presque aussi seul que je l'avais été dans mon île. Je ne savais quel parti prendre : je voyais autour de moi tous les hommes occupés, les uns à gagner leur vie par le travail le plus rude, les autres enivrés de ridicules vanités, ou plongés dans les vices les plus honteux, sans atteindre, les uns ni les autres, au bonheur.

Ces réflexions me rappelèrent vivement la vie que j'avais menée autrefois dans mon petit royaume, où je ne semais qu'autant de blé qu'il m'en fallait pour un an, et où je ne daignais point former de grands troupeaux parce qu'ils m'étaient inutiles pour ma nourriture, enfin, où je laissai se rouiller l'argent, sans l'honorer d'un seul de mes regards pendant plus de vingt années.

Avec ma femme, j'avais perdu mon guide, j'étais comme un vaisseau sans gouvernail, que les vents agitent à leur gré : mon imagination s'ouvrait de nouveau aux courses et aux aventures ; tous mes amusements, mes terres, mon jardin, ma famille, mon bétail, qui m'avaient procuré une occupation si satisfaisante, n'avaient plus de charmes pour moi : c'était de la musique pour un homme privé du sens de l'ouïe, des aliments pour un malade sans appétit. Cette triste insensibilité pour tout ce qui m'avait procuré quelque temps auparavant les plus doux plaisirs, me fit prendre le parti d'abandonner la campagne et de retourner à Londres.

Le même ennui m'y accompagna : n'ayant aucune affaire, je courais çà et là, sans dessein, comme un homme désœuvré, absolument inutile parmi tous les êtres créés, et dont la vie et la mort devaient être également indifférentes aux autres hommes.

C'était, de toutes les situations de la vie humaine, celle pour laquelle j'avais le plus d'aversion, accoutumé comme je l'étais dès ma plus tendre jeunesse à une vie active. A mon avis, les paresseux sont l'opprobre du genre humain ; aussi je croyais ma conduite présente infiniment moins conforme à ma destination naturelle que celle que j'avais tenue dans mon île, en employant un mois entier pour faire une planche.

Au commencement de l'année 1693, celui de mes neveux que j'avais élevé pour la mer, et à qui j'avais donné un vaisseau à commander, revint d'un petit voyage qu'il avait fait à Bilbao, le premier qu'il eût entrepris en qualité de maître.

M'étant venu voir, il me dit que des marchands lui avaient proposé de faire pour eux un voyage dans les Indes et à la Chine : eh bien ! mon oncle, dit-il, feriez-vous si mal de venir avec moi ? Je vous promets de vous procurer le plaisir de revoir votre île, car j'ai ordre de toucher au Brésil.

Il ignorait parfaitement jusqu'à quel point mon penchant de courir le monde s'était ranimé, et je ne savais rien de mon côté de sa nouvelle entreprise. Cependant, le même matin, sans que je m'attendisse à sa visite, je m'étais occupé à comparer mes désirs avec la condition où je me trouvais, et j'avais pris à la fin la résolution que voici : Je voulais aller à Lisbonne pour consulter mon vieux capitaine portugais sur mes desseins ; et s'il les trouvait sensés et praticables, mon intention était de m'assurer d'une patente qui me permît de peupler mon île, et d'y emmener avec moi une colonie. A peine étais-je fixé à cette pensée, que voilà précisément mon neveu qui entre, et me propose de l'y accompagner.

Sa proposition me jeta d'abord dans une profonde rêverie, et après l'avoir regardé attentivement pendant une minute : — Qui vous envoie ici, lui dis-je, pour m'inspirer cette idée malheureuse ? Il parut d'abord fort étonné de ces paroles ; mais, s'apercevant néanmoins que je n'avais pas un grand éloignement pour ce projet, il se remit. — Ma proposition, dit-il, est-elle donc si fort à rejeter ? Il est assez naturel, ce me semble, que vous souhaitiez de revoir vos petits états, où vous avez régné autrefois avec plus de félicité que n'en goûtent aujourd'hui vos frères les autres monarques.

Le projet répondait avec tant de justesse à la disposition de mon esprit, que j'y consentis, et je lui dis que, s'il s'accordait avec ses marchands relativement à ses voyages, j'étais décidé à le suivre, pourvu que je ne fusse pas obligé d'aller plus loin que mon île. — J'espère, me dit-il, que vous n'avez pas envie d'y rester pour y vivre de nouveau à votre ancienne manière. — Ne pouvez-vous pas, lui répondis-je, me reprendre en revenant des Indes? Il me répliqua qu'il n'y avait pas d'apparence que ses marchands lui permissent de faire un si long détour avec un vaisseau chargé. — D'ailleurs, continua-t-il, si j'avais le malheur de faire naufrage, vous seriez précisément dans la triste situation d'où vous vous êtes tiré avec tant de bonheur.

Il y avait beaucoup de bon sens dans cette objection ; mais nous trouvâmes un moyen pour remédier à cet inconvénient : ce fut d'embarquer avec nous toutes les pièces servant à former une grande chaloupe, et quelques charpentiers qui pussent, en cas de besoin, les joindre ensemble, et leur donner la dernière main dans l'île, ce qui me faciliterait les moyens de passer de là sur le continent.

Je ne fus pas longtemps à prendre ma dernière résolution ; car les importunités de mon neveu répondaient si bien à mon inclination, qu'aucun motif au monde ne fut capable de la contre-balancer. D'un autre côté, ma femme étant morte, il n'y avait personne qui s'intéressait assez à mes affaires pour me détourner de ce dessein, excepté ma vieille veuve, qui s'efforça de m'arrêter par la considération de mon âge, de ma fortune, de l'inutilité d'un voyage si dangereux, et surtout de l'intérêt de mes enfants. Mais tous ses discours ne servirent de rien ; je lui dis que mon désir de voyager était invincible. Me voyant tellement affermi dans ma résolution, elle mit non-seulement fin à ses conseils, mais elle me donna toutes sortes de secours pour faire mes préparatifs et mes provisions, afin de régler mes affaires de famille et l'éducation de mes enfants.

De peur de rien négliger à cet égard, je fis mon testament, et laissai mes biens en de si bonnes mains, que j'étais persuadé que mes enfants ne perdraient rien de ce côté là, quelque accident qui pût m'arriver ; et pour la manière de les élever, je m'en remis entièrement à ma bonne veuve, à qui je destinai en même temps un petit revenu suffisant pour qu'elle vécût à son aise. J'ai vu dans la suite que jamais bienfait ne fut mieux employé ; qu'une mère ne pouvait avoir des soins plus tendres pour ses propres enfants, et qu'il était impossible de se conduire avec plus de prudence. Cette bonne dame vécut assez longtemps pour me voir de retour, et pour sentir de nouveau les effets de ma reconnaissance.

Mon neveu fut prêt à mettre à la voile au commencement de janvier 1694, et je m'embarquai avec mon fidèle Vendredi dans les Dunes, le 18, ayant avec moi, outre ma chaloupe démontée, une cargaison considérable de toutes sortes de choses nécessaires à ma colonie, avec le dessein de tout garder dans le vaisseau, si je ne trouvais pas mes sujets dans les dispositions convenables.

Premièrement j'avais avec moi plusieurs valets, que mon intention était de laisser dans l'île, et d'y faire travailler pour mon compte pendant mon séjour, en leur permettant d'y rester ou de me suivre, quand je prendrais le parti d'en sortir. Il y avait parmi eux des charpentiers, un serrurier, et un autre garçon fort ingénieux, tonnelier de son métier, qui était un machiniste universel. Il excellait à faire des roues et des moulins à bras pour moudre le blé ; de plus, il était tourneur et potier, et capable de fabriquer dans la perfection toutes sortes d'ouvrages en bois et en terre ; en un mot, il méritait fort bien le nom de *Factotum* que nous lui donnâmes.

Je menais encore avec moi un tailleur, qui s'étant offert pour aller aux Indes à la suite de mon neveu en qualité de passager, consentit ensuite à s'établir dans ma colonie. C'était un garçon fort adroit, et que je trouvai, dans l'occasion, d'un grand service, par rapport à plusieurs choses même éloignées de son métier.

Ma cargaison consistait en une assez grande quantité de toile et de petites étoffes minces propres à habiller les Espagnols que je m'attendais à trouver dans mon île ; il y en avait assez, selon mon calcul, pour les tenir bien vêtus pendant plus de sept ans. Si l'on y ajoute tous les autres objets nécessaires à les couvrir, comme gants, chapeaux, souliers, bas, il y avait environ pour trois cents livres sterling, y compris tout ce qu'il fallait pour des lits, la batterie de cuisine, pots, chaudrons, et du cuivre pour en faire un plus grand nombre. J'y avais joint à peu près cent livres pesant de fer travaillé, comme des clous, outils de toute espèce, crochets, gonds, serrures, etc.

Je ne dois pas oublier une centaine d'armes à feu de réserve, mousquets, fusils, pistolets, beaucoup de plomb de tout calibre, et deux pièces de canon de bronze. Comme il m'était impossible de prévoir les dangers auxquels ma colonie pouvait être exposée un jour, j'avais encore chargé le vaisseau d'une centaine de barils de poudre à canon, d'épées, de sabres, et de plusieurs fers de piques et de hallebardes. Je priai de plus mon neveu de prendre avec lui deux petits canons de tillac de plus que le nombre qu'il lui en fallait, afin de les laisser dans l'île, s'il était nécessaire d'y bâtir un fort, et de la mettre en défense contre quelque ennemi. Cette préoccupation n'était pas inutile, comme j'eus lieu de le penser en arrivant, et l'on verra qu'il n'en fallait pas moins pour se maintenir dans la possession de l'île.

Ce voyage réussit beaucoup mieux que les autres que j'avais faits sur mer ; cependant nous eûmes d'abord des vents contraires, et quelques autres contre-temps, qui firent durer le voyage plus que je n'avais espéré. Mon voyage de Guinée avait été jusque-là l'unique dont je fusse revenu comme je l'avais projeté ; ce qui me fit croire que je serais toujours malheureux dans mes courses : ma destinée était de n'être jamais content à terre et de rencontrer toujours des obstacles en mer.

Les vents contraires qui nous poussèrent au commencement vers le nord, nous forcèrent à entrer dans le port de Gollowart en Irlande, et nous y retinrent pendant vingt-trois jours ; mais nous avions cet agrément, que les vivres y étaient en abondance et à bon marché, de sorte que, bien loin de diminuer nos provisions, nous eûmes occasion de les augmenter. Je fis embarquer plusieurs cochons, des veaux et deux vaches, que j'avais dessein, si nous avions un heureux passage, de débarquer dans mon île, mais je fus obligé d'en disposer autrement.

Nous remîmes à la voile le 5 de février avec un vent frais qui dura pendant plusieurs jours, sans aucune mauvaise rencontre, excepté un accident qui vaut bien la peine d'être rapporté dans toutes ses circonstances. Le soir du 20 février, le matelot qui était en sentinelle vint nous dire qu'il avait vu de loin un éclat de lumière suivi d'un coup de canon; et, immédiatement après, un mousse annonça que le bosseman en avait entendu un second. Nous montâmes aussitôt sur le tillac, où, pendant quelques moments, nous n'entendîmes rien; mais peu de minutes après, nous découvrîmes une grande lumière, et nous conjecturâmes que c'était celle d'un incendie.

Nous eûmes d'abord recours à notre estime, qui nous fit convenir unanimement qu'il ne pouvait y avoir de ce côté aucune terre, à moins de cinq cents lieues de distance; car cette lumière paraissait à l'ouest-nord-ouest de nous : d'où nous conclûmes que le feu devait avoir pris à quelque vaisseau : les coups de canon qu'on venait d'entendre nous persuadèrent que nous ne pouvions en être loin, et nous étions sûrs qu'en suivant notre route nous en approchions, parce que de moment à autre la flamme nous paraissait plus grande. Cependant, le temps se trouvant d'abord nébuleux, nous ne pûmes rien voir que du feu; mais, une demi-heure après, poussés par un vent favorable, quoique assez faible, et le temps s'étant un peu éclairci, nous aperçûmes distinctement un grand vaisseau dévoré par le feu au milieu de la mer.

Je fus sensiblement touché de ce triste spectacle, quoique rien ne m'attachât aux personnes qui étaient en péril que les liens ordinaires de l'humanité. Ces sentiments de compassion furent vivement excités en moi par le souvenir de l'état où j'étais lorsque le capitaine portugais me recueillit à son bord au milieu de l'Océan, état qui n'était pas, à beaucoup près, aussi déplorable que la situation où devaient se trouver les malheureux qui montaient ce vaisseau, s'il n'y avait aucun autre bâtiment qui allât avec eux de conserve. J'ordonnai qu'on fît feu de cinq canons, l'un immédiatement après l'autre, afin de leur apprendre qu'il y avait à peu de distance un navire prêt à les secourir, et qu'ils redoublassent d'efforts pour se sauver de notre côté dans leur chaloupe, car, bien que nous pussions voir leur vaisseau éclairé par la flamme, il leur était impossible de nous apercevoir, à cause de l'obscurité de la nuit.

Nous mîmes à la cape pendant quelque temps, et, en attendant le jour, nous laissâmes aller le vaisseau du côté où nous découvrîmes le bâtiment embrasé; mais pendant cette manœuvre, nous vîmes avec une grande frayeur, quoique nous eussions lieu de nous y attendre, le navire sauter en l'air, et quelques moments après, le feu s'éteindre tout-à-coup, parce que, sans doute, le reste du vaisseau était allé au fond. C'était un spectacle terrible et affligeant, surtout par la pitié qu'il nous inspira pour les malheureux qui devaient être détruits par les flammes, ou bien errer avec leur chaloupe sur le vaste Océan. Les ténèbres ne nous permettant pas d'en juger, la prudence voulait que je supposasse le second cas, et, pour les guider du mieux qu'il nous était possible, je fis descendre des lanternes sur tous les côtés du vaisseau, et tirer le canon durant toute la nuit, afin de leur faire connaître qu'ils n'étaient pas loin de nous.

Le lendemain, à huit heures environ, nous découvrîmes, par le moyen de nos lunettes d'approche, deux chaloupes surchargées de monde, et nous aperçûmes que ces infortunés, ayant le vent contraire, ramaient de toutes leurs forces, et que, nous ayant vus, ils multipliaient les signaux pour diriger nos regards vers eux.

Nous leur donnâmes à notre tour le signal ordinaire de venir à bord, et en même temps nous fîmes plus de voiles pour nous mettre plus à portée. En moins d'une demi-heure, nous les joignîmes et les fîmes tous entrer dans le vaisseau. Ils étaient pour le moins soixante, tant hommes que femmes et petits enfants; car il y avait parmi eux plusieurs passagers.

Nous apprîmes que le vaisseau incendié était de trois cents tonneaux, allant de Québec, dans la rivière du Canada, vers la France, et le maître nous raconta en détail toutes les particularités de ce désastre.

Il m'est impossible de dépeindre les gesticulations surprenantes, les extases et les postures variées avec lesquelles ces malheureux exprimaient la joie qu'ils ressentaient d'une délivrance si peu attendue.

Quelques-uns étaient noyés de larmes; d'autres, furieux, déchiraient leurs habits, comme s'ils eussent été dans le plus grand désespoir. Les uns paraissaient fous à lier, couraient çà et là, frappaient du pied et se tordaient les mains; les autres dansaient, chantaient, faisaient des éclats de rire et poussaient des cris de joie. Ceux-ci étaient tout stupéfaits, étourdis et incapables de prononcer une parole; ceux-là étaient malades, et semblaient être près de tomber en faiblesse; enfin, le plus petit nombre remerciaient Dieu de leur délivrance.

Il se peut bien que leur tempérament contribuât à l'excès de leurs transports: c'étaient des Français, peuple plus vif, plus passionné, et plus propre que tout autre à se porter aux extrêmes.

Il y avait deux prêtres parmi ces malheureux, l'un encore jeune, l'autre avancé en âge.

Nous fûmes un peu dérangés le premier jour par les transports de nos hôtes; mais, après leur avoir donné les logements que notre vaisseau était en état de fournir, et lorsqu'ils eurent dormi, nous les vîmes tout autres.

Ils nous prodiguèrent toutes les marques de reconnaissance que les sentiments et la politesse sont capables de dicter. Le capitaine et un des religieux me vinrent voir le lendemain pour me dire qu'ils souhaitaient me parler, ainsi qu'à mon neveu, afin de nous consulter sur leur sort. Dès que mon neveu fut venu, ils commencèrent par nous dire que tout ce qu'ils avaient au monde n'était pas capable de nous récompenser du service important que nous leur avions rendu. Le capitaine prit alors la parole, et me dit qu'ils avaient sauvé de l'argent, et qu'ils avaient dans leurs chaloupes d'autres choses de prix arrachées des flammes à la hâte, et qu'ils avaient ordre de nous offrir tout si nous voulions bien l'accepter; qu'ils nous conjuraient seulement de les mettre à terre en quelque endroit d'où il leur fût possible de gagner la France.

Mon neveu fut d'abord assez porté à recevoir leurs présents, quitte à examiner ensuite ce qu'il pourrait faire en leur faveur; mais j'eus assez de pouvoir sur lui pour l'en détourner, sachant ce que c'est que d'être abandonné dans un pays étranger sans argent. Je me ressouvins que, si le capitaine portugais en eût usé de cette manière avec moi, et m'avait fait acheter ses services de tout ce que je possédais au monde, je serais mort de faim, à moins de rentrer dans un esclavage pareil à celui que j'avais souffert en Barbarie, et peut-être pire.

Je répondis au capitaine français que, si nous l'avions secouru lui et les siens dans le malheur, nous n'avions fait que ce que l'humanité exigeait que nous fissions pour notre prochain, et que nous souhaitions qu'on fit de même pour nous en pareille nécessité. Nous sommes persuadés, lui dis-je, que vous nous auriez donné même assistance si vous aviez été dans notre situation et nous dans la vôtre, et que vous nous l'auriez donnée sans aucune vue d'intérêt. Nous vous avons pris sur notre bord, Monsieur, poursuivis-je, pour vous sauver, non pour jouir de vos dépouilles, et je ne trouverais rien de plus barbare que de vous mettre à terre après avoir pris les misérables restes que vous avez arrachés aux flammes; ce serait vous avoir conservé la vie pour vous immoler ensuite à nous-mêmes; ce serait vous avoir empêché de vous noyer pour vous faire mourir de faim : ne croyez donc pas que je permette qu'on accepte la moindre chose de ce que la reconnaissance vous porte à nous offrir. Pour ce qui regarde le parti que vous nous proposez de vous mettre à terre, la chose est une grande difficulté. Notre vaisseau est destiné pour les Indes orientales, quoique nous nous soyons détournés considérablement de notre course du côté de l'ouest, dirigés sans doute par la Providence pour vous tirer d'un danger si terrible. Nous ne sommes pas les maîtres de changer notre route de propos délibéré pour l'amour de vous; mon neveu, le capitaine, ne pourrait se justifier devant les propriétaires envers lesquels il s'est engagé à continuer son voyage, après avoir touché au Brésil. Tout ce qu'il nous est possible de faire pour vous, c'est de diriger notre course du côté où nous pouvons nous attendre à rencontrer des navires qui reviennent des Indes occidentales, et de vous procurer par là le moyen de passer en Angleterre ou en France.

La première partie de ma réponse était si pleine d'humanité et de générosité même, que ces messieurs ne pouvaient qu'en être extrêmement satisfaits ; mais il n'en était pas ainsi quant au reste, et les passagers surtout craignaient d'être obligés d'aller avec nous jusqu'aux Indes orientales. Ils me conjurèrent, puisque nous étions tellement dérivés du côté de l'ouest avant de les rencontrer, d'avoir du moins la bonté de suivre le même cours jusqu'au banc de Terre-Neuve, où peut-être ils pourraient louer quelque bâtiment pour retourner au Canada, d'où ils étaient partis.

Je trouvai cette proposition raisonnable, et j'étais fort porté à la leur accorder : je considérais que traîner tout cet équipage jusqu'aux Indes ne serait pas seulement un parti triste et insupportable pour eux, mais qu'il pourrait entièrement ruiner notre voyage, en faisant une brèche irréparable à nos provisions de bouche. Je ne croyais pas d'ailleurs enfreindre le contrat que mon neveu avait fait avec ses marchands en me prêtant à un accident imprévu. Certes, les lois de la nature ne pouvaient nous permettre d'abandonner à une mort aussi inévitable un si grand nombre d'hommes ; et puisque nous les avions pris à notre bord, nous ne pouvions nous dispenser de les mettre quelque part à terre : je consentis donc à suivre notre route comme ils le souhaitaient, et si les vents rendaient la chose impossible, je leur promis de les débarquer à la Martinique.

Le temps continuait à être beau ; mais il régnait un vent assez rigoureux, qui resta quelques jours entre le nord-est et le sud-est, ce qui nous fit manquer plusieurs occasions d'envoyer nos gens en Europe. Nous rencontrâmes, il est vrai, plusieurs vaisseaux destinés pour cette partie du monde ; mais ils avaient lutté si longtemps avec les vents contraires, qu'ils n'osèrent se charger de passagers, de peur de mourir de faim tous ensemble. De cette manière, nous fûmes forcés de pousser notre voyage jusqu'à ce que nous arrivâmes au banc de Terre-Neuve, après une semaine de navigation. Nous mîmes nos Français dans une barque qu'ils avaient louée en pleine mer pour les descendre à terre, et de là les conduire en France, s'il leur était possible de trouver en cet endroit assez de provisions pour s'avitailler.

Le seul passager français qui restait sur notre bord fut le jeune prêtre ; ayant appris que nous avions dessein d'aller aux Indes, il souhaita de faire le voyage avec nous, et d'être mis à terre sur la côte de Coromandel. J'y consentis avec plaisir. Cet homme me plaisait beaucoup, et non sans raison. Quatre matelots s'engagèrent avec nous, c'étaient de braves gens qui nous furent d'un grand service.

De là nous prîmes la route des Indes occidentales, en faisant cours du côté du sud et le sud-quart à l'est, sans avoir beaucoup de vents pendant une vingtaine de jours. Nous étions dans cette situation, quand nous trouvâmes de nouveau l'occasion d'exercer notre humanité sur un objet tout aussi déplorable que le premier.

Le 19 de mars 1695, étant dans la latitude septentrionale de 27 degrés 5 minutes, et faisant cours sud-est et sud-est quart au sud, nous découvrîmes un grand vaisseau venant à nous. Nous ne pûmes d'abord le voir distinctement ; mais en étant plus près, nous aperçûmes qu'il avait perdu le perroquet du grand mât, le mât d'artimon et le beaupré. Il tira d'abord un coup de canon pour nous faire savoir sa détresse. Nous avions un vent frais nord-nord-est, et en peu de temps nous fûmes à portée de l'arraisonner.

Nous apprîmes qu'il était de Bristol, et qu'il revenait des Barbades, mais qu'aux Barbades mêmes il avait été jeté hors de sa route par un furieux ouragan, quelques jours avant qu'il fût prêt à mettre à la voile, et lorsque le capitaine et le premier contre-maître étaient encore à terre, de manière qu'outre la violence de la tempête, il avait manqué à ce vaisseau des hommes capables de le conduire. Il avait été attaqué par un second orage, qui l'avait absolument dérouté du côté de l'ouest, et réduit dans le triste état où nous le rencontrâmes. L'équipage s'était attendu à découvrir les îles de Bahama ; mais il s'en était vu éloigné et jeté vers le sud-est par un vent gaillard de nord-nord-est, précisément celui que nous avions alors ; enfin, n'ayant qu'une voile au grand mât et une autre attachée à une espèce de mât d'artimon dressé à la hâte, il n'avait pas eu le moment de serrer le vent, de sorte que l'équipage avait fait en vain tous les efforts possibles pour atteindre les îles Canaries.

Ce qui mettait le comble à leur malheur, c'est qu'outre la fatigue que leur avaient causée ces deux tempêtes, ils mouraient de faim. Il ne leur restait pas une seule once de pain ni de viande depuis plus de onze jours, et leur unique consolation était de n'avoir pas encore entièrement consommé leur eau, et ils avaient encore environ un demi-tonneau de farine. Pour du sucre il leur en restait abondamment, sans compter sept barils de rhum ; ils avaient dévoré une assez grande quantité de confitures.

Il y avait à bord, comme passager, un jeune homme avec sa mère et une servante. Croyant le vaisseau prêt à mettre à la voile, ils s'étaient embarqués par malheur le soir avant ce terrible ouragan, et n'ayant plus rien de leurs provisions particulières, ils s'étaient trouvés dans une situation plus déplorable que les matelots, qui, réduits à la dernière extrémité eux-mêmes, n'avaient pas été susceptibles de compassion. On peut juger s'il est facile de décrire la malheureuse situation où s'était trouvée cette famille.

Peut-être n'aurais-je su jamais cette particularité, si, le temps se trouvant être doux et la mer calme, ma curiosité ne m'eût porté à venir à bord de ce malheureux navire. Le second contre-maître, forcé, dans cette extrémité, de prendre le commandement du vaisseau, s'étant rendu à notre bord, m'avait parlé de ces passagers comme de gens qu'il croyait morts ; il n'en avait plus rien appris depuis plus de deux jours, parce qu'il avait eu peur de s'en informer, n'étant pas en état de les soulager dans leur misère.

Nous fîmes d'abord tous nos efforts pour donner à ce malheureux équipage le secours qui était en notre pouvoir, et j'avais assez d'empire sur l'esprit de mon neveu pour le porter à les avitailler entièrement, quand même nous aurions été par-là contraints d'aller dans la Virginie, ou sur quelque autre côte de l'Amérique, faire de nouvelles provisions pour nous-mêmes. Mais heureusement nous ne fûmes pas obligés de pousser notre charité jusqu'à ce point.

Ces malheureux étaient alors exposés à un nouveau péril, et il y avait tout à craindre de leur gourmandise. Le contre-maître nous en amena six dans la chaloupe, qui paraissaient autant de squelettes, et qui avaient à peine la force de remuer leurs rames. Il était lui-même à moitié mort, n'ayant rien réservé pour lui, et s'étant contenté de la portion donnée au moindre matelot.

En mettant quelques mets devant lui, je l'avertis d'en user avec lenteur et avec sobriété; mais à peine eut-il mangé trois bouchées, qu'il se trouva mal. Il fut assez prudent pour s'arrêter d'abord; et notre chirurgien lui fit préparer un bouillon propre à lui servir de remède et de nourriture tout ensemble; il fut mieux dès qu'il l'eut pris. Je n'oubliai pas cependant ses compagnons, à qui je donnai aussi de quoi manger. Ils dévoraient véritablement, étant si affamés qu'ils avaient contracté une espèce de rage qui les empêchait d'être en aucune manière maîtres d'eux-mêmes. Il y en eut d'eux d'entre eux qui mangèrent avec tant d'avidité, que le jour suivant ils en pensèrent mourir.

Ce spectacle était fort touchant pour moi et me rappelait la misère à laquelle je m'attendais autrefois en mettant le pied sur le rivage de mon île sans avoir la moindre provision, et sans connaître aucun moyen de trouver des vivres pour une seule journée, exposé à servir bientôt moi-même de nourriture aux bêtes féroces.

Pendant tout le temps que le contre-maître fut occupé à me faire le récit détaillé de la détresse de son équipage, mes pensées roulaient sans cesse sur le sort des trois passagers, la mère, le fils et la servante, dont il n'avait rien entendu dire depuis deux jours, et que la disette extrême de ses propres gens l'avait forcé à négliger, selon son propre aveu. Je compris qu'à la fin il ne leur avait donné aucune nourriture, et j'en conclus qu'ils devaient tous trois être morts de faim.

Je retins le contre-maître, que nous appelions alors le capitaine, à notre bord avec ses gens, pour qu'ils reprissent vigueur par de bons aliments, et, songeant à rendre le même service au reste de l'équipage je fis conduire à leur navire notre contre-maître avec la chaloupe montée de douze hommes, et chargée d'un sac plein de pain et de six grosses pièces de bœuf. Notre chirurgien donna ordre à mes matelots de faire bouillir cette viande en leur présence, et de placer des sentinelles dans la chambre du cuisinier, pour empêcher ces gens affamés de dévorer la viande crue, et de ne leur en donner d'abord qu'une petite portion. Cette sage précaution leur conserva la vie, et si on l'avait négligée, ils eussent péri par le moyen de ces mêmes aliments qui leur étaient donnés pour les empêcher de mourir.

J'ordonnai à notre contre-maître d'aller dans la chambre des passagers pour prendre connaissance de leur état, et leur donner des rafraîchissements nécessaires, s'ils étaient encore en vie. Le chirurgien l'avait pourvu en conséquence d'une grande écuelle pleine du bouillon préparé qui avait fait tant de bien au pauvre contre-maître, et qui, selon lui, était capable de les rétablir par degrés.

Peu satisfait de toutes ces mesures, et désirant voir de mes propres yeux le triste spectacle que ce vaisseau me fournirait d'une manière plus vive que ne pourrait jamais le faire aucun récit, je suivis nos gens avec la chaloupe.

Je trouvai tous ces pauvres affamés dans une espèce de sédition, et prêts à enlever la viande du chaudron par force ; mais mon contre-maître, faisant son devoir, avait placé une sentinelle à la porte de la chambre du cuisinier ; et voyant qu'il n'obtenait rien par ses exhortations, il employa la violence pour leur faire du bien en dépit d'eux-mêmes. Il eut pourtant la condescendance de tremper quelques biscuits dans le pot, et de leur en donner un à chacun pour apaiser la fureur de leur appétit, les priant de croire que c'était pour leur propre conservation qu'il ne leur en donnait que peu à la fois ; mais rien n'était capable de les calmer ; si je ne fusse survenu avec leurs propres officiers, et si je n'avais pas ajouté à mes exhortations la terrible menace de ne leur donner rien à moins qu'ils ne se tinssent en repos, je crois en vérité qu'ils auraient forcé la chambre du cuisinier, et qu'ils auraient dévoré la viande avant qu'elle fût cuite. Nous les apaisâmes pourtant ; et, commençant à les nourrir par degrés, nous leur permîmes à la fin de manger autant qu'ils le désiraient, et tout alla mieux que je ne l'eusse pensé.

La misère des passagers était plus terrible que celle de l'équipage. Comme les matelots avaient eu d'abord peu de chose pour eux-mêmes, ils leur avaient donné des portions extrêmement petites ; à la fin, ils les avaient absolument négligés, de manière que depuis six ou sept jours ils n'avaient eu rien du tout à manger, et fort peu de chose les deux ou trois jours précédents. La pauvre mère, à ce que l'équipage nous rapporta, était une femme de bon sens et très bien élevée, qui, ayant épargné pour son fils, avec une tendresse véritablement maternelle, tout ce qu'elle pouvait, avait enfin perdu ses forces. Quand notre contre-maître entra dans sa chambre, il la vit assise à terre, appuyée contre un des côtés du vaisseau, entre deux chaises liées ensemble, la tête enfoncée entre ses épaules, et semblable à un cadavre, quoiqu'elle ne fût pas tout-à-fait morte. Il fit tout ce qu'il put pour la rappeler à elle, et lui rendre des forces ; il lui mit un peu de bouillon dans la bouche avec une cuillère, elle ouvrit les lèvres, leva une de ses mains et s'efforça enfin de lui parler. Elle entendit ce qu'il lui disait, mais en lui faisant signe que ce secours venait trop tard pour elle, elle lui montra du doigt son fils, comme si elle voulait le prier d'en avoir soin.

Touché d'une pitié extraordinaire pour cette tendre mère, il redoubla d'efforts pour lui faire avaler un peu de bouillon, et à ce qu'il crut, il en fit descendre dans son estomac deux ou trois cuillerées ; quoi qu'il en soit, il ne prit que des peines inutiles, puisque la nuit d'après elle mourut.

Le jeune homme, dont elle avait conservé la vie aux dépens de la sienne, n'était pas réduit à une extrémité tout-à-fait aussi grande ; nous le trouvâmes cependant étendu raide dans un petit lit, et à moitié mort. Il tenait dans la bouche un morceau d'un vieux gant dont il avait mangé le reste. Le contre-maître réussit à lui faire avaler un peu de bouillon, et il sembla se ranimer ; mais lorsque, quelques moments après, il lui en fit avaler trois ou quatre cuillerées, le pauvre garçon les rendit immédiatement après.

La servante, étendue près de sa maîtresse, luttait avec la mort : d'une de ses mains elle avait saisi le pied d'une chaise, et le tenait si ferme, qu'on eut bien de la peine à lui faire lâcher prise ; son autre bras était étendu au-dessus de sa tête, et ses deux pieds appuyés avec force contre une table. En un mot elle semblait être à l'agonie, mais elle n'était pas morte.

Cette pauvre fille n'avait pas été seulement affaiblie par la famine et effrayée par la pensée d'une mort prochaine ; mais elle était extrêmement inquiète pour sa maîtresse, qu'elle voyait mourante depuis quelques jours, et pour qui elle avait tout l'attachement imaginable.

Nous ne savions comment faire avec cette malheureuse fille ; car, lorsque notre chirurgien, homme savant et expérimenté, lui eut rendu, pour ainsi dire, la vie, il eut une seconde cure relativement à son cerveau, qui parut pendant plusieurs jours absolument renversé.

Quiconque lira le récit de ce tragique accident, doit songer qu'il n'est pas possible, quelque humanité que l'on ait, de faire sur mer ce que l'on peut faire sur terre. Il s'agissait de donner du secours à ce malheureux équipage, mais non de rester avec lui, et, quoiqu'il désirât fort d'aller de conserve avec nous pendant quelques jours, nous n'avions pas le loisir d'attendre un vaisseau qui avait perdu ses mâts. Néanmoins, lorsque le capitaine nous conjura de l'aider à dresser un perroquet au grand mât, et un autre à son artimon, nous voulûmes bien mettre à la cape pendant trois ou quatre jours. Ensuite, après lui avoir donné cinq ou six tonneaux de bœuf et de lard, une bonne provision de biscuit, de la farine et des pois, et avoir accepté pour paiement trois caisses de sucre, une quantité assez grande de rhum et quelques pièces de huit, nous le quittâmes en prenant sur notre bord, à leur instante prière, un prêtre avec le jeune homme, la servante et tout ce qui leur appartenait.

Le jeune homme était un garçon de dix-sept ans, bien fait, modeste et fort raisonnable. Il paraissait accablé de la mort de sa mère, ayant encore depuis peu perdu son père dans les Barbades.

Il s'était adressé au chirurgien pour me prier de le prendre dans mon vaisseau, et de le tirer d'avec ceux qu'il appelait les meurtriers de sa mère : en effet, ils l'étaient en quelque sorte ; car ils auraient pu épargner de leur portion quelque petite chose pour soutenir la vie de cette misérable veuve, quand ce n'aurait été que pour l'empêcher de mourir ; mais la faim ne connaît ni humanité, ni parenté, ni amitié, ni justice ; elle est sans remords et sans pitié.

Le chirurgien mettait en vain devant ses yeux la longueur du voyage qui devait le séparer de tous ses amis, et qui pouvait le rejeter dans un aussi mauvais état que celui d'où il venait de sortir ; il dit qu'il lui était indifférent de quel côté il allât, pourvu qu'il se séparât de ce cruel équipage, et que le capitaine (c'est de moi qu'il entendait parler, ne connaissant pas encore mon neveu) serait trop honnête homme pour lui donner le moindre chagrin après lui avoir sauvé la vie ; que pour la servante, si elle revenait dans son bon sens, elle nous suivrait volontiers partout, et qu'elle recevrait comme un grand bienfait la permission d'entrer dans notre navire.

Le chirurgien me fit cette proposition d'une manière si pathétique que je l'acceptai, et je les pris tous deux avec tout leur bien, excepté onze caisses de sucre qu'il fut impossible d'atteindre ; mais comme le jeune homme en avait une reconnaissance, je fis signer un billet au commandant, par lequel il promettait d'aller, dès son arrivée à Bristol, chez un certain M. Roger, parent du jeune homme, et marchand de cette ville, et de lui donner une lettre de ma part avec tout ce qui avait appartenu à la défunte veuve. Mais il paraît que toutes ces précautions ont été inutiles ; car je n'ai jamais appris que ce vaisseau fût arrivé à Bristol. Il est très probable qu'étant fort endommagé, et faisant eau de toutes parts, il aura coulé à fond à la première tempête.

Nous étions à la latitude de 19 degrés 32 minutes, et nous avions eu jusqu'alors un voyage assez heureux par rapport au temps, excepté qu'au commencement nous avions éprouvé des vents contraires. Mon dessein n'est pas de fatiguer le public du récit de quelques incidents peu considérables, comme changement de vents, ouragans, beau temps et pluies, etc. Je dirai donc que je découvris mon île le 10 avril 1695. Ce ne fut pas sans de très grandes difficultés que je la trouvai ; j'y étais entré autrefois, et j'en étais sorti du côté du sud-est vers le Brésil ; mais faisant route alors entre l'île et le continent, et n'ayant point de carte de cette côte, ni aucune marque particulière à laquelle je pusse la reconnaître, je la vis sans savoir que ce fût elle.

Nous croisâmes pendant longtemps de côté et d'autre, nous mîmes pied à terre dans plusieurs îles situées à l'embouchure du fleuve Orénoque, mais sans parvenir à notre but ; j'appris seulement, en suivant ces côtes, que j'avais été autrefois dans l'erreur, en croyant que la terre que je découvrais était le continent. C'était une île fort étendue, ou plutôt une longue suite d'îles situées vis-à-vis du grand espace qu'occupe l'embouchure de ce fleuve. Les sauvages qui abordaient de temps en temps à mon île, n'étaient pas proprement des Caraïbes, mais des insulaires qui habitaient les lieux les plus proches de moi. Je visitai en vain, comme j'ai dit, plusieurs de ces îles ; j'en trouvai quelques-unes habitées et d'autres désertes. Dans une, entre autres, je vis quelques Espagnols, et je crus d'abord que c'étaient ceux que j'avais fait venir dans mes domaines ; mais, en leur parlant, je sus qu'ils avaient près de là une petite chaloupe, et qu'ils étaient venus en cet endroit pour y chercher du sel et quelques huîtres à perles : en un mot, j'appris qu'ils n'étaient point de mes sujets, et qu'ils appartenaient à l'île de la Trinité, qui est plus du côté du nord de 10 ou 11 degrés de latitude.

Enfin, allant d'une île à l'autre, tantôt avec le vaisseau, et tantôt avec une chaloupe du vaisseau français, qui était parfaitement bonne, et qu'on nous avait cédée avec plaisir, je gagnai le côté méridional de mon île, que je reconnus aussitôt. Je fis mettre le vaisseau à l'ancre dans une rade sûre, vis-à-vis de la petite baie près de laquelle était mon ancienne habitation.

Dès que j'eus fait cette découverte, j'appelai Vendredi, et je lui demandai s'il savait où il était. Il regarda fixement pendant quelque temps, et puis frappant de joie ses mains l'une contre l'autre, il s'écria : — Oui, oui, oh ! voilà ! et montrant du doigt mon château, il se mit à chanter et à faire des gambades comme un fou ; j'avais même bien de la peine à l'empêcher de sauter dans la mer et d'aller à terre à la nage.

— Eh bien ! Vendredi, lui dis-je, qu'en penses-tu ? trouverons-nous quelqu'un ou non ? ton père y sera-t-il ? Au nom de son père, le pauvre garçon, dont le cœur était si sensible, parut tout troublé ; et je vis des larmes couler de ses yeux en abondance. — Qu'y a-t-il donc, Vendredi ? lui dis-je ; es-tu affligé parce qu'il y a apparence que tu verras ton père ? — Non, non, non, répondit-il en secouant la tête ; moi ne le voir plus. — Eh ! qu'en sais-tu, mon enfant ? lui dis-je ? — Oh ! repartit-il, lui mort longtemps, lui beaucoup vieux homme. — La chose n'est pas encore sûre, lui dis-je ; mais enfin crois-tu que nous trouverons quelques autres de nos gens ? Il avait sans doute les yeux meilleurs que les miens ; car quoique nous fussions à une demi-lieue de terre, il me montra du doigt la colline qui était au-dessus de mon château, s'écriant : — Moi voir beaucoup hommes là, là et là. Je tournai les yeux vers cet endroit : mais je ne vis rien, pas même avec ma lunette d'approche : ce qui venait probablement de ce que je ne l'avais pas dirigée avec justesse. Il ne laissait pas d'avoir raison, comme je le sus le lendemain ; car cinq ou six de mes sujets avaient été en cet endroit pour voir le vaisseau, ne sachant qu'en penser.

Dès que Vendredi m'eut dit qu'il voyait du monde, je fis mettre pavillon anglais et tirer deux coups de canon pour leur donner à entendre que nous étions amis, et, un demi-quart d'heure après nous vîmes une fumée s'élever du côté de la petite baie. J'ordonnai en ce moment qu'on mît la chaloupe en mer, avec un drapeau blanc en signe de paix, et prenant Vendredi avec moi et le jeune missionnaire, je me fis descendre à terre. J'avais fait au dernier un récit exact de la manière dont j'avais vécu dans cette île, sans oublier aucune particularité, tant par rapport à moi qu'à l'égard de ceux que j'y avais laissés, et cette histoire lui avait donné grande envie de m'accompagner. J'avais plus de seize hommes bien armés dans ma chaloupe, de peur de rencontrer quelques nouveaux hôtes qui ne fussent pas de mes sujets; mais heureusement cette précaution ne se trouva point nécessaire.

Comme nous allions vers le rivage, dans un moment où la marée était presque haute, nous entrâmes tout droit dans une petite baie, et le premier homme sur lequel je fixai les yeux fut l'Espagnol auquel j'avais sauvé la vie ; je reconnus parfaitement bien ses traits. J'ordonnai d'abord que tout le monde restât dans la chaloupe, et que personne ne me suivît à terre, mais il n'y eut pas moyen de retenir Vendredi : ce tendre fils avait découvert son père à une si grande distance des autres Espagnols, qu'il ne me fut pas possible de le voir, et il est certain que, si on avait voulu l'empêcher d'aller à terre, il se serait jeté dans la mer pour y aller à la nage. A peine avait-il mis le pied sur le rivage, qu'il vola du côté du vieux sauvage avec la vitesse d'une flèche décochée par un bras vigoureux. L'homme le plus insensible n'aurait pu s'empêcher de verser quelques larmes en voyant les transports de joie auxquels ce pauvre garçon s'abandonna en joignant son père. Il l'embrassa, le prit entre ses bras pour le mettre à terre sur le tronc d'un arbre, le regarda fixement, comme un homme qui considère avec étonnement un tableau extraordinaire ; ensuite il se plaça près de lui, l'embrassa de nouveau, se remit sur ses pieds, et continua à le regarder avec attention, comme à la fois enchanté et stupéfait de le revoir. Le lendemain ses tendres extravagances prirent un autre cours. Il se promena plusieurs heures avec lui sur le rivage, le tenant par la main, et de temps en temps il lui allait chercher quelque chose dans la chaloupe, tantôt un morceau de sucre, tantôt un verre de liqueur, et tantôt un biscuit, enfin tout ce qu'il croyait capable de faire plaisir au vieillard. L'après-dînée, il s'y prit encore d'une nouvelle manière : il mit le bonhomme à terre, et commença à danser autour de lui avec mille postures burlesques, en même temps il lui parlait, et lui racontait, pour le divertir, quelques particularités de ses voyages.

Je n'aurais jamais fini si je voulais raconter en détail toutes les civilités que me firent les Espagnols. Le premier, que je reconnaissais parfaitement bien, comme je l'ai déjà dit, s'approcha de la chaloupe, portant un drapeau de paix et accompagné d'un de ses compatriotes. Non-seulement il ne me reconnut pas d'abord, mais il n'avait pas seulement la pensée que ce pût être moi, avant que je lui eusse parlé. « Comment! lui dis-je d'abord en portugais, vous ne me connaissez pas? » Il ne me répondit pas un mot; mais donnant son fusil à son compagnon, il ouvrit les bras et vint m'embrasser en disant plusieurs choses en espagnol dont je n'entendais qu'une partie. I me serra dans ses bras, et me demanda mille pardons de n'avoir pas reconnu ce visage qu'il avait considéré autrefois comme celui d'un ange envoyé du ciel pour lui sauver la vie. Il dit encore nombre d'autres choses que la politesse espagnole fournissait à son cœur véritablement reconnaissant, et ensuite, se tournant vers son compagnon, il lui ordonna de faire venir toute la troupe. Il me demanda si j'avais envie de me promener vers mon château, afin qu'il eût le plaisir de m'en remettre en possession, sans avoir la satisfaction pourtant de m'y montrer les augmentations et les embellissements auxquels je devais naturellement m'attendre.

Je le voulus bien, mais il me fut aussi impossible de retrouver ma demeure que si je n'y eusse jamais été. Ils avaient planté un si grand nombre d'arbres, ils les avaient arrangés d'une manière si bizarre, et les avaient placés si près l'un de l'autre que ces arbres, ayant pris un accroissement extraordinaire pendant les dix années de mon absence, rendaient mon château absolument inaccessible; on n'en pouvait approcher que par des chemins si tortueux que c'était un vrai labyrinthe pour tout autre que pour les habitants.

Quand je lui demandai quelle raison l'avait porté à faire tant de fortifications, il me dit que j'en verrais assez la nécessité, quand il m'aurait donné un détail de tout ce qui s'était passé depuis l'arrivée des Espagnols dans mon île. Quoique alors, continua-t-il, je fusse dans une grande consternation de votre départ, je ne laissai pas d'être charmé du bonheur qui vous avait procuré si à propos un navire pour vous tirer de ce désert. J'ai eu fort souvent, continua-t-il, certains mouvements dans l'esprit qui me persuadaient que vous y reviendriez un jour; mais je dois avouer que rien ne m'est jamais arrivé dans le cours de ma vie de plus triste et de plus mortifiant que d'apprendre votre départ quand j'ai conduit ici mes compatriotes.

Il ajouta encore qu'il avait une longue histoire à nous raconter touchant les trois barbares que j'avais laissés dans l'île. Il entendait par-là les trois matelots séditieux, et il m'assura que les Espagnols s'étaient trouvés moins à leur aise avec eux qu'avec les sauvages, parmi lesquels ils avaient mené une si triste vie, excepté que les premiers étaient moins à craindre à cause de leur petit nombre; car, s'ils avaient été plus nombreux, il y aurait longtemps que nous serions morts. J'espère, Monsieur, poursuivit-il, que vous apprendrez sans chagrin qu'une nécessité absolue et le soin de notre propre conservation nous ont forcés de les désarmer et de nous les assujétir. Vous nous pardonnerez cette action assurément, quand vous saurez que non-seulement ils ont voulu être nos maîtres, mais encore nos meurtriers. Je lui répondis que j'avais déjà craint tout de la scélératesse de ces malheureux en quittant l'île, et que j'aurais fort souhaité de le voir auparavant de retour avec ses compagnons, et de les mettre en possession de l'île en leur soumettant les Anglais, comme ils ne l'avaient que trop mérité; que j'étais ravi qu'ils y eussent songé pour moi, bien loin d'y trouver à redire, et que je ne savais que trop que c'étaient des coquins incorrigibles et capables de toutes sortes de crimes.

Pendant ce discours, nous vîmes approcher l'homme qu'il avait envoyé pour avertir ses compagnons de mon arrivée : il était suivi de onze Espagnols, qu'à leur habillement il était impossible de prendre pour tels. Il commença par nous faire connaître les uns aux autres ; il se tourna d'abord de mon côté en me disant : — Monsieur, voilà quelques-uns des gentilshommes qui vous sont redevables de la vie, et ensuite il leur dit qui j'étais et quelle obligation ils m'avaient. Là-dessus ils s'approchèrent tous l'un après l'autre, non comme une troupe de simples matelots qui voudraient faire connaissance avec un homme de leur profession, mais comme des ambassadeurs chargés de haranguer un monarque ou un conquérant. Toutes leurs manières étaient obligeantes et polies, avec une nuance de gravité qui donnait un air de grandeur à leur soumission même. Je puis protester qu'ils recevaient beaucoup mieux leur monde que moi, et que j'étais fort embarrassé pour recevoir leurs compliments, bien loin de me sentir en état de leur rendre la pareille.

L'histoire de leur arrivée et de leur conduite dans l'île est tellement remarquable, et présente tant d'incidents qui ont de la liaison avec ce que j'ai rapporté dans la première partie de cette histoire, que je ne saurais m'empêcher de la donner ici avec toutes les particularités qui me paraissent intéressantes.

On n'a pas oublié peut-être que j'avais envoyé un Espagnol et le père de Vendredi, sauvés tous deux de la fureur des cannibales, pour aller, dans un grand canot, chercher sur le continent les autres Espagnols, et pour les transporter dans l'île, afin de les tirer du triste état où ils étaient, et de trouver avec eux le moyen de revenir en Europe. Je n'avais pas alors plus de raison pour m'attendre à ma délivrance que je n'en eus vingt ans auparavant d'espérer l'arrivée d'un vaisseau anglais par le moyen duquel je pusse me tirer de ma triste situation. Par conséquent, lorsque mes gens revinrent, ils ne purent qu'être extraordinairement étonnés en voyant que j'étais parti, et que j'avais laissé dans l'île trois étrangers en possession de tout ce qui m'appartenait : leur surprise fut d'autant plus grande qu'ils s'attendaient à le partager avec moi.

Le voyage de mon Espagnol avec le père de Vendredi n'avait rien présenté de particulier, le temps s'étant trouvé fort doux, et la mer très calme. Ses compagnons furent charmés de le revoir; il se trouvait le principal d'entre eux, et leur commandant depuis que le capitaine du vaisseau dans lequel ils avaient fait naufrage était mort. Ils furent d'autant plus surpris de le voir, qu'ils le savaient tombé entre les mains des sauvages, et qu'ils supposaient qu'il en avait été dévoré, selon leur affreuse coutume.

L'histoire de sa délivrance, et la manière dont j'avais pourvu à ses besoins, leur parurent un songe. Mais lorsqu'il leur montra les provisions qu'il apportait pour leur voyage, les armes, la poudre et le plomb, ils furent tirés de leur surprise; ils se formèrent une idée juste de leur sort et firent tous les préparatifs nécessaires pour passer dans mon île.

Leur premier soin fut d'avoir des canots; obligés de passer les bornes de la probité, en trompant leurs amis les sauvages, ils leur empruntèrent deux grandes barques sous prétexte d'aller se divertir en mer, ou à la pêche. Le lendemain ils s'embarquèrent dans ces canots. Il ne leur fallut pas beaucoup de temps pour embarquer leurs richesses, n'ayant ni bagage, ni habits, ni vivres, rien en un mot que ce qu'ils avaient sur le corps, et quelques racines dont ils faisaient usage au lieu de pain.

Mes deux envoyés ne furent absents en tout que pendant trois semaines, et à leur retour ils trouvèrent mon domaine en proie à trois scélérats les plus effrontés, les plus déterminés, et les plus difficiles à gouverner qu'on aurait pu trouver dans le monde entier

La seule chose équitable que firent ces coquins fut de donner d'abord ma lettre aux Espagnols, et de leur mettre mes provisions entre les mains, comme je leur avais ordonné. Ils leur remirent encore un grand écrit très circonstancié, contenant mes instructions sur les moyens que j'avais employés pour fournir à ma subsistance et à mes commodités pendant mon séjour dans l'île. Il contenait la manière dont j'avais fait mon pain, élevé mes chèvres apprivoisées, semé mon blé, séché mes raisins, fait mes pots; en un mot, toute ma conduite dans cette déplorable situation. Non-seulement ils livrèrent cet écrit aux Espagnols, dont deux savaient assez d'anglais pour en profiter, mais ils partagèrent avec eux mon château. Le chef des Espagnols avait déjà une idée exacte de ma manière de vivre, ce qui le rendait capable de conduire toutes les affaires de la colonie, avec le secours du père de Vendredi. Pour les Anglais, ils étaient trop grands seigneurs pour se mêler d'une occupation si basse ; ils ne songeaient qu'à parcourir l'île, à tuer des perroquets, et à tourner des tortues; le soir, quand ils revenaient au logis, ils trouvaient le souper prêt, grâce aux soins des Espagnols.

Ceux-ci s'en seraient consolés, si les Anglais avaient seulement voulu les laisser en repos; mais ils n'étaient pas gens à vivre longtemps en paix; ils n'avaient pas la moindre envie de songer au bien de cette petite république, et ils ne voulaient pas souffrir que les autres les déchargeassent de ce soin.

Leurs différends, d'abord peu considérables, ne valent pas la peine d'être rapportés ; mais tout d'un coup leur scélératesse éclata de la manière la plus extraordinaire qu'il soit possible d'imaginer. Ils se mirent à faire une guerre ouverte aux Espagnols avec une insolence incroyable, d'une manière contraire à la raison, à leurs intérêts, à la justice et même au sens commun, n'ayant pas seulement le moindre prétexte pour pallier la brutalité de leur conduite.

Il est vrai que je n'en ai su d'abord toutes les particularités que des Espagnols, qui étaient, pour ainsi dire, leurs accusateurs, et dont le témoignage pouvait être suspect : cependant, quand j'eus le loisir de les examiner sur tous les chefs d'accusation, ils n'osèrent en nier un seul.

Mais avant d'aller plus loin, il faut que je supplée ici à une négligence dont je me suis rendu coupable dans la première partie, en oubliant d'instruire le lecteur d'une particularité qui a une grande liaison avec ce qui va suivre.

Dans le moment que nous allions lever l'ancre pour quitter mon île, il arriva une petite querelle dans le vaisseau, et il était fort à craindre que l'équipage n'en vînt à une seconde sédition. La chose en serait venue là peut-être, si le capitaine, s'armant de tout son courage, et assisté de moi et de ses amis, n'avait saisi deux des plus opiniâtres, et ne les eût fait mettre aux fers, en les menaçant comme rebelles qui retombaient une seconde fois dans le même crime et qui excitaient les autres par leurs discours séditieux, de les tenir en prison jusqu'à ce qu'il les fît pendre en Angleterre.

Quoique le capitaine n'eût pas cette intention, il effraya tellement par-là plusieurs matelots coupables de la première mutinerie, qu'ils persuadèrent à tout le reste qu'on les amusait seulement par de bonnes paroles, et qu'on les livrerait entre les mains de la justice dans le premier port d'Angleterre où le vaisseau entrerait. Le contre-maître en eut vent, et nous en avertit, il fut donc résolu que moi, qui passais toujours pour un homme de considération, j'irais leur parler avec le contre-maître, et les assurerais que, s'ils se comportaient bien pendant le reste du voyage, il ne serait jamais parlé du passé. Je m'acquittai de cette commission, et je leur donnai ma parole d'honneur qu'ils n'avaient rien à craindre du ressentiment du capitaine. Ce procédé les apaisa, surtout quand ils virent relâcher à ma prière les deux mutins à qui on avait mis les fers aux pieds.

Cependant cette affaire nous empêcha de faire voile pendant la nuit, et le vent s'étant abattu, nous sûmes le lendemain que les prisonniers qu'on avait relâchés avaient volé chacun un mousquet, quelques autres armes, apparemment de la poudre, et que, s'étant glissés dans la pinasse, ils s'étaient sauvés à terre, pour se joindre aux autres mutins, leurs dignes compagnons.

Dès que nous eûmes fait cette découverte, je fis mettre la chaloupe en mer, avec le contre-maître et douze hommes, pour chercher ces coquins; mais ils ne les trouvèrent pas, non plus que les trois autres; car ils avaient tous fui ensemble dans les bois dès qu'ils virent approcher la chaloupe.

Le contre-maître était sur le point de les punir, une fois pour toutes, de leurs mauvaises actions en détruisant la plantation, et en brûlant tout ce qui pouvait les faire subsister; mais, n'osant le faire sans ordre, il laissa tout dans l'état où il l'avait trouvé, et se contenta de revenir au vaisseau, en ramenant la pinasse.

Par cette nouvelle recrue, le nombre des Anglais dans l'île montait à cinq, mais les trois premiers étaient si supérieurs en méchanceté aux nouveaux venus, qu'après avoir vécu deux jours avec eux, ils les chassèrent de la maison, les obligèrent à pourvoir à leur propre subsistance, et pendant quelque temps poussèrent la dureté jusqu'à leur refuser la moindre nourriture. Tous ces événements eurent lieu avant l'arrivée des Espagnols.

Quand ceux-ci furent venus dans l'île, ils firent tous leurs efforts pour porter ces trois bêtes féroces à se réconcilier avec leurs compatriotes, et à les reprendre dans leur demeure : mais les scélérats ne voulurent pas même en entendre parler.

Ainsi ces deux malheureux furent forcés de vivre à part, et, voyant qu'il n'y avait que l'industrie et l'application qui pussent les mettre en état de subsister, ils établirent leur demeure dans la partie septentrionale de l'île, mais un peu du côté de l'ouest, de peur des sauvages, qui d'ordinaire débarquaient dans l'île du côté de l'est. C'est là qu'ils construisirent deux cabanes, l'une pour eux, et l'autre pour leur magasin. Les Espagnols leur ayant donné du blé pour semer, et une partie des pois que je leur avais laissés, ils se mirent à creuser, à planter et à faire des enclos, d'après le modèle que je leur avais prescrit. Quoiqu'ils n'eussent d'abord ensemencé qu'une très petite portion de terre, ils eurent assez de blé pour faire du pain : et comme un des deux avait été second cuisinier dans le vaisseau, il était fort habile à faire des soupes, des puddings et d'autres mets, autant que leur riz, leur lait et leur viande le permettaient.

Ils étaient dans cette situation, quand les trois coquins dont j'ai parlé vinrent les insulter uniquement pour se divertir. Ils leur dirent que c'était à eux que l'île appartenait, et que le gouverneur leur en avait donné la possession, que personne n'y avait le moindre droit qu'eux, et qu'ils ne bâtiraient point de maison sur leur terrain à moins de leur en payer la rente, ou qu'ils auraient à s'en repentir.

Les pauvres gens s'imaginèrent d'abord qu'ils plaisantaient : ils leur demandèrent s'ils voulaient entrer, pour voir à leur aise les beaux pafais qu'ils avaient bâtis, et pour s'expliquer sur les rentes qu'ils demandaient. L'un, voulant badiner à son tour, leur dit que s'ils étaient les maîtres du terrain, ils espéraient qu'en cas qu'ils réussissent à faire leurs terres comme il faut, ils voudraient bien leur accorder quelques années de franchise, à l'exemple des autres seigneurs, et il les pria de faire venir un notaire pour dresser un contrat. Un des trois bandits répondit, en jurant et en blasphémant, qu'ils allaient voir si tout ceci n'était qu'une raillerie, et, s'approchant d'un feu que ces malheureux avaient fait pour apprêter leur dîner, il prend un tison, le jette dans une des cabanes, et y met le feu. Elle aurait été consumée, si un des propriétaires n'eût couru à ce coquin, et, après l'avoir éloigné par force de sa hutte, n'avait éteint le feu en marchant dessus ; encore eut-il bien de la peine à réussir.

Le scélérat était dans une telle rage en voyant le mauvais succès de sa barbarie, qu'il s'avança sur celui qui l'avait empêché de faire le mal, et il l'aurait assommé avec une perche qu'il tenait dans la main, s'il n'eût évité le coup adroitement. Son compagnon, voyant le danger où il était, vint d'abord à son secours. Ils saisirent chacun un fusil, et celui qui avait été attaqué le premier jeta son ennemi à terre d'un coup de crosse avant que les autres scélérats fussent à portée, et voyant qu'ils se préparaient à les insulter, ils se joignirent, et leur présentant le bout de leurs fusils, ils les menacèrent de leur écraser la tête s'ils ne se retiraient.

Leurs adversaires avaient des armes à feu ; mais un des honnêtes gens, plus hardi que son camarade, et désespéré par le danger où il se trouvait, leur dit que, s'ils faisaient la moindre mine de les coucher en joue, ils étaient morts, et leur commanda avec fermeté de mettre bas les armes. Ils n'en firent rien ; mais, voyant les autres si déterminés, ils vinrent à une capitulation, et consentirent à s'en aller, pourvu qu'on leur laissât emporter leur compagnon blessé. Il l'était effectivement, et dangereusement même, mais par sa faute. Les deux insultés, voyant leur avantage, eurent tort de ne pas les désarmer réellement, comme ils étaient les maîtres de le faire, et de ne pas aller ensuite raconter le tout aux Espagnols : car, dans la suite, les trois coquins ne songèrent qu'à prendre leur revanche, et ils le dissimulèrent si peu, qu'ils ne voyaient jamais les autres sans les en menacer.

Ils les persécutèrent nuit et jour, et, à différentes reprises, ils foulèrent aux pieds leur blé, tuèrent à coups de fusil deux boucs et une chèvre que ces pauvres gens élevaient pour leur subsistance : en un mot, ils les traitèrent avec tant de cruauté et de barbarie, que ceux-ci, poussés à bout, prirent la résolution désespérée de les combattre à la première occasion. Dans ce dessein, ils prirent le parti d'aller au château, où leurs ennemis demeuraient avec les Espagnols, et de leur livrer combat en hommes de cœur, en présence des étrangers.

Pour exécuter cette entreprise, ils se levèrent le matin avant le jour, et s'étant approchés du château, ils appelèrent les trois scélérats par leurs noms, et dirent à un Espagnol qui leur répondit, qu'ils avaient à leur parler en particulier.

Le jour d'auparavant, deux Espagnols avaient rencontré dans le bois un de ces Anglais honnêtes gens, et ils avaient entendu de terribles plaintes sur les affronts et les dommages qu'ils avaient reçus de leurs barbares compatriotes, qui avaient ruiné leur plantation, détruit leur moisson et tué leur bétail, ce qui était capable de les faire mourir de faim, si les Espagnols ne les secouraient.

Ces derniers, de retour au logis, et se trouvant à table avec les scélérats, prirent la liberté de les censurer, quoique d'une manière douce et honnête. L'un d'eux leur demanda comment ils pouvaient être si cruels et si inhumains à l'égard de leurs propres compatriotes, qui ne les avaient jamais offensés, et qui ne songeaient qu'à trouver de quoi subsister; quelles raisons ils pouvaient avoir pour leur ôter les moyens qui leur avaient coûté des travaux si fatigants.

Un des Anglais répliqua brusquement que ces gens n'avaient rien à faire dans l'île, qu'ils y étaient venus sans permission, que la terre ne leur appartenait point, et qu'il ne souffrirait absolument pas qu'ils y bâtissent ou qu'ils y fissent des plantations. — Mais, monsieur, dit l'Espagnol d'un ton fort modéré, ils ne doivent pas mourir de faim ! — Qu'ils meurent de faim, répondit l'Anglais comme un vrai barbare, ils ne bâtiront ni ne planteront ici. — Que voulez-vous donc qu'ils fassent? répliqua l'Espagnol. — Ce que je veux qu'ils fassent? dit cet homme féroce, qu'ils soient nos esclaves, et qu'ils travaillent pour nous. — Mais quelle raison avez-vous pour attendre cette soumission d'eux? Vous ne les avez pas achetés de votre argent, et vous n'avez pas le moindre droit de les réduire à l'esclavage. Le coquin répondit que l'île leur appartenait à eux trois, que le gouverneur la leur avait laissée, et personne n'y avait la moindre chose à dire qu'eux ; que, pour le faire voir, ils allaient brûler les huttes de leurs ennemis, et que, quelque chose qui pût arriver, ils n'y souffriraient ni leurs cabanes ni leurs plantations.

— S'il en est ainsi, dit l'Espagnol, nous devrions être vos esclaves aussi. — Vous avez raison, répliqua-t-il avec impudence : nous comptons bien là-dessus, et vous vous en apercevrez bientôt. Cet insolent discours était relevé par des imprécations placées éloquemment dans les endroits les plus convenables. L'Espagnol se contenta d'y répondre par un sourire moqueur, et ne daigna pas seulement lui dire le moindre mot.

Cette conversation cependant avait échauffé les misérables ; et, se levant avec fureur, l'un d'entre eux, nommé Guillaume Atkins, dit aux autres Allons, morbleu, finissons avec eux, démolissons leur château, et ne souffrons pas qu'ils tranchent du maître dans nos domaines.

Alors ils s'en allèrent tous trois, chacun armé d'un fusil, d'un pistolet et d'un sabre, en disant à demi-voix mille propos insolents sur la manière dont ils espéraient traiter les Espagnols à leur tour dès qu'ils en trouveraient l'occasion. Mais ceux-ci ne les entendirent qu'imparfaitement ; ils parurent juger seulement qu'ils les menaçaient pour avoir pris le parti des autres Anglais.

On ne sait pas trop bien ce qu'ils firent pendant toute cette nuit ; mais il paraît qu'ils parcoururent tout le pays pendant quelques heures, et qu'enfin, fatigués, ils s'étaient mis à dormir dans l'endroit que j'appelais autrefois ma maison de campagne, sans s'éveiller d'assez bon matin pour exécuter leurs projets abominables.

On sut après que leur but avait été de surprendre les deux Anglais dans leur sommeil, de mettre le feu à leurs cabanes pendant qu'ils y seraient couchés, et de les y brûler, ou de les tuer lorsqu'ils voudraient en sortir pour éviter le feu. La malignité dort rarement d'un profond sommeil, et je m'étonne qu'ils n'aient pas eu la force de se tenir éveillés pour exécuter leur barbare dessein.

Cependant les autres ayant en même temps résolu une entreprise contre eux, mais plus digne de braves gens que l'incendie et le meurtre, il arriva fort heureusement que tous ceux de la cabane étaient déjà en chemin avant que ces monstres sanguinaires vinssent à leur demeure.

Quand ils arrivèrent, ils trouvèrent la hutte vide Atkins, qui était le plus déterminé, crie à ses camarades : Voici le nid, mais les oiseaux se sont envolés. Ils s'arrêtèrent pendant quelques instants pour deviner la raison qui pouvait avoir obligé leurs ennemis de sortir de si bonne heure, et convinrent tous que les Espagnols devaient les avoir instruits du péril auquel ils allaient être exposés ; après cette conjecture, ils se donnèrent la main tous trois, et s'engagèrent par des serments horribles à se venger de ceux qui les avaient trahis. Immédiatement après ils se mirent à travailler sur les huttes des pauvres Anglais : ils les abattirent toutes deux, et n'en laissèrent pas une pièce entière, de manière qu'à peine pouvait-on reconnaître la place où elles avaient été : ils en réduisirent pour ainsi dire en poussière tous les meubles, et en répandirent tellement les débris au long et au large, qu'ensuite ces malheureux trouvèrent plusieurs de leurs ustensiles à demi-lieue de leur habitation.

Après cette expédition, ils arrachèrent tous les arbres que leurs ennemis avaient plantés, l'enclos dans lequel ils tenaient leur bétail et leur blé ; en un mot, ils saccagèrent tout aussi complètement qu'aurait pu le faire une horde de Tartares.

Pendant ce bel exploit, les deux Anglais les cherchaient pour les combattre partout où ils les trouveraient et quoiqu'ils ne fussent que deux contre trois, il est certain qu'il y aurait eu du sang répandu, car ils étaient tous également déterminés, et incapables de s'épargner en aucune manière.

Mais la Providence mit plus de soin à les séparer qu'ils n'étaient ardents à se joindre ; comme s'ils avaient voulu se croiser à dessein, lorsque les trois étaient allés du côté des huttes, les deux marchaient du côté du château ; et lorsque ces derniers se furent mis en chemin pour les chercher, les trois autres étaient revenus du côté de mon ancienne demeure.

Les trois retournèrent vers les Espagnols, la fureur peinte sur le visage, et, échauffés de l'expédition qu'ils avaient faite avec tant d'animosité, ils se vantent hautement de leur action, comme si elle avait été la plus héroïque du monde, et l'un d'entre eux, avançant sur un des Espagnols, d'un air arrogant, lui saisit son chapeau, et le lui faisant pirouetter sur la tête, dit insolemment, en lui riant au nez : Et vous, seigneur, nous vous traiterons de même, si vous n'avez soin de nous témoigner du respect.

L'Espagnol, quoique doux et fort honnête, était un homme aussi courageux qu'on puisse l'être, adroit et robuste au suprême degré. Après avoir regardé fixement celui qui venait de l'insulter avec si peu de raison, il alla vers lui d'un pas fort grave, et, du premier coup de poing, il le jeta à terre comme un bœuf qu'on assomme ; là-dessus, un autre Anglais, aussi insolent que le premier, lui tira un coup de pistolet. Il ne le tua pourtant pas, les balles passèrent au travers de ses cheveux ; mais l'une toucha le bout de l'oreille et le fit saigner beaucoup.

L'Espagnol voyant couler son sang avec abondance, crut être blessé plus dangereusement qu'il ne l'était, et quoique jusque-là il eût agi avec toute la modération possible, il crut qu'il était temps de montrer à ces scélérats qu'ils avaient tort de se jouer à d'aussi braves gens : il arracha le fusil à celui qu'il avait jeté à terre et il allait faire sauter la cervelle au coquin qui l'avait voulu tuer, quand les autres Espagnols se montrant, le prièrent de ne point tirer sur lui, et, se jetant sur mes drôles, les désarmèrent et les mirent hors d'état de leur nuire.

Quand ils se virent désarmés, et les Espagnols autant animés contre eux que les Anglais, ils commencèrent à se radoucir, et les prièrent de leur rendre leurs armes. Mais, considérant l'inimitié qu'il y avait entre eux et les deux habitants des huttes, et persuadés que le meilleur moyen d'empêcher qu'ils n'en vinssent aux mains était de laisser ceux-ci désarmés, les Espagnols dirent qu'ils n'avaient point intention de leur faire le moindre mal, et qu'ils continueraient à leur donner toute sorte d'assistance, s'ils voulaient vivre paisiblement ; mais qu'ils ne trouvaient pas à propos de leur rendre leurs armes pendant qu'ils étaient animés contre leurs propres compatriotes, et qu'ils avaient même déclaré ouvertement leur dessein de faire esclaves tous les Espagnols.

Ces hommes abominables, hors d'état d'entendre raison, voyant qu'on leur refusait leurs armes, sortirent de cet endroit la rage dans le cœur, et en jurant qu'ils sauraient bien se venger des Espagnols, quoiqu'ils fussent privés de leurs armes à feu. Mais ceux-ci, méprisant leurs bravades, leur dirent de prendre garde à ne rien entreprendre contre leurs plantations et contre leur bétail ; que s'ils étaient assez hardis pour le faire, ils les tueraient comme des bêtes féroces partout où ils les trouveraient ; et, que si, après une telle hostilité, ils tombaient vifs entre leurs mains, ils les pendraient sans quartier. Ces menaces ne diminuèrent pas leur fureur, et ils s'en allèrent, jetant feu et flammes, jurant de la manière du monde la plus horrible.

À peine les avait-on perdus de vue, que voilà les deux autres non moins exaspérés, mais à plus juste titre ; étant allés à leur plantation, et la voyant détruire de fond en comble, ils avaient de justes raisons pour s'emporter contre leurs barbares ennemis. Ils ne trouvèrent que difficilement le temps de raconter leur malheur aux Espagnols, tant ceux-ci s'empressaient de les informer de leur propre aventure. C'était une chose extraordinaire de voir ainsi trois insolents insulter dix-neuf braves gens sans recevoir la moindre punition.

Il est vrai que les Espagnols les méprisaient, surtout après les avoir désarmés et rendu par-là leurs menaces vaines ; mais les Anglais étaient plus animés et ils résolurent d'en tirer vengeance, quoiqu'il en pût arriver. Cependant les Espagnols les apaisèrent, en disant que, puisqu'ils leur avaient ôté leurs armes, ils ne pouvaient permettre qu'on les attaquât et qu'on les tuât à coup de fusil. De plus, l'Espagnol qui était alors comme gouverneur de l'île, les assura qu'il leur procurerait une satisfaction entière ; car, dit-il, il ne faut pas douter qu'ils ne reviennent à nous quand leur fureur aura eu le temps de se ralentir, puisqu'ils ne sauraient subsister sans notre secours ; et nous vous promettons en ce cas qu'ils vous satisferont, à condition que, de votre côté, vous vous engagez à n'exercer aucune violence contre eux que pour votre propre défense.

Les deux Anglais y consentirent, mais avec beaucoup de peine ; les Espagnols leur protestèrent qu'ils n'avaient point d'autre but que d'empêcher l'effusion du sang parmi eux, et de les rendre tous plus heureux : car, dirent-ils, nous ne sommes pas si nombreux qu'il n'y ait de la place ici pour nous tous, et c'est une grande pitié que nous ne puissions être tous amis. Ces paroles les adoucirent à la fin entièrement ; ils s'engagèrent à tout ce que les Espagnols voulurent, et restèrent quelques jours avec eux, leur habitation ayant été détruite.

Environ cinq jours après, les trois vagabonds, las de se promener et à moitié morts de faim, ne s'étant soutenus que par quelques œufs de tourterelles, revinrent vers le château, et voyant le commandant espagnol, avec deux autres, se promener sur le bord de la petite baie, ils s'en approchèrent d'une manière assez soumise, et lui demandèrent en grâce et avec humilité à être reçus de nouveau dans la famille. L'Espagnol les reçut gracieusement ; mais il leur dit qu'ils avaient agi avec leurs propres compatriotes d'une manière si grossière, et avec ses camarades d'une manière si brutale, qu'il lui était impossible d'accorder leur demande sans délibérer là-dessus auparavant avec les Anglais et les autres Espagnols ; qu'il allait dans le moment en faire la proposition, et qu'il leur donnerait réponse dans une demi-heure. La faim leur fit paraître la condition d'attendre une demi-heure hors du château extrêmement dure, et n'en pouvant plus, ils supplièrent le gouverneur de leur donner du pain, ce qu'il fit ; il leur envoya en même temps une grosse pièce de chevreau et un perroquet rôti, et ils mangèrent le tout avec un très grand appétit.

Après avoir attendu le résultat de la délibération pendant la demi-heure stipulée, on les fit entrer, et il y eut une grande dispute entre eux et leurs compatriotes, qui les accusaient de la ruine totale de leur plantation et du dessein de les assassiner. Comme ils s'en étaient vantés auparavant, ils ne purent le nier alors. Le chef des Espagnols fit le médiateur, et comme il avait porté les deux Anglais à ne point attaquer les trois autres pendant qu'ils seraient désarmés et hors d'état de leur nuire, il obligea aussi les trois scélérats d'aller rebâtir les cabanes ruinées ; l'une précisément comme elle avait été et l'autre plus spacieuse ; il leur ordonna de faire de nouveaux enclos, de planter de nouveaux arbres, de semer du blé pour remplacer celui qu'ils avaient ruiné ; en un mot, il leur fit remettre tout dans l'état où ils l'avaient trouvé, autant qu'il était possible.

Ils se soumirent à toutes ces conditions, et, comme on leur donnait des vivres en abondance, ils commencèrent à vivre paisiblement, et toute la colonie était fort unie. Il n'y manquait rien, sinon qu'il était impossible de porter ces trois vagabonds à travailler pour eux-mêmes.

Néanmoins les Espagnols furent assez obligeants pour leur déclarer que, pourvu qu'ils ne troublassent plus le repos de la société, et qu'ils voulussent prendre à cœur le bien général de la plantation, ils travailleraient pour eux avec plaisir, qu'ils leur permettraient de se promener à leur fantaisie, et d'être aussi fainéants qu'ils le trouveraient à propos. Tout alla parfaitement bien pendant un mois ou deux, et les Espagnols furent assez bons pour leur rendre leurs armes et la liberté dont ils avaient joui auparavant.

Huit jours après cet acte de générosité, ces scélérats, incapables de la moindre reconnaissance, recommencèrent leurs insolences, et se mirent dans la tête le dessein du monde le plus affreux. Ils ne l'exécutèrent pourtant pas alors, à cause d'un accident qui mit toute la colonie en danger, et força les uns et les autres à renoncer à tout ressentiment particulier pour songer à leur propre conservation.

Il arriva, pendant une nuit, que le gouverneur espagnol ne put fermer les yeux, de quelque côté qu'il se tournât. Il se portait très bien quant au corps ; mais il se sentait agité de pensées tumultueuses, quoique d'ailleurs il fût parfaitement éveillé : son cerveau était plein d'images de gens qui se battaient et se tuaient les uns les autres. En un mot, étant resté quelque temps au lit dans cette inquiétude, sentant son agitation redoubler de plus en plus, il se leva. Comme ils étaient tous couchés sur des tas de peaux de chèvres placées dans de petites couches qu'ils avaient dressées pour eux-mêmes, et non pas dans des hamacs comme le mien, ils avaient peu de chose à faire pour se lever : il ne leur fallait que se dresser sur leurs pieds, mettre un justaucorps et leurs escarpins, et ils étaient en état de sortir et de vaquer à leurs affaires.

S'étant donc ainsi levé, l'Espagnol sortit ; mais l'obscurité l'empêchait de rien voir d'une manière bien distincte, d'ailleurs il en était empêché par les arbres que j'avais plantés, et qui, parvenus à une grande hauteur, lui barraient la vue, de sorte qu'il ne pouvait que regarder en haut et remarquer que le ciel était serein et parsemé d'étoiles. Il n'entendit pas le moindre bruit, et là-dessus il prit le parti de se recoucher, mais il ne put ni dormir ni se tranquilliser l'esprit : il se sentait l'âme également troublée sans en apercevoir la moindre raison.

Ayant fait quelque bruit en se levant et en se couchant, en sortant et en rentrant, un de ses gens s'éveilla, et demanda ce qui causait ce trouble : alors le gouverneur lui dépeignit la situation où il se trouvait. — Ecoutez, lui dit l'Espagnol, de tels mouvements ne sont pas à négliger, je vous en assure ; il y a certainement quelque malheur qui menace nos têtes. Où sont les Anglais? poursuivit-il. — Il n'y a rien à craindre de ce côté-là, répondit le gouverneur. Ils sont dans leurs huttes. Il paraît que depuis leur dernière mutinerie les Espagnols s'étaient réservé mon château, et qu'ils avaient logé les Anglais dans un quartier à part, d'où ils ne pouvaient venir à eux sans qu'ils y consentissent.

— N'importe, répondit l'Espagnol, il y a ici quelque chose qui ne va pas bien ; sortons d'ici, dit-il, examinons tout : si nous ne trouvons rien qui puisse justifier vos craintes, vous recouvrerez votre tranquillité.

Ils allèrent ensemble sur la colline d'où j'avais autrefois reconnu le pays en pareil cas, en y montant par le moyen d'une échelle que je tirais après moi, afin de parvenir jusqu'au second étage. Comme ils étaient alors en grand nombre dans l'île, ils ne s'avisèrent pas de toutes ces précautions ; ils s'y rendirent tout droit par le bois : mais ils furent bien surpris en voyant de cette hauteur une grande lumière, et d'entendre la voix de plusieurs hommes.

Dans toutes les occasions où j'avais vu les sauvages débarquer, j'avais pris tout le soin imaginable pour leur cacher que l'île était habitée ; et quand ils venaient à le découvrir, je le leur faisais sentir d'une manière si rude, que ceux qui s'en échappaient n'en pouvaient donner un récit fort exact ; les seuls qui m'eussent vu et qui s'en étaient allés en état de le raconter, étaient les trois sauvages qui, dans notre dernière rencontre, s'étaient sauvés dans un canot, et dont la fuite m'avait fort alarmé.

Il n'était pas possible aux Espagnols de savoir si les sauvages étaient débarqués en grand nombre, et s'ils avaient quelque dessein contre eux sur le rapport de ces fugitifs, ou si c'était par la même raison qui les y avait fait venir autrefois. Mais, quoi qu'il en soit, il n'y avait pour eux que deux partis à prendre : ou de se cacher soigneusement et d'employer tous les moyens possibles pour laisser ignorer à ces cannibales que l'île était habitée; ou de tomber sur eux avec tant de vigueur qu'il n'en échappât pas un seul, ce qui ne se pouvait faire qu'en leur coupant le chemin de leur barque. Malheureusement mes gens n'eurent pas cette présence d'esprit, et ce manque de précaution troubla leur tranquillité pendant un temps considérable.

Le gouverneur et son compagnon, surpris de ce qu'ils voyaient, s'en retournèrent dans le moment pour éveiller leurs camarades, et les instruire du danger qui les menaçait; ils prirent d'abord l'alarme, mais il fut impossible de leur persuader de se tenir cachés : ils sortirent sur-le-champ pour voir eux-mêmes ce dont il s'agissait.

Le mal n'était pas grand tant qu'il faisait obscur, et ils eurent tout le loisir, pendant quelques heures, de regarder les sauvages à la clarté de trois feux qu'ils avaient allumés sur le rivage à quelque distance l'un de l'autre. Ils ne pouvaient comprendre quel était leur dessein et ne savaient que résoudre eux-mêmes. Les ennemis étaient en grand nombre, et ce qu'il y avait de plus alarmant, c'est que, bien loin de se trouver réunis, ils étaient séparés en plusieurs troupes assez éloignées l'une de l'autre.

Ce spectacle jeta les Espagnols dans une terrible consternation, ils les voyaient rôder partout et appréhendaient fort que, par quelque accident, ils ne vinssent à découvrir leur habitation, ou que quelque chose ne leur indiquât que le lieu était peuplé. Ils craignaient surtout pour leur troupeau, qui ne pouvait être détruit sans les mettre en danger de mourir de faim. Pour prévenir ce désastre, ils détachèrent d'abord deux Espagnols et les trois Anglais, avec ordre de chasser tout le troupeau dans la grande vallée où était ma grotte, et de le faire entrer dans la grotte même s'il était nécessaire.

Ils résolurent, s'il arrivait que les sauvages se réunissent en une seule troupe et s'éloignassent de leurs canots, de tomber sur eux, quand bien même ils seraient une centaine. Mais il ne fallait pas s'y attendre : il y avait entre leurs petites bandes la distance d'une grande demi-lieue, et, comme il parut ensuite, elles étaient de deux nations différentes.

Après s'être arrêtés quelque temps pour délibérer sur le parti le plus sûr qu'il y avait à prendre dans cette conjoncture, ils résolurent d'envoyer le vieux sauvage, père de Vendredi, pour les reconnaître pendant qu'il faisait encore obscur, et pour se mêler avec eux, afin de savoir leur dessein. Le bon vieillard l'entreprit volontiers, et il partit dans le moment. Après deux heures d'absence, il vint rapporter que c'étaient des partis de deux nations qui étaient en guerre l'une contre l'autre, qu'ils avaient donné un grande bataille dans leur pays, et qu'ayant fait quelques prisonniers de côté et d'autre, ils étaient venus par hasard dans la même île pour faire leur festin et pour se divertir ; que dès qu'ils s'étaient découverts mutuellement, leur joie avait été extrêmement troublée, et qu'ils paraissaient dans une si grande rage, qu'il ne fallait pas douter qu'ils ne se battissent de nouveau à l'approche du jour. Il n'avait pas vu d'ailleurs la moindre apparence qu'ils soupçonnassent l'île d'être habitée, et qu'ils s'attendissent à y trouver d'autres gens que leurs ennemis. A peine ce bonhomme eut-il fini son rapport, qu'un bruit terrible fit comprendre aux nôtres que les deux armées étaient aux mains, et que le combat devait être furieux.

Le père de Vendredi employa toute son éloquence pour persuader à ceux de l'île de se tenir en repos et de ne pas se montrer. Il leur dit que c'était en cela seul que consistait leur sûreté, que les sauvages ne manqueraient pas de se tuer les uns les autres, et que ceux qui échapperaient du combat s'embarqueraient sur-le-champ. Cette prédiction fut accomplie dans toutes ses circonstances.

Mes gens cependant ne voulurent point entendre raison, particulièrement les Anglais, qui, sacrifiant leur prudence à leur curiosité, sortirent tous pour aller voir le combat. Ils ne laissèrent pas néanmoins d'user de quelque précaution, et, au lieu d'avancer à découvert par-devant leur habitation, ils prirent un détour par le bois, et se placèrent avantageusement dans un endroit où ils pouvaient voir tout ce qui se passait sans être aperçus.

La bataille cependant était aussi terrible qu'opiniâtre, et si je puis ajouter foi aux Anglais, il paraissait y avoir dans chacun des deux partis une bravoure extraordinaire, une fermeté invincible, et beaucoup d'adresse à ménager le combat. Il dura deux heures avant qu'on pût voir de quel côté se déclarerait la victoire. Alors la troupe la plus proche des Anglais s'affaiblit, se mit en désordre, et s'enfuit peu de temps après.

Nos gens craignaient fort que quelques-uns des fuyards se jetassent, pour se dérober à la fureur de leurs ennemis, dans la caverne qui était devant leur habitation, et ne découvrissent involontairement que le lieu était habité. Ils craignaient bien plus encore que les vainqueurs ne les y suivissent, et ils résolurent de se tenir avec leurs armes au-dedans du retranchement, de faire une sortie sur tous ceux qui voudraient entrer dans la caverne, avec l'intention de les tuer tous, et de les empêcher de donner des nouvelles de leur découverte. Leur dessein était de ne se servir pour cet effet que de leurs sabres ou des crosses de leurs fusils, de peur de faire du bruit et d'en attirer par-là un plus grand nombre.

La chose arriva précisément comme ils s'y étaient attendus : trois d'entre les vaincus s'enfuyant de toutes leurs forces, et traversant la baie, vinrent directement vers cet endroit, ne songeant à autre chose qu'à chercher un asile dans ce qui leur paraissait un bois épais. La sentinelle de mes gens vint aussitôt les avertir, en ajoutant, à leur grande satisfaction, que les vainqueurs ne les poursuivaient pas, et semblaient ignorer de quel côté ils s'étaient sauvés. alors le gouverneur espagnol, trop humain pour souffrir qu'on massacrât ces fugitifs, ordonne à trois des nôtres de passer par-dessus la colline, de se glisser derrière eux, de les surprendre, et de les faire prisonniers : ce qui fut exécuté.

Le reste des sauvages s'enfuirent du côté de leurs canots, et se mirent en mer. Pour les vainqueurs, ils ne les poursuivirent pas avec beaucoup d'ardeur; et s'étant réunis, ils jetèrent deux grands cris, selon toutes les apparences, pour célébrer leur triomphe. Le même jour, à peu près à trois heures de l'après-dînée, ils rentrèrent dans leurs barques, et de cette manière la colonie en fut délivrée, et ne revit pas ces hôtes incommodes de plusieurs années.

Après qu'ils se furent tous retirés, les Espagnols sortirent de leur embuscade pour aller examiner le champ de bataille. Ils y trouvèrent environ une trentaine de morts, dont quelques-uns avaient été tués par de grandes flèches qu'on leur voyait encore dans le corps; mais la plupart avaient perdu la vie par des coups terribles de certains sabres de bois, dont mes gens trouvèrent seize ou dix-sept sur la place, avec autant d'arcs et de javelots. Ces sabres étaient d'une pesanteur extraordinaire, et il fallait avoir une force prodigieuse pour les manier comme il faut. La plupart de ceux qui avaient été tués par ces instruments avaient la tête brisée; d'autres les jambes et les bras cassés ce qui marque clairement qu'ils se battaient avec la dernière animosité. On n'en trouva pas un qui ne fût mort. Leur coutume est, parmi eux, de faire tête à l'ennemi, quoique blessé, jusqu'à la dernière goutte de leur sang; les vainqueurs ne manquent jamais d'emporter leurs blessés et ceux d'entre les ennemis que leurs blessures empêchent de prendre la fuite.

Cet événement adoucit le caractère de mes Anglais pendant quelque temps; un pareil spectacle leur avait donné de l'horreur. et ils tremblaient à la seule idée de ces cannibales, entre les mains desquels ils ne pouvaient tomber sans être tués comme ennemis, et sans leur servir de nourriture comme un troupeau de bétail. Ils m'avouèrent ensuite que la pensée d'être mangés en guise de bœuf ou de mouton, bien que ce malheur ne pût leur arriver qu'après leur mort, avait quelque chose pour eux de si effroyable, qu'elle les remplissait d'horreur, et que, pendant plusieurs semaines, les images affreuses qui leur roulaient dans l'esprit les avaient presque rendus malades.

Ils furent pendant quelque temps fort traitables, et vaquèrent aux affaires communes de la colonie. Ils plantaient, semaient, faisaient la moisson, comme s'ils eussent vécu dès leur enfance dans ce lieu ; mais cette bonne conduite ne fut pas de longue durée, et ils prirent bientôt de nouvelles mesures pour se venger de leurs compatriotes, et se précipitèrent eux-mêmes dans de grands malheurs.

Ils avaient fait trois prisonniers, comme j'ai dit : c'étaient des jeunes gens alertes et robustes qui les servirent en qualité d'esclaves et leur furent d'une grande utilité. Mais ils ne s'y prirent pas, pour gagner leur cœur, de la même manière dont j'avais usé avec Vendredi. Ils négligèrent de les rendre sensibles à l'humanité avec laquelle ils leur avaient sauvé la vie. Bien loin de leur donner quelques principes de la religion, ils ne songèrent pas seulement à les civiliser, et à leur inspirer une conduite raisonnable par des instructions sages et accompagnées de douceur. Ils les nourrissaient ; mais en récompense, ils les employaient au travail le plus rude, et ils ne s'en faisaient servir que par force, de sorte qu'ils ne pouvaient compter sur eux quand il s'agirait de hasarder leur vie pour leurs maîtres, au lieu que Vendredi était un homme à se précipiter dans une mort certaine pour me tirer du danger.

Quoi qu'il en soit, toute la colonie paraissait liée alors par une sincère amitié, le péril commun en ayant banni pour un temps toute l'animosité particulière. Dans cette situation, ils se mirent unanimement à délibérer sur leurs intérêts, et la première chose qui leur parut digne d'attention, ce fut d'examiner si, instruits par l'expérience que le côté de l'île qu'ils occupaient était le plus fréquenté par les sauvages, ils ne feraient pas bien de se retirer dans un endroit plus éloigné, non moins propre à leur fournir abondamment de quoi subsister, et infiniment plus capable de mettre en sûreté leur blé et leur bétail.

Après beaucoup de raisonnements pour et contre, on résolut de ne point changer de demeure, parce qu'il pourrait arriver un jour que le vieux gouverneur leur envoyât quelqu'un qui les chercherait probablement en vain s'ils s'éloignaient de son ancienne demeure, et qui les croirait tous péris s'il voyait son château détruit ; ce qui les priverait à jamais de tous les secours que j'aurais la bonté de leur donner. Mais pour leur blé et leur bétail, ils tombèrent d'accord de les reculer dans la vallée où était ma grotte, et où il y avait une grande étendue de fort bonne terre. Cependant, après y avoir pensé plus mûrement, ils changèrent de dessein, et prirent la résolution de n'envoyer dans cette vallée qu'une partie de leur bétail, et de n'y semer que la moitié de leur blé afin que si, par quelque désastre, une partie en était détruite, le reste pût être hors d'atteinte et leur fournir le moyen de réparer cette perte.

Ils prirent un parti fort prudent à l'égard de leurs prisonniers : ce fut de leur cacher soigneusement le bétail qu'ils nourrissaient dans cette vallée, et la plantation qu'ils avaient jugé à propos d'y faire. Surtout ils ne les laissèrent jamais approcher de la grotte, qu'ils considéraient comme un asile sûr, en cas d'extrême nécessité, et où ils avaient caché les deux barils de poudre que je leur avais laissés en partant.

J'avais mis mon château à couvert par un retranchement et par un bois assez épais; ils virent aussi bien que moi que toute la sûreté consistait à n'être pas découverts, et conséquemment ils résolurent de rendre leur habitation de plus en plus invisible. Pour cet effet, voyant que j'avais planté des arbres à une grande distance de l'entrée de ma demeure, ils suivirent le même plan, et en couvrirent tout l'espace qu'il y avait entre mon bocage et le côté de la baie où autrefois j'avais abordé avec mes radeaux. Ils poussèrent leur plantation jusqu'à l'endroit marécageux que la marée inondait, sans laisser le moindre lieu commode pour débarquer, ni la moindre trace qui pût le faire comprendre.

Les arbres de cette espèce croissent en fort peu de temps; ceux qu'ils plantèrent étaient beaucoup plus grands et plus avancés que je ne les avais choisis, n'ayant d'autre dessein que de mettre des palissades devant ma fortification; à peine eurent-ils été en terre pendant trois ou quatre ans que, se trouvant fort près l'un de l'autre, ils formèrent une haie impénétrable à la vue même. A l'égard de ceux que j'avais plantés et dont le tronc était de la grosseur de la cuisse, ils en mirent un si grand nombre de jeunes, et les placèrent si serrés que, pour pénétrer par force dans le château, il aurait fallu une armée entière qui s'y fît une entrée à coups de hache; car à peine un petit chien aurait-il pu passer au travers.

Ils pratiquèrent la même chose des deux côtés de mon habitation, et par derrière ils couvrirent d'arbres toute la colline, ne se laissant pas à eux-mêmes d'autre sortie que par le moyen de mon échelle, qu'ils tiraient après eux pour monter sur le second étage précisément comme je m'y étais pris autrefois moi-même. Ainsi, quand l'échelle n'y était pas, il aurait fallu des ailes pour mettre quelqu'un en état de venir à eux.

Il n'y avait rien là qui ne fût parfaitement bien imaginé, et ils virent ensuite que toutes ces précautions n'avaient pas été inutiles.

Ils vécurent de cette manière deux années dans une parfaite tranquillité, sans recevoir la moindre visite de leurs incommodes voisins. Un matin seulement, quelques Espagnols ayant été de fort bonne heure du côté occidental de l'île, ils furent surpris par la vue d'une vingtaine de canots qui paraissaient sur le point d'aborder, et revinrent au logis à toutes jambes, dans une grande consternation.

Il fut résolu de se tenir clos et couvert pendant tout ce jour et le suivant, ne sortant que la nuit pour aller à la découverte, mais heureusement les sauvages ne débarquèrent point : ils avaient apparemment poussé plus loin pour exécuter quelque autre entreprise.

Peu de temps après, les Espagnols eurent avec les trois Anglais une nouvelle querelle. Un d'entre eux, le plus violent de tous les hommes, fort en colère contre un esclave, parce qu'il n'avait pas bien fait quelqu'ouvrage, et qu'il avait marqué quelque dépit quand on avait voulu le redresser, saisit une hache, non pour le punir, mais pour le tuer.

Il avait envie de lui fendre la tête ; mais la rage ne lui permettant pas de bien diriger son coup, l'instrument tomba sur l'épaule du pauvre esclave ; un des Espagnols, croyant qu'il lui avait coupé un bras, accourut pour le prier de ne pas massacrer ce malheureux, et pour l'en empêcher par la force, s'il était nécessaire. Alors ce furieux se jeta sur l'Espagnol lui-même en jurant qu'il le tuerait à la place du sauvage, mais l'autre évita le coup, et avec une pelle qu'il avait à la main, car ils étaient tous occupés au labourage, il le terrassa. Un autre Anglais voyant son compagnon à terre, se précipite sur l'Espagnol, et le terrasse à son tour. Deux autres Espagnols vinrent au secours de celui-ci, et le troisième Anglais se rangea du côté des deux autres. Ils n'avaient point d'armes à feu ni les uns ni les autres, mais assez de haches et d'autres outils pour s'assommer. Il est vrai qu'un des Anglais avait un sabre caché sous ses habits, avec lequel il blessa les deux Espagnols qui étaient venus pour seconder leurs compagnons. Toute la colonie fut en confusion, et les Anglais furent faits prisonniers tous trois. On délibéra d'abord sur ce qu'on en ferait. Ils avaient déjà excité tant de troubles, ils étaient si furieux, et de plus de si grands paresseux, qu'ils ne faisaient que nuire à cette petite société, sans lui être utiles en aucune manière ; d'ailleurs, c'étaient des traîtres et des perfides, et le crime ne leur coûtait rien.

Le gouverneur leur déclara ouvertement que s'ils étaient de son pays il les ferait pendre, puisque les lois de tous les gouvernements tendent à la conservation de la société, et qu'il est juste d'en ôter ceux qui tâchent de la détruire ; mais qu'étant Anglais il voulait les traiter avec la plus grande douceur, en considération d'un homme de leur nation, auquel ils devaient tous la vie, et qu'il les abandonnait au jugement de leurs deux compatriotes.

Là-dessus un de ces derniers se leva et pria qu'on le dispensât de cette commission, puisqu'il serait obligé en conscience de les condamner à être pendus. Ensuite il raconta comment Guillaume Atkins leur avait fait la proposition de se joindre tous cinq pour assassiner les Espagnols pendant leur sommeil.

Le gouverneur, entendant une accusation si terrible, se tourna vers le scélérat. — Comment donc, Atkins, lui dit-il, vous avez voulu nous assassiner? Qu'avez-vous à répondre? Ce malheureux était si éloigné du repentir, qu'il en convint effrontément en jurant qu'il était encore dans le même dessein. — Mais, Atkins, reprit l'Espagnol, qu'est-ce que nous avons fait pour mériter un pareil traitement, et que gagneriez-vous en nous massacrant? Que faut-il que nous vous fassions pour vous empêcher? Pourquoi faut-il que vous nous mettiez dans la nécessité de vous tuer ou d'être tués par vous? Vous avez grand tort de nous réduire à cette cruelle alternative.

La manière calme et douce dont l'Espagnol prononça ces paroles fit croire à Atkins qu'il se moquait de lui ; alors il se mit dans une telle fureur que, s'il avait eu des armes, et s'il n'eût été retenu par trois hommes, il est à croire qu'il aurait tué le gouverneur au milieu de toute la compagnie.

Cette rage inconcevable les contraignit à songer sérieusement au parti qu'ils prendraient à l'égard de ces furieux. Les deux Anglais et l'Espagnol qui avaient empêché la mort de l'esclave, opinèrent qu'il fallait en pendre un pour servir d'exemple aux deux autres, et que ce devait être celui qui dans le moment avait voulu commettre deux crimes avec sa hache. Il paraît effectivement qu'il avait eu ce dessein-là, car il avait si cruellement blessé le pauvre sauvage, qu'on croyait impossible qu'il en échappât.

Le gouverneur néanmoins ne fut pas de cet avis, il répéta encore que c'était à un Anglais qu'ils étaient tous redevables de la vie, et qu'il ne consentirait pas à la mort d'un seul homme de cette nation, quand ils auraient massacré la moitié de ses gens. Il ajouta que s'il était assassiné lui-même par un Anglais, il emploierait ses dernières paroles à les prier de lui faire grâce.

Il insista là-dessus avec tant de force qu'il fut impossible de le dissuader ; et, comme d'ordinaire l'opinion qui tend le plus vers la clémence prévaut dans un conseil, quand elle est soutenue avec vigueur, ils entrèrent tous dans le sentiment de cet honnête homme. Il fallait pourtant songer aux moyens d'empêcher l'exécution de la barbare entreprise des criminels, et délivrer une fois pour toutes la petite société de ses appréhensions si bien fondées. On délibéra avec beaucoup d'attention, et l'on convint à la fin unanimement qu'ils seraient désarmés, et qu'on ne leur permettrait d'avoir ni fusil, ni poudre, ni plomb, ni sabre, ni aucune arme offensive.

Qu'il serait défendu, tant aux Espagnols qu'aux Anglais, de leur parler, ou d'avoir le moindre commerce avec eux.

Qu'ils seraient chassés pour toujours de la société, permis à eux de vivre où et de quelle manière ils le trouveraient à propos.

Qu'ils se tiendraient toujours à une certaine distance du château, et que s'ils commettaient le moindre désordre dans la plantation, le blé ou le bétail appartenant à la société, il serait permis de les tuer comme des animaux malfaisants, partout où on les trouverait.

Le gouverneur, dont l'humanité était au-dessus de tout éloge, ayant réfléchi sur le contenu de cette sentence, se tourna du côté des deux Anglais, et les pria de considérer que leurs malheureux compatriotes ne pouvaient avoir d'abord du grain et du bétail ; que par conséquent il fallait leur donner quelques provisions pour ne pas les réduire à mourir de faim. On en convint, et on résolut de leur donner du blé pour subsister pendant huit mois, et pour semer, afin qu'ils en recueillissent après ce temps-là de leur crû. On ajouta six chèvres qui donnaient du lait, quatre boucs et six chevreaux destinés en partie à leur nourriture, et en partie à leur former un nouveau troupeau. On ajouta encore tous les outils nécessaires, six haches, une scie, mais à condition qu'ils s'engageraient, par un serment solennel, à ne les employer jamais contre leurs compatriotes ni contre les Espagnols, et qu'ils ne songeraient de leur vie à leur causer le moindre dommage.

C'est ainsi qu'ils furent chassés de la société. Ils s'en allèrent d'un air très mécontent, sans vouloir prêter le serment qu'on exigeait d'eux avec tant de justice. Ils dirent qu'ils allaient chercher un endroit pour s'établir et pour y faire une plantation, et on leur donna quelque peu de vivres, mais point d'armes.

Quatre ou cinq jours après, ils revinrent de nouveau pour chercher des provisions, et ils indiquèrent au gouverneur l'endroit qu'ils avaient marqué pour y demeurer et pour y planter : c'était un lieu fort convenable, dans l'endroit le plus éloigné de l'île, du côté du nord-est, assez près de la côte où j'avais abordé dans mon premier voyage, après avoir été emporté par les courants en pleine mer.

Ils se bâtirent deux jolies cabanes sur le modèle de mon château, au pied d'une colline environnée de quelques arbres de plusieurs côtés, de manière qu'en plantant un petit nombre d'autres, ils se mirent entièrement à couvert, à moins qu'on ne les cherchât avec beaucoup de soin. Ils demandèrent quelques peaux de chèvres pour leur servir de lits et de couvertures, et elles furent données. Étant alors d'une humeur plus pacifique, ils s'engagèrent solennellement à ne rien entreprendre contre la colonie, et à cette condition on leur donna tous les outils dont on pouvait se passer. On y ajouta des pois, du millet et du riz pour semer; en un mot, tout ce dont ils pouvaient avoir besoin, excepté seulement des armes et des munitions.

Ils vécurent dans cet état environ six mois, et ils firent leur moisson, qui était peu considérable, parce qu'ayant tant d'autres choses à faire, ils n'avaient eu le loisir que de défricher un fort petit terrain.

Quand ils se mirent à faire des planches et des pots, ils furent terriblement embarrassés, et ils ne firent rien qui vaille. Ce fut une nouvelle peine pour eux quand vint la saison pluvieuse, n'ayant point de cave pour mettre leur grain à l'abri de toute humidité. Cet inconvénient les humilia au point de leur faire demander le secours des Espagnols, qui leur en accordèrent volontiers. En moins de quatre jours ils creusèrent une cave dans un des côtés de la colline, suffisamment grande pour mettre leurs grains et leurs autres provisions à l'abri ; mais c'était peu de chose en comparaison de la mienne, surtout dans l'état où elle fut lorsque les Espagnols l'eurent élargie considérablement, et qu'ils y eurent ajouté plusieurs appartements.

Environ neuf mois après cette séparation, il leur prit un nouveau caprice dont les suites, jointes à celles de leurs crimes passés, les mirent dans un grand danger aussi bien que toute la colonie. Fatigués de leur vie laborieuse, et sans espérance d'une plus heureuse situation pour l'avenir, ils se mirent en tête de faire un voyage sur le continent d'où les sauvages étaient venus, pour essayer de faire quelques prisonniers propres à les décharger du travail le plus rude.

Ce projet n'était pas si mauvais, s'ils s'y étaient pris avec modération ; mais ces malheureux ne faisaient rien sans qu'il y eût quelque crime ou dans le projet ou dans l'exécution.

Ces trois compagnons en scélératesse vinrent un matin à mon château, demandant avec beaucoup d'humilité qu'il leur fût permis de parler aux Espagnols. Ces derniers y consentant, ils leur dirent qu'ils étaient fatigués de leur manière de vivre, qu'ils n'étaient pas assez adroits pour faire les choses qui leur étaient nécessaires, et que, n'ayant aucun secours pour en venir à bout, ils mourraient de faim indubitablement ; que si les Espagnols voulaient leur permettre de prendre un des canots qui avaient servi à les transporter, et leur donner des armes et des munitions pour pouvoir se défendre, ils iraient chercher fortune sur le continent, et les délivreraient ainsi de l'embarras de leur fournir des provisions.

Les Espagnols n'auraient pas été fâchés d'en être défaits ; mais ils ne laissèrent pas de leur représenter charitablement qu'ils allaient se perdre de propos délibéré, et qu'ils savaient, par leur propre expérience, qu'ils devaient s'attendre à mourir de misère sur le continent.

Ils répondirent d'une manière déterminée qu'ils périraient tous dans l'île, car ils ne pouvaient ni ne voulaient travailler, et que, s'ils avaient le malheur d'être massacrés, ils mettraient par-là fin à toutes leurs misères ; que dans le fond ils n'avaient ni femmes ni enfants qui perdissent quelque chose par leur mort ; en un mot, qu'ils étaient résolus de partir quand même on leur refuserait des armes.

Les Espagnols leur répliquèrent avec beaucoup d'honnêteté que s'ils voulaient absolument suivre ce dessein ils ne permettraient pas qu'ils le fissent sans avoir de quoi se défendre, et que malgré la disette d'armes à feu où ils étaient eux-mêmes, ils leur donneraient deux mousquets, un pistolet, un sabre et trois haches, ce qui était tout ce qu'il leur fallait.

Les trois aventuriers acceptèrent l'offre. On leur remit du pain pour plus d'un mois, autant de chevreau frais qu'ils en pouvaient manger pendant qu'il serait bon, un grand panier rempli de raisins secs, un pot rempli d'eau fraîche, et un jeune chevreau vivant. Avec ces provisions ils se mirent hardiment dans le canot, quoique le passage fût au moins de quarante milles.

La barque était assez grande pour porter une vingtaine d'hommes, et par conséquent elle était plutôt embarrassante dans cette occasion que trop petite ; mais, comme ils avaient un vent frais, et la marée favorable, ils la manièrent assez bien. Ils avaient mis, en guise de mât, une grande perche, avec une voile de quatre peaux de chèvres séchées et cousues ensemble. Ils s'embarquèrent dans un très bon appareil, et les Espagnols leur souhaitèrent un heureux voyage, sans s'attendre à les revoir jamais.

Ceux qui étaient restés dans l'île, Anglais et Espagnols, ne pouvaient s'empêcher de se féliciter de temps en temps de la manière paisible dont ils vivaient ensemble depuis que ces gens intraitables s'en étaient allés. Le retour de ces hommes sanguinaires était la chose qu'ils attendaient le moins, quand, après une absence de vingt-deux jours, un des Anglais, s'occupant de sa plantation, aperçut tout d'un coup trois étrangers s'avançant de leur côté avec des armes à feu.

D'abord il se mit à fuir comme le vent, et tout effrayé il alla dire au gouverneur espagnol que c'en était fait d'eux, et qu'il y avait des étrangers qui étaient débarqués dans l'île, sans qu'il pût dire quelles gens c'étaient. L'Espagnol, après avoir réfléchi pendant quelques moments, lui demanda ce qu'il voulait dire par-là; qu'il ne savait pas quelles gens c'étaient, et que ce devaient être assurément des sauvages. — Non, non, répondit l'Anglais, ce sont des gens habillés, et avec des armes à feu. — Eh bien! dit l'Espagnol, de quoi vous troublez-vous donc, si ce ne sont pas des sauvages? Ils sont nos amis; car il n'y a point de nation chrétienne au monde qui ne soit plutôt portée à nous faire du bien que du mal.

Pendant qu'ils étaient dans cette conversation, les Anglais qui se tenaient derrière les arbres nouvellement plantés se mirent à crier de toutes leurs forces. On reconnut d'abord leurs voix, et la première surprise fit aussitôt place à une autre.

On commença d'abord à s'étonner d'un si prompt retour, dont il était impossible de deviner la cause.

Avant de les faire entrer, on trouva bon de les questionner sur l'endroit où ils s'étaient rendus. Ils répondirent en peu de mots qu'ils avaient fait la traversée en deux jours, qu'ils avaient vu sur le rivage où ils avaient dessein d'aborder une prodigieuse quantité d'hommes qui paraissaient alarmés à leur aspect, et qui se préparaient à les recevoir à coups de flèches et de javelots s'ils eussent osé mettre pied à terre; ils avaient rasé les côtes du côté du nord l'espace de six ou sept lieues, et ils s'étaient aperçus que ce que nous prenions pour le continent était une île; bientôt après ils avaient découvert une autre île à main droite, du côté du nord, et beaucoup d'autres du côté de l'ouest. Étant résolus d'aller à terre, à quelque prix que ce fût, ils étaient passés du côté d'une de ces îles occidentales, et avaient débarqué hardiment : là, ils avaient trouvé le peuple honnête et sociable, et ils en avaient reçu plusieurs racines et quelques poissons secs; les femmes paraissaient disputer aux hommes le plaisir de leur fournir des vivres, qu'elles étaient obligées de porter sur leur tête pendant un assez long chemin.

Ils restèrent là quatre jours, et demandèrent par signes, du mieux qu'ils purent, quelles étaient les nations des environs. Les sauvages firent entendre que c'étaient des peuples cruels, habitués à manger les hommes; mais que pour eux, ils ne mangeaient ni hommes ni femmes, excepté les prisonniers de guerre, dont la chair leur fournissait un festin de triomphe.

Les Anglais leur demandèrent de la même manière quand ils avaient eu un pareil festin. Ils firent comprendre qu'il y avait deux mois, en étendant la main du côté de la lune, et montrant deux de leurs doigts. Ils ajoutèrent que leur roi était maître de deux cents prisonniers qu'ils avaient faits dans une bataille, et qu'on les engraissait pour le festin prochain. Les Anglais parurent, à ce sujet, fort curieux de voir ces prisonniers ; mais les sauvages les entendant mal, s'imaginèrent qu'ils souhaitaient d'en avoir quelques-uns pour les manger, et montrant du bout du doigt le couchant et l'orient, ils leur firent entendre qu'ils leur en apporteraient le lendemain. Ils tinrent leur parole, et leur amenèrent cinq femmes et onze hommes, dont ils leur firent présent, de la même manière que nous amenons vers quelque port de mer des bœufs et des vaches pour avitailler un vaisseau.

Quoique mes scélérats eussent donné dans notre île les plus grandes marques de barbarie, l'idée seule de manger ces prisonniers leur fit horreur. Le grand nombre de ces pauvres gens était embarrassant, cependant ils n'osèrent refuser un présent de cette valeur : c'eût été faire un cruel affront à cette nation sauvage. Ils se déterminèrent enfin à l'accepter, et donnèrent en récompense, à ceux qui les en avaient gratifiés, une de leurs haches, une vieille clef, un couteau, et cinq ou six balles de fusil, qui leur plaisaient fort, quoiqu'ils en ignorassent l'usage. Ensuite les sauvages, liant les pauvres captifs les mains derrière le dos, les portèrent eux-mêmes dans le canot.

Les Anglais furent obligés de quitter le rivage dans le moment, de peur que, s'ils fussent restés à terre, la bienséance ne les eût forcés de tuer quelques-uns de ces malheureux, de les mettre en broche, et de prier à dîner ceux qui avaient eu la générosité de les pourvoir de cette belle provision.

Ayant donc pris congé de leurs hôtes avec toutes les marques de reconnaissance qu'il est possible de donner par signes, ils remirent en mer, et s'en retournèrent vers la première île, où ils rendirent la liberté à huit de leurs prisonniers, trouvant le nombre qu'ils en avaient trop grand pour ne leur pas être à charge.

Pendant le voyage, ils travaillèrent de leur mieux à lier quelque commerce avec les sauvages, mais il fut impossible de leur faire comprendre quelque chose : ils s'étaient si fortement mis dans l'esprit qu'ils allaient bientôt servir de pâture à leurs possesseurs, qu'ils croyaient que tout ce qu'on leur disait et que tout ce qu'on leur donnait tendait uniquement à ce triste but.

On commença d'abord par les délier, ce qui leur fit pousser des cris terribles, surtout aux femmes, comme si elles avaient déjà le couteau sous la gorge ; car à s'en rapporter aux coutumes de leur pays, ils ne pouvaient qu'en conclure qu'on allait les égorger dans le moment.

Leurs craintes n'étaient guère moindres quand on leur donnait à manger. Ils s'imaginaient que c'était dans le dessein de conserver leur embonpoint pour les dévorer avec plus de volupté. Si les Anglais fixaient les yeux particulièrement sur quelqu'une de ces misérables créatures, celui sur qui ces regards tombaient s'imaginait aussitôt qu'on le trouvait le plus gras et le plus propre à être mis en pièces le premier. Lors même qu'ils furent arrivés à notre île, et qu'on les traitait avec beaucoup de douceur, ils s'attendaient tous les jours, pendant quelque temps, à servir de diner ou de souper à leurs maîtres.

Lorsque les trois aventuriers eurent fini le merveilleux journal de leur voyage, le gouverneur leur demanda où étaient leurs nouveaux domestiques. Ayant appris qu'ils les avaient amenés dans une de leurs cabanes, et qu'ils venaient exprès demander des vivres, il résolut de s'y transporter avec toute la colonie, sans oublier le père de Vendredi.

Ils les trouvèrent dans sa hutte tous liés, car leurs maîtres avaient jugé nécessaire d'user de cette précaution de peur que, pendant leur absence, ils ne prissent le parti de se sauver avec le canot. Ils étaient tous assis à terre. Il y avait trois hommes âgés d'environ trente à trente-cinq ans, tous bien tournés, et paraissant être adroits et robustes. Le reste consistait en cinq femmes, parmi lesquelles il y en avait deux de trente à quarante ans, deux de vingt-cinq à vingt-six, et une grande fille bien faite, de seize ou dix-sept ans : elles étaient toutes bien proportionnées pour la taille et pour les traits, mais d'une couleur un peu tannée. Il y en avait deux qui, si elles eussent été parfaitement blanches, auraient pu passer pour de belles femmes à Londres même : elles avaient quelque chose d'extrêmement gracieux dans l'air du visage, et toute leur contenance était fort modeste.

Les Espagnols avaient toute la pitié possible de ces pauvres gens, les voyant dans la plus triste situation et dans la plus mortelle inquiétude qu'on puisse s'imaginer, puisqu'ils s'attendaient dans un moment à être traînés hors de la cabane pour être massacrés et pour servir d'aliments à leurs maîtres.

Afin de les tranquilliser, ils ordonnèrent au père de Vendredi d'aller voir s'il en connaissait quelqu'un, et s'il entendait quelque chose à leur langage. Le bonhomme les regarda fort attentivement, mais il n'en reconnut pas un seul. Il avait beau parler, personne ne comprit d'abord ses paroles ni ses signes, excepté une des femmes. C'en était assez pour qu'on pût leur faire comprendre que leurs maîtres étaient chrétiens, qu'ils avaient en horreur les festins de chair humaine, et qu'ils pouvaient être sûrs qu'on ne les égorgerait pas.

Dès qu'ils en furent persuadés, ils marquèrent une joie extraordinaire par mille postures comiques, toutes différentes, ce qui faisait voir qu'ils étaient de diverses nations.

La femme qui faisait l'office d'interprète eut ordre de leur demander s'ils consentaient à être esclaves, et à consacrer leur travail aux hommes qui les avaient amenés afin de leur sauver la vie. Sur cette question ils se mirent tous à danser et à prendre l'un une chose, l'autre une autre, et à les porter vers la cabane, pour marquer qu'ils étaient prêts à rendre à leurs maîtres toutes sortes de services.

Ensuite, sur la proposition du gouverneur, les cinq Anglais convinrent de prendre chacun une femme, et ils vécurent ainsi d'une manière toute nouvelle. Les Espagnols et le père de Vendredi continuèrent à demeurer dans mon ancienne habitation ; ils avaient avec eux les trois esclaves faits prisonniers, lorsque les sauvages avaient livré bataille : c'était là, pour ainsi dire, la capitale de la colonie, dont les autres tiraient des vivres et toute espèce de secours, selon que la nécessité l'exigeait. Après leur union avec les Indiennes, nos Anglais se mirent à travailler ; aidés par les Espagnols, ils bâtirent en peu d'heures cinq nouvelles cabanes pour y loger, les autres étant, pour ainsi dire, toutes remplies de leurs meubles, de leurs outils et de leurs provisions. Les trois mauvais sujets avaient choisi l'endroit le plus éloigné, et les deux autres le plus voisin de mon château, mais les uns et les autres s'étaient logés vers le nord de l'île, de manière qu'ils continuèrent à faire bande à part, et qu'il y avait dans mon île un commencement de trois villes différentes.

Remarquons ici combien il est difficile aux hommes de pénétrer les secrets de la Providence divine. Il arriva justement que les deux honnêtes gens eurent en partage les femmes qui avaient le moins de mérite, au lieu que les trois scélérats, qui n'étaient bons à rien, incapables de faire du bien aux autres et à eux-mêmes, eurent les femmes adroites, diligentes, industrieuses et bonnes ménagères. Je ne veux pas dire par-là que les autres fussent d'un mauvais naturel : elles étaient toutes cinq également douces, patientes, tranquilles et soumises, plutôt comme esclaves que comme femmes, je veux seulement faire entendre que les deux dont il s'agit ici étaient moins habiles que les autres et moins laborieuses.

Je dois ajouter ici une remarque en l'honneur des esprits appliqués, et à la honte des naturels paresseux et négligents. Lorsque j'allai voir les différentes plantations et la manière dont chaque petite colonie les gouvernait, je trouvai que celle des Anglais honnêtes gens surpassait tellement celles des trois vauriens, qu'il n'y avait pas la moindre comparaison à faire. Il est vrai que les uns et les autres avaient cultivé autant de terre qu'il était nécessaire pour y semer du blé suffisamment ; mais rien n'était plus aisé de remarquer une très grande différence dans la manière dont chaque petite colonie s'y était prise pour rendre les terres fertiles et pour les enfermer dans des enclos.

Les deux honnêtes gens avaient planté autour de leur cabane une quantité prodigieuse d'arbres qui la rendaient inaccessible, et qui en cachaient la vue, et, bien que leur plantation eût été deux fois ruinée, la première fois par leurs propres compatriotes, et la seconde par les sauvages, comme on va le voir, tout était déjà rétabli, et aussi florissant que jamais. Leurs vignes étaient arrangées comme si elles étaient venues des pays où elles se plaisent le plus, et les raisins en étaient aussi bons que ceux de l'île, quoique leurs vignes fussent beaucoup plus jeunes que celles des autres, pour les raisons que je viens d'alléguer. De plus, ils s'étaient pratiqué une retraite dans le plus épais du bois, où, par un travail assidu, ils avaient creusé une cave qui leur servit beaucoup dans la suite pour y cacher leur famille quand ils furent attaqués par les barbares. Ils avaient planté tout autour un si grand nombre d'arbres qu'elle n'était accessible que par de petits chemins qu'ils étaient seuls capables de trouver.

Pour les trois autres, quoique leur nouvel établissement les eût bien civilisés en comparaison de leur brutalité passée, et qu'ils ne donnassent plus de fortes marques de leur humeur mutine et querelleuse, il leur restait toujours un des caractères d'un cœur vicieux, je veux dire la paresse. Ils avaient semé du blé, construit des enclos, et parfaitement vérifié ces paroles de Salomon : *Je passai dans la vigne du paresseux, et elle était toute couverte d'épines.* Quand les Espagnols vinrent pour voir la moisson de ces trois Anglais, ils ne la purent découvrir qu'à peine à travers les mauvaises herbes. Ils avaient dans leur haie plusieurs trous que les boucs sauvages avaient faits pour manger les épis, et ils les avaient bouchés d'une manière telle quelle.

La plantation des deux autres, au contraire, offrait partout un air d'application et de prospérité. On ne découvrait pas une mauvaise herbe entre leurs épis, ni la moindre ouverture dans leur haie. Ils vérifiaient cet autre passage de Salomon : *La main diligente enrichit.* Tout germait, tout croissait chez eux : ils jouissaient d'une pleine abondance ; ils avaient plus de bétail que les autres, plus de meubles, plus d'ustensiles, et en même temps plus de moyens de se distraire.

Il est vrai que les femmes des trois premiers, très propres, très adroites, ménageaient parfaitement tout ce qui regardait l'économie intérieure, et qu'ayant appris la cuisine anglaise, elles donnaient fort convenablement à manger à leurs maris, tandis qu'il avait été impossible d'y former les deux autres ; mais en récompense, celui qui avait été cuisinier s'en acquittait très bien, sans négliger aucune de ses occupations. Les trois fainéants n'avaient d'autre affaire que de parcourir toute l'île, de chercher des œufs de tourterelles et de chasser ; en un mot, ils s'occupaient de tout, excepté de ce qui était nécessaire. En récompense ils vivaient comme des mendiants, au lieu que la manière de vivre des autres était agréable et aisée.

J'en viens à présent à une scène tragique, différente de tout ce qui était arrivé auparavant à la colonie et à moi-même ; en voici le récit fidèle et circonstancié.

Un jour, de fort bon matin, cinq ou six canots pleins de sauvages abordèrent, sans doute dans l'intention ordinaire de faire quelque festin. Cet incident était devenu si familier à la colonie, qu'elle ne s'en mettait plus en peine, et qu'elle ne songeait qu'à se tenir cachée, persuadée que si elle n'était pas découverte par les sauvages, ils embarqueraient dès qu'ils auraient consommé leurs provisions, puisqu'ils n'avaient pas la moindre idée des habitants de l'île. Celui qui avait fait une pareille découverte se contentait d'en donner avis à toutes les plantations, afin qu'on se tînt clos et couvert, en plaçant seulement une sentinelle pour les avertir du rembarquement des sauvages.

Ces mesures étaient justes ; mais un désastre imprévu les rendit inutiles et faillit causer la ruine de toute la colonie en la découvrant aux barbares. Dès que les canots des sauvages furent remis en mer, les Espagnols sortirent de leur retraite, et quelques-uns d'entre eux eurent la curiosité d'aller examiner le lieu du festin. A leur grand étonnement, ils y trouvèrent trois sauvages étendus à terre et ensevelis dans un profond sommeil ; apparemment ils s'étaient tellement remplis de leurs horribles mets, qu'ils s'endormirent comme des brutes sans vouloir se lever lorsque leurs compagnons sortirent, ou bien ils s'étaient peut-être égarés dans le bois, et n'étaient pas venus assez à temps pour se rembarquer avec eux.

Quoi qu'il en soit, les Espagnols en étaient fort embarrassés, et le gouverneur, consulté sur cet accident, était aussi embarrassé que les autres. Ils avaient des esclaves autant qu'il leur fallait, et ils n'étaient pas d'humeur à tuer ceux-ci de sang-froid. Les pauvres gens ne leur avaient pas fait le moindre tort, et ils n'avaient aucun sujet de guerre légitime contre eux qui pût les autoriser à les traiter en ennemis.

Je dois rendre ici cette justice aux Espagnols, que malgré tout ce qu'on raconte des cruautés que cette nation a exercées dans le Mexique et dans le Pérou, je n'ai de ma vie vu, en aucun pays, dix-sept hommes, de quelque nation que ce fût, si modestes, si modérés, si vertueux, si polis, et d'un si bon naturel. Ils n'étaient pas capables de la moindre inhumanité, ni d'aucune passion violente, et cependant ils avaient tous une valeur extraordinaire, une noble fierté. La douceur de leur tempérament, et l'empire qu'ils exerçaient sur leurs passions, avaient suffisamment paru dans la manière dont ils s'étaient conduits avec les trois Anglais, et dans cette circonstance ils donnèrent la plus belle preuve de leur humanité et de leur justice.

Le parti le plus naturel qu'il y eût à prendre, c'était de se retirer et de donner par-là le temps à ces sauvages de s'éveiller et de sortir de l'île ; mais une circonstance rendait ce parti inutile. Ils n'avaient point de barques ; et s'ils se mettaient à rôder dans l'île, ils pouvaient découvrir les plantations, et par-là causer la ruine de la colonie.

Voyant donc qu'ils continuaient à dormir, ils résolurent de les éveiller et de les faire prisonniers. Ces pauvres gens furent extrêmement surpris quand ils se virent saisis et liés, et parurent agités d'abord par les mêmes craintes qu'on avait remarquées dans les femmes de nos Anglais, car il semble que ces peuples s'imaginent que leur coutume de manger les hommes soit généralement suivie par toutes les nations Mais on les délivra bientôt de ces frayeurs, et on les mena dans le moment même à une des plantations.

Par bonheur on ne les conduisit pas à mon château : ils furent d'abord amenés à ma maison de campagne, qui était la ferme principale, et ensuite on les transporta jusqu'à l'habitation des deux Anglais.

Là, ces Anglais les firent travailler, quoiqu'ils n'eussent pas grand'-chose à faire pour eux, et n'y prenant pas garde de si près, parce qu'ils n'en avaient guère besoin, ou qu'ils les trouvaient incapables de bien apprendre le labourage ; ils s'aperçurent qu'un des trois s'était échappé ; quelque recherche qu'on fît, on ne put le retrouver. On finit par penser qu'il avait trouvé moyen de revenir chez lui avec les canots de quelques sauvages qui, par les motifs ordinaires, avaient fait deux mois après quelque séjour dans l'île.

Cette pensée effraya extrêmement tous mes colons ; ils en conclurent que s'il revenait parmi ses compatriotes il ne manquerait pas de les informer que l'île était habitée. Par bonheur il n'avait jamais été instruit du nombre des habitants et de leurs différentes plantations. Il n'avait jamais vu ni entendu l'effet de leurs armes à feu, ils n'avaient eu garde de lui découvrir aucune de leurs retraites, telles que ma grotte dans la vallée et la cave que les Anglais s'étaient creusée.

La première certitude qu'ils eurent de n'avoir que trop bien conjecturé, c'est que deux mois après, six canots montés par sept, huit ou dix sauvages, vinrent raser la côte septentrionale de l'île où ils n'étaient jamais venus auparavant, et y débarquèrent une heure après le lever du soleil, à un mille de distance de l'habitation des deux Anglais où avait demeuré l'esclave en question.

Si toute la colonie s'était trouvée de ce côté-là, le mal n'aurait pas été si grand, et selon toutes les apparences aucun des ennemis n'eût échappé : mais il n'était pas possible à deux hommes d'en repousser une cinquantaine, et de les combattre avec succès.

Les deux Anglais les avaient découverts en mer à une lieue de distance, par conséquent il se passa une heure avant qu'ils fussent à terre ; et comme ils avaient débarqué à un mille de leur habitation, il leur fallait du temps pour revenir jusque-là. Nos pauvres Anglais ayant toute la raison imaginable de se croire trahis, prirent d'abord le parti de garrotter les deux qui leur restaient, et d'ordonner à deux des trois autres qui avaient été amenés avec les femmes, et avaient donné à leurs maîtres des marques de fidélité, de conduire dans la cave les deux nouveaux venus avec les deux femmes et tous les meubles dont ils pouvaient se charger Ils leur demandèrent encore de tenir là ces deux sauvages pieds et poings liés jusqu'à nouvel ordre.

Ensuite, voyant les sauvages débarqués venir droit du côté de leurs huttes, ils ouvrirent leur enclos où leurs chèvres apprivoisées étaient gardées : ils les chassèrent toutes dans les bois, aussi bien que les chevreaux, afin que les ennemis s'imaginassent qu'ils avaient toujours été sauvages. Mais l'esclave qui leur servait de guide les avait trop bien instruits, car ils continuèrent leur marche directement vers la demeure des deux Anglais.

Après que ceux-ci eurent mis en sûreté leurs femmes et leurs ustensiles, ils envoyèrent le troisième esclave qui était venu dans l'île avec les femmes, vers les Espagnols, pour les avertir au plus vite du danger qui les menaçait, et leur demander un prompt secours. En même temps ils prirent leurs armes et leurs munitions, et se retirèrent dans le bois où était la cave qui servait d'asile à leurs femmes. Ils s'arrêtèrent à quelque distance de là pour épier, s'il était possible, quel chemin prendraient les sauvages.

Au milieu de leur retraite, ils découvrirent d'une colline un peu élevée toute la petite armée de leurs ennemis qui s'approchait de leurs cabanes, et un moment après ils les virent dévorées par les flammes de tous côtés, ce qui leur causa le plus cruel chagrin : c'était pour eux une perte irréparable, du moins pour fort longtemps.

Ils s'arrêtèrent pendant quelques instants sur cette petite colline, jusqu'à ce qu'ils virent les sauvages se répandre partout comme une troupe de bêtes féroces, et rôdant pour trouver quelque butin, surtout pour déterrer les habitants, dont il était aisé de voir qu'ils avaient connaissance.

Cette découverte fit sentir aux Anglais qu'ils n'étaient pas en sûreté dans le lieu où ils se trouvaient, parce qu'il était fort naturel de penser que quelques-uns des ennemis prendraient cette route, et dans ce cas, ils auraient pu y revenir en trop grand nombre pour qu'il fût possible de leur résister.

En conséquence, ils trouvèrent à propos de pousser leur retraite une demi-lieue plus loin, s'imaginant que plus les sauvages se répandraient au long et au large, et moins leurs pelotons seraient nombreux.

Ils firent leur première halte à l'entrée d'une partie fort épaisse de bois où se trouvait le tronc d'un vieux arbre fort touffu et entièrement creux. Ils s'y mirent l'un et l'autre, résolus d'attendre là l'issue de l'événement.

Ils ne s'y étaient pas tenus longtemps, quand ils aperçurent deux sauvages s'avancer droit de ce côté-là comme s'ils les avaient découverts et les allaient attaquer ; et à quelque distance, ils en virent trois autres, suivis de cinq autres encore, tenant tous la même route. Outre ceux-là, ils en virent, à une plus grande distance, sept autres qui prenaient un chemin différent ; car toute la troupe s'était répandue dans l'île comme des chasseurs qui battent le bois pour faire lever le gibier.

Les pauvres Anglais se trouvèrent alors dans un grand embarras, ne sachant s'il valait mieux s'enfuir ou garder leur poste ; mais après une courte délibération, ils pensèrent que si les ennemis continuaient à rôder partout de cette manière avant l'arrivée du secours, ils pourraient bien découvrir la cave, ce qu'ils regardaient comme le dernier des malheurs. Ils résolurent donc de les attendre, et s'ils étaient attaqués par une troupe trop forte, de monter jusqu'au haut de l'arbre d'où ils pouvaient se défendre tant que leurs munitions dureraient, quand même ils seraient environnés de tous les sauvages qui étaient débarqués, à moins qu'ils ne s'avisassent de mettre le feu à l'arbre.

Ayant pris ce parti, ils examinèrent encore s'il serait bon de faire d'abord feu sur les deux premiers, ou s'ils attendraient la venue des trois pour séparer ainsi les deux premiers d'avec les cinq qui suivaient les trois du milieu. Ce parti leur parut le meilleur, et ils résolurent de laisser passer les deux premiers, à moins qu'ils ne vinssent les attaquer. Ils furent confirmés dans cette résolution par la marche de ces deux sauvages, qui prirent un peu du côté de l'arbre en avant vers une autre partie du bois ; mais les trois et les cinq autres qui les suivaient continuèrent leur chemin directement vers eux, comme s'ils eussent été instruits du lieu de leur retraite.

Comme ils se succédaient tous l'un après l'autre, les Anglais, qui jugeaient convenable de ne tirer qu'un à un, crurent qu'il n'était pas impossible d'abattre les trois premiers d'un seul coup. Là-dessus celui qui devait tirer le premier mit trois balles dans son mousquet, et le plaçant dans un trou de l'arbre très propre à assurer le coup, il attendit qu'ils fussent venus à trente verges de distance pour ne pas les manquer.

Pendant que l'ennemi avançait, ils virent distinctement, parmi les trois premiers, leur esclave fugitif, et ils résolurent de ne pas le laisser échapper, quand ils devraient tirer l'un immédiatement après l'autre : ainsi, l'un se tint prêt pour ne pas le manquer, si par hasard il ne tombait pas du premier coup.

Mais le premier savait trop bien viser pour perdre sa poudre : il fit feu et en toucha deux de la bonne manière. Le premier tomba raide mort, la balle lui ayant passé à travers la tête. Le second, qui était l'esclave fugitif, eut la poitrine percée d'outre en outre et tomba par terre, quoiqu'il ne fût pas tout-à-fait mort ; pour le troisième, il n'avait qu'une légère blessure à l'épaule, causée apparemment par la balle qui était passée par le corps du second : cependant, effrayé mortellement, il s'était jeté par terre en poussant des cris et des hurlements épouvantables.

Les cinq qui les suivaient, plus étonnés du bruit qu'instruits du danger, s'arrêtèrent d'abord. Les bois avaient rendu le bruit mille fois plus terrible par les échos qui le répétaient de toutes parts, et les oiseaux en se levant de tous côtés y mêlaient des cris confus.

Cependant, voyant que tout était rentré dans le silence, et ne sachant ce dont il s'agissait, ils s'avancèrent d'abord sans donner la moindre marque de crainte, mais arrivés à l'endroit où leurs compagnons avaient été si maltraités, ils se pressèrent tous autour du sauvage blessé, et lui parlaient apparemment, en le questionnant sur la cause de son malheur, sans savoir qu'ils étaient exposés au même danger.

Il leur répondit sans doute qu'un éclat de feu, suivi d'un affreux coup de tonnerre descendu du ciel, avait tué deux de ses camarades et l'avait blessé lui-même. Cette réponse du moins était fort naturelle ; car comme il n'avait vu aucun homme près de lui, et qu'il n'avait jamais entendu un coup de fusil, bien loin d'en connaître les terribles effets, il lui était difficile de faire quelqu'autre conjecture à cet égard. Ceux qui le questionnaient étaient certainement aussi ignorants que lui, sinon ils ne se seraient pas amusés à examiner d'une manière si tranquille la destinée de leurs compagnons, tandis qu'un sort pareil les attendait sans qu'ils s'en doutassent.

Nos deux Anglais étaient bien fâchés de se voir obligés de tuer tant de créatures humaines qui n'avaient pas la moindre idée du péril qui les menaçait de si près ; cependant, forcés par le soin de leur propre conservation, et les voyant tous, pour ainsi dire, en leur puissance, ils résolurent de leur lâcher une décharge générale, car le premier avait eu le temps de recharger son fusil. Ils convinrent des différents côtés où ils viseraient pour rendre l'exécution plus terrible, et faisant feu en même temps, ils tuèrent et blessèrent quatre de la troupe des sauvages, et le cinquième, quoiqu'il ne fût touché en aucune manière, tomba avec le reste comme mort de peur, de manière que nos gens s'imaginèrent les avoir tous tués.

Cette opinion les fit sortir hardiment de l'arbre sans avoir rechargé, ce qui était une démarche fort imprudente ; et ils furent bien étonnés en approchant de l'endroit d'en voir quatre en vie, parmi lesquels il y en avait deux de blessés assez légèrement, et un autre sain et sauf, découverte qui les obligea à donner dessus avec la crosse du fusil. Ils dépêchèrent d'abord l'esclave qui était la cause de tout ce désastre, et un qui se trouvait blessé au genou. Quant au sauvage qui n'avait pas reçu la moindre blessure, il se mit à genoux devant eux, tendant ses mains vers le ciel, et par un murmure lamentable et d'autres signes aisés à comprendre, il demanda la vie ; pour les paroles qu'il prononçait, elles leur étaient absolument inintelligibles.

Ils lui ordonnèrent par signes de s'asseoir au pied d'un arbre, et un des Anglais, ayant par hasard sur lui une corde, lui lia les pieds et les mains, et le laissant là dans cette situation, ils se mirent l'un et l'autre à la poursuite des deux premiers avec toute la vivacité possible, craignant qu'ils ne découvrissent la cave où étaient cachés leurs femmes et tout le bien qui leur restait. Ils les eurent en vue une fois, mais à une grande distance. Ce qui leur faisait pourtant grand plaisir, c'était de les voir traverser une vallée du côté de la mer, par un chemin qui était tout-à-fait à l'opposition de la retraite pour laquelle ils craignaient si fort. Satisfaits de cette découverte, ils s'en retournèrent vers l'arbre où ils avaient laissé leur prisonnier, mais ils ne l'y trouvèrent point : les cordes dont il avait été lié étaient à terre, au pied du même arbre, et ils crurent que les autres sauvages l'avaient rencontré et délié.

Ils furent alors dans un aussi grand embarras qu'auparavant, ne sachant quelle route prendre, ni où était l'ennemi, ni en quel nombre. Là-dessus ils résolurent de s'en aller vers la cave, pour voir si tout y était en bon état, et pour calmer la frayeur de leurs femmes qui, bien que sauvages elles-mêmes, craignaient mortellement leurs compatriotes, parce qu'elles connaissaient parfaitement leur naturel. Arrivés en cet endroit, ils virent que les sauvages avaient été dans le bois, et fort près de l'endroit en question, mais qu'ils ne l'avaient pas découvert. Il ne faut pas s'en étonner : les arbres étaient si touffus et si serrés qu'il était impossible d'y pénétrer sans un guide qui connût les chemins, et, comme nous avons vu, celui qui les conduisait était aussi peu instruit qu'eux à cet égard.

Nos Anglais trouvèrent donc tout comme ils le souhaitaient, mais leurs femmes étaient dans une terrible frayeur. En même temps ils virent arriver à leurs secours sept Espagnols. les dix autres avec leurs esclaves et le père de Vendredi s'étaient formés en petit corps pour défendre la ferme où ils avaient leur blé et leur bétail ; mais les sauvages ne s'étaient pas portés jusque-là. Ces sept Espagnols étaient accompagnés de l'esclave que les Anglais leur avaient envoyé, et du sauvage qu'ils avaient laissé lié au pied de l'arbre ; ils virent alors qu'il n'avait pas été délié par ses compagnons, mais bien par les Espagnols, qui s'étaient rendus dans cet endroit où ils avaient vu sept cadavres et ce malheureux qu'ils jugèrent à propos d'emmener avec eux. Il fallut pourtant le lier de nouveau, et lui faire tenir compagnie aux deux qui étaient restés lorsque le troisième auteur de tout le mal s'était enfui.

Les prisonniers commencèrent alors à leur être à charge, et ils craignaient si fort qu'ils n'échappassent, qu'ils résolurent une fois de les tuer tous, persuadés qu'ils y étaient contraints par le soin de leur propre conservation. Le gouverneur espagnol ne voulut pourtant pas y consentir, et ordonna, en attendant mieux, qu'on les envoyât à la vieille grotte dans la vallée avec deux Espagnols pour les garder et pour leur donner la nourriture nécessaire. On le fit, et ils y restèrent toute la nuit suivante, liés et garrottés.

Les deux Anglais voyant les troupes auxiliaires des Espagnols, reprirent tellement courage qu'ils ne voulurent pas en demeurer là : ils se firent accompagner de cinq Espagnols, et ayant à eux tous cinq mousquets, un pistolet et deux bâtons à deux bouts, ils partirent aussitôt pour aller à la chasse des sauvages. Ils s'en allèrent du côté de l'arbre où ils leur avaient d'abord résisté, et ils virent sans peine qu'il en était venu d'autres depuis ce temps-là, et qu'ils avaient fait de vains efforts pour emporter leurs compagnons qui avaient perdu la vie, puisqu'en ayant entraîné deux assez loin de cet endroit ils avaient été obligés de se désister de leur entreprise. De là ils avancèrent vers la colline leur premier poste, d'où ils avaient eu la douleur d'apercevoir leurs maisons en feu. Ils eurent le déplaisir de les voir encore toutes fumantes, mais ils ne découvrirent aucun de leurs ennemis.

Ils résolurent alors d'aller, avec toute la précaution possible, vers leurs plantations ruinées ; mais chemin faisant, étant à portée du rivage, ils virent distinctement les sauvages empressés à se jeter dans leurs canots pour se retirer de cette île qui leur avait été si funeste.

Ils furent d'abord fâchés de les laisser partir sans les saluer encore d'une bonne décharge; mais en examinant la chose avec plus de sang-froid, ils se trouvèrent heureux d'en être quittes.

Ces pauvres Anglais étant ruinés alors pour la seconde fois, et privés de tout le fruit de leur travail, les autres s'accordèrent unanimement à les aider à relever leurs habitations et à leur donner tous les secours possibles. Leurs trois compatriotes eux-mêmes, qui jusque-là n'avaient pas marqué la moindre inclination pour eux, et qui n'avaient rien su de toute cette affaire parce qu'ils s'étaient établis du côté de l'est, vinrent offrir leur assistance, et travaillèrent pour eux pendant plusieurs jours avec beaucoup de zèle. De cette manière, et en fort peu de temps, ils furent en état de subsister par eux-mêmes.

Deux jours après, la colonie eut la satisfaction de voir trois canots sur le rivage, et près de là deux hommes noyés : ce qui leur fit croire, avec beaucoup de fondement, que les ennemis avaient essuyé une tempête qui avait fait périr quelques-unes de leurs barques : cette conjecture était confirmée par un vent violent qu'on avait senti dans l'île la nuit même d'après leur départ. Cependant, si la tempête en avait fait périr, il en restait assez pour informer leurs compatriotes de ce qu'ils avaient fait et de ce qui leur était arrivé, et pour les porter à une seconde entreprise où ils pourraient employer des forces suffisantes pour n'en pas avoir le démenti.

Quoi qu'il en soit, cinq ou six mois se passèrent avant qu'on entendît parler dans l'île de quelque nouvelle entreprise des sauvages, et les nôtres commençaient à croire que les Indiens avaient oublié leur malheureuse tentative, ou bien qu'ils désespéraient de la réparer, quand tout-à-coup ils furent attaqués par une flotte formidable de vingt-huit canots remplis de sauvages armés d'arcs, de flèches, de massues, de sabres de bois, et d'autres armes semblables. Leur nombre était si grand, qu'il jeta la colonie dans la plus terrible consternation. Comme ils débarquèrent vers le soir dans la partie orientale de l'île, nos gens eurent toute la nuit pour se consulter sur ce qu'ils avaient à faire. Sachant que leur sûreté avait consisté entièrement à n'être pas découverts, ils crurent qu'ils devaient prendre les mêmes précautions dans la conjoncture présente, et cela par des motifs d'autant plus forts, que le nombre de leurs ennemis était plus grand.

Conformément à cette opinion, ils résolurent d'abord d'abattre les cabanes des deux Anglais, et de renfermer le bétail dans l'ancienne grotte, car ils supposaient que les sauvages iraient tout droit de ce côté-là, quoiqu'ils eussent débarqué à plus de deux lieues de cette habitation.

Ensuite ils emmenèrent tout le bétail qui était dans ma maison de campagne et qui appartenait aux Espagnols ; en un mot, ils écartèrent, autant qu'il fut possible, tout ce qui était capable de faire croire que l'île fût habitée. Le jour d'après, ils se portèrent de bon matin, avec toutes leurs forces, devant la plantation des deux Anglais pour y attendre l'ennemi de pied ferme.

La chose arriva précisément comme ils l'avaient conjecturé. Les sauvages, laissant leurs canots près de la côte orientale de l'île, s'avancèrent sur le rivage, directement vers le lieu en question, au nombre d'environ deux cent cinquante, autant que nos gens en pouvaient juger.

Notre armée était fort petite en comparaison de la leur, et ce qui était le plus affligeant, il n'y avait pas de quoi la pourvoir suffisamment d'armes. Elle se composait de dix-sept Espagnols et de cinq Anglais, du père de Vendredi, de trois esclaves venus dans l'île avec les femmes sauvages, qui s'étaient montrés très fidèles, et de trois autres esclaves, qui servaient les Espagnols : total, vingt-neuf.

Pour armer ces combattants, il y avait onze mousquets, cinq pistolets, trois fusils de chasse, cinq fusils que j'avais ôtés aux mutins en les désarmant, deux sabres et trois vieilles hallebardes : total, vingt-neuf.

Pour en tirer tout l'usage possible, ils ne donnèrent point d'armes à feu aux esclaves ; mais ils confièrent à chacun une hallebarde ou un bâton à deux bouts, avec une hache. Chaque combattant européen en prit une aussi. Il y avait encore deux femmes qu'il ne fut pas possible d'empêcher d'accompagner leurs maris au combat. On leur donna les arcs et les flèches des sauvages que les Espagnols avaient ramassés après la bataille qui s'était donnée dans l'île, il y avait quelque temps, entre deux troupes de sauvages. On donna encore une hache à chacune de ces amazones.

Le gouverneur espagnol était généralissime ; Guillaume Atkins, homme terrible quand il s'agissait de commettre quelque crime, était cependant plein de valeur, et commandait sous lui.

Les sauvages avancèrent sur les nôtres comme des lions, et ce qu'il y avait de fâcheux, c'est que nos gens ne pouvaient tirer le moindre secours du lieu où ils étaient postés. Mais Atkins, qui dans cette occasion rendait de grands services, était caché avec six hommes derrière quelques broussailles en garde avancée, avec ordre de laisser passer les premiers ennemis, de faire feu ensuite au milieu de la troupe, et de se retirer après avec toute la promptitude possible, en prenant un détour dans le bois pour se placer derrière les Espagnols qui avaient une rangée d'arbres devant eux.

Les sauvages s'avançant par petits pelotons, sans aucun ordre, Atkins en laissa passer une cinquantaine, et voyant que le reste composait une troupe aussi épaisse qu'en désordre fit faire feu à trois des siens qui avaient chargé leurs fusils de six ou sept balles à peu près du calibre d'un pistolet. Il n'est pas possible de dire combien ils en tuèrent et blessèrent ; mais la surprise et la consternation des sauvages furent inexprimables. Ils étaient dans un étonnement et dans une frayeur terribles d'entendre un bruit si inouï, et de voir leurs gens tués et blessés sans en pouvoir découvrir la cause, quand Atkins lui-même et les trois autres firent une nouvelle décharge dans le plus épais de leur bataillon ; en moins d'une minute, les trois premiers, ayant eu le temps de charger de nouveau leurs fusils, leur renvoyèrent une troisième décharge.

Si Atkins et ses gens s'étaient retirés immédiatement comme on le leur avait ordonné, ou si les autres colons eussent été à portée de continuer le feu, les sauvages étaient défaits indubitablement ; car leur consternation venait principalement de ce qu'ils s'imaginaient que c'étaient les dieux qui les tuaient par le tonnerre ou par la foudre. Mais Atkins s'arrêtant là pour charger de nouveau, les tira d'erreur. Quelques-uns des ennemis les plus éloignés le découvrirent et le vinrent prendre par derrière, et quoique Atkins fît encore feu sur eux deux ou trois fois, et qu'il en tuât une vingtaine, il fut cependant blessé lui-même, un Anglais fut tué à coup de flèches, et le même malheur arriva quelque temps après à un Espagnol et à un esclave qui était venu dans l'île avec les épouses des Anglais. C'était un garçon d'une bravoure étonnante ; il s'était battu en désespéré, et il avait tué lui seul cinq ennemis, quoiqu'il n'eût d'autres armes qu'un bâton à deux bouts et une hache.

Nos gens étant pressés de cette manière, et ayant souffert une perte si considérable, se retirèrent vers une colline dans le bois, et les Espagnols, après trois décharges, firent aussi retraite.

Le nombre des ennemis était trop considérable pour mes colons, et ils se battaient tellement en désespérés, que, quoiqu'il y en eût une cinquantaine de tués et autant de blessés au moins, ils ne laissaient pas de charger nos gens, sans se mettre en peine du danger, et leur envoyaient continuellement des nuées de flèches. On observa même que leurs blessés, qui étaient encore en état de combattre, en devenaient plus furieux, et qu'ils étaient plus à craindre que les autres.

Lorsque les nôtres commencèrent leur retraite, ils laissèrent leurs morts sur le champ de bataille, et les sauvages maltraitèrent ces cadavres de la manière du monde la plus horrible, leur cassant les bras, les jambes et la tête avec leurs massues et leurs sabres de bois, comme de vrais barbares.

Voyant que nos gens s'étaient retirés, ils ne songèrent pas à les suivre ; mais s'étant rangés en cercle, selon la coutume, ils poussèrent de grands cris, en signe de victoire. Leur joie ne tarda pourtant pas à être troublée peu après par plusieurs de leurs blessés qui tombèrent à terre, et perdirent la vie à force de perdre du sang.

Le gouverneur ayant rallié son armée sur une terre peu élevée, Atkins, quoique blessé, fut d'avis qu'on marchât, et qu'on donnât de nouveau avec toutes les forces unies. — Atkins, dit le gouverneur vous voyez de quelle manière désespérée leurs blessés combattent, laissons-les en repos jusqu'à demain; tous ces malheureux seront à moitié morts de leurs blessures, trop affaiblis par la perte de leur sang pour en venir aux mains de nouveau, et nous aurons meilleur marché du reste.

— C'est fort bien dit, répliqua Atkins avec une gaieté brusque; mais il en sera de moi précisément comme des sauvages, je ne serai bon à rien demain, et c'est pour cela que je veux recommencer la danse pendant que je suis encore échauffé. — Vous parlez en brave, repartit l'Espagnol, et vous avez agi de même; vous avez fait votre devoir, et nous nous battrons pour vous si vous n'êtes pas en état d'être de la partie; attendons jusqu'à demain, je crois que c'est le parti le plus sage.

Néanmoins, comme il faisait un beau clair de lune et que nos gens savaient que les sauvages étaient dans un grand désordre, car on les voyait courir confusément d'un côté et d'autre près de l'endroit où gisaient leurs morts et leurs blessés, ils résolurent de tomber sur eux pendant la nuit, persuadés que s'ils pouvaient leur envoyer une seule décharge avant d'être découverts, l'avantage serait pour nos colons. L'occasion était très favorable, un des Anglais près de l'habitation duquel le combat avait commencé sachant un moyen sûr pour les surprendre. Il fit faire à nos gens un détour dans le bois du côté de l'ouest; puis, tournant du côté du sud, il les amena si près du lieu où était le plus grand nombre des sauvages, qu'avant d'avoir été vus ou entendus, huit d'entre eux firent une décharge sur les ennemis avec un succès terrible. Une demi-minute après, huit autres les saluèrent de la même manière et répandirent parmi eux une si grande quantité de grosses dragées, qu'il y en eut un grand nombre de tués et de blessés, et pendant tout ce temps-là il ne leur fut pas possible de découvrir ce carnage, et de quel côté ils devaient fuir.

Les nôtres ayant rechargé leurs armes avec toute la promptitude possible, se partagèrent en trois troupes, résolus de tomber sur les ennemis tous à la fois.

Ils partagèrent également les armes à feu, ainsi que les hallebardes et les bâtons à deux bouts. Ils voulaient laisser les femmes derrière, mais elles dirent qu'elles étaient résolues de mourir avec leurs maris. S'étant mis en bataille, ils sortirent du bois en poussant un cri de toutes leurs forces. Les sauvages tinrent ferme; mais ils tombaient dans la dernière consternation, en entendant nos gens pousser leurs cris de trois côtés. Ils étaient assez courageux pour combattre s'ils avaient vu leurs ennemis; et effectivement, dès que nos gens approchèrent, ils tirèrent plusieurs flèches dont l'une blessa le père de Vendredi, mais non d'une manière dangereuse. Les nôtres ne leur donnèrent guère le temps de respirer, et se ruant sur eux après avoir fait feu, ils engagèrent la mêlée, et à coups de crosse, de sabre, de hache, et de bâton à deux bouts, ils firent tant que les ennemis se mirent à pousser des hurlements affreux et à s'enfuir l'un d'un côté, l'autre de l'autre, ne songeant plus qu'à se dérober à des ennemis si terribles.

Nous étions fatigués de les assommer, et il ne faut pas en être surpris, puisque, dans les deux actions, nous en avions tué ou blessé mortellement au moins cent quatre-vingts. Les autres, saisis d'une frayeur inexprimable, couraient par les collines et les vallées avec toute la rapidité que la peur pouvait ajouter à leur vitesse naturelle.

Comme on ne se mettait guère en peine de les poursuivre, ils gagnèrent le rivage sur lequel ils avaient débarqué; mais il faisait cette nuit un vent terrible qui, venant du côté de la mer, les empêchait de quitter le rivage. La tempête continua pendant toute la nuit, et quand la marée monta, leurs canots furent poussés si avant sur le rivage qu'il aurait fallu une peine infinie pour les remettre à flot; quelques-uns même, en heurtant contre le sable ou les uns contre les autres, avaient été mis en pièces.

Nos gens, quoique charmés de leur victoire, eurent peu de repos tout le reste de la nuit; mais s'étant rafraîchis du mieux qu'il leur était possible, ils prirent le parti de marcher vers la partie de la contrée où les sauvages s'étaient retirés. Ce dessein les força de passer sur le champ de bataille, où ils virent plusieurs de leurs malheureux ennemis encore vivants, mais hors d'espérance d'en revenir : spectacle affligeant pour des cœurs bien placés; car une âme véritablement grande, quoique forcée par les lois naturelles à détruire ses ennemis, est bien éloignée de se réjouir de leur malheur.

Il ne fut pas nécessaire de s'inquiéter à l'égard de ces sauvages; car les esclaves eurent soin de finir leurs misères à grands coups de hache.

Nos colons parvinrent enfin à un endroit où ils découvrirent le reste de l'armée des vaincus, qui consistait encore en une centaine d'hommes. Ils étaient assis à terre, le menton appuyé sur les genoux et la tête soutenue par les deux mains.

Dès que nos gens furent approchés d'eux à la distance d'une double portée de mousquet, le gouverneur ordonna qu'on en tirât deux sans balles pour leur donner l'alarme et pour voir leur contenance. Il voulait découvrir par-là s'ils étaient d'humeur à se battre encore, ou si leur défaite les avait entièrement découragés, afin de prendre ses mesures sur ce qu'il remarquerait.

Ce stratagème réussit; car dès que les sauvages eurent entendu le premier coup et qu'ils virent le feu du second, ils se relevèrent avec toute la frayeur imaginable, et s'enfuirent vers le bois, en poussant une sorte de hurlement que nos gens n'avaient pas encore entendu et dont ils ne purent deviner le sens.

Ils auraient mieux aimé que le temps eût été tranquille, et que les ennemis eussent pu se rembarquer, mais ils ne considéraient pas alors que leur retraite pouvait être la cause d'une nouvelle expédition et qu'ils seraient peut-être revenus avec des forces auxquelles il n'aurait pas été possible de résister, ou bien qu'ils auraient pu revenir si souvent, que la colonie, uniquement occupée à les repousser, eût été réduite à mourir de faim.

Atkins, qui, malgré sa blessure, n'avait pas voulu se retirer, donna le meilleur conseil ; il fut d'avis de se servir de la frayeur des ennemis pour les séparer de leurs barques et les empêcher de regagner leur pays.

Ils consultèrent longtemps là-dessus : quelques-uns s'opposaient à cette opinion, craignant que l'exécution de ce projet ne poussât les barbares à se cacher dans les bois, ce qui forcerait les nôtres à leur donner la chasse comme à des bêtes féroces, et empêcherait de travailler, pour ne s'occuper qu'à garder le bétail et les plantations, et les ferait vivre dans des inquiétudes continuelless

Atkins répondit qu'il valait mieux avoir affaire à cent hommes qu'à cent nations, et qu'il fallait absolument détruire et les canots et les ennemis, s'ils voulaient n'être pas détruits eux-mêmes ; en un mot, il leur montra si bien l'utilité de son sentiment, qu'ils y entrèrent tous. Ils mirent aussitôt la main à l'œuvre, et ayant ramassé du bois sec, ils essayèrent de brûler quelques-uns des canots, mais ils étaient trop mouillés ; néanmoins le feu en gâta tellement les parties supérieures, qu'il n'était plus possible de s'en servir.

Quand les sauvages se furent aperçus de notre projet, quelques-uns d'entre eux sortirent des bois, et s'approchant, ils se jetèrent à genoux en criant : *Oa, Oa, Waramokoa!* et en prononçant quelques autres paroles dont les nôtres ne purent rien comprendre ; mais, comme ils se tenaient dans une attitude suppliante, les cris qu'ils poussaient étaient destinés sans doute à prier que l'on épargnât leurs canots, et qu'on leur permit de s'en retourner.

Mais nos gens avaient l'intime conviction que l'unique moyen de conserver la colonie était d'empêcher qu'aucun des sauvages ne retournât chez lui, convaincus que, s'il en échappait un seul pour aller raconter la catastrophe de ses camarades, c'était fait d'eux. Ainsi, faisant signe aux barbares qu'il n'y avait point de quartier pour eux, ils détruisirent toutes les barques que la tempête avait épargnées. A la vue de ce spectacle, les sauvages qui étaient dans le bois poussèrent des hurlements épouvantables que les nôtres entendirent distinctement, et ensuite ils se mirent à courir dans l'île comme des hommes qui avaient perdu l'esprit ; ce qui troubla beaucoup les nôtres, indécis sur ce qu'ils devaient faire pour se délivrer de ces misérables.

Les Espagnols eux-mêmes, malgré toute leur prudence, ne considéraient pas qu'en portant ces sauvages au désespoir, ils se mettaient dans la nécessité de placer des gardes auprès de leurs plantations. Il est vrai qu'ils avaient mis leurs troupeaux en sûreté, et qu'il était impossible aux Indiens de trouver mon château, non plus que ma grotte dans la vallée ; mais malheureusement ils déterrèrent la grande ferme, la mirent en pièces, ruinèrent l'enclos et la plantation qui était à l'entour, foulèrent le blé aux pieds, arrachèrent les vignes, gâtèrent les raisins qui étaient en maturité ; en un mot, ils firent des dommages inestimables, quoiqu'ils n'en profitassent pas eux-mêmes.

Nos gens étaient à la vérité en état de les combattre partout où il les trouveraient ; mais ils étaient fort embarrassés sur la manière de leur donner la chasse. Quand ils les rencontraient un à un, ils les poursuivaient en vain, ces sauvages trouvant aisément leur sûreté dans leur vitesse extraordinaire ; et, d'un autre côté, nous n'osions marcher isolément pour les surprendre, de peur d'être environnés et accablés par le nombre.

Ce qu'il y avait de rassurant, c'est que les sauvages ne possédaient point d'armes ; leurs arcs leur étaient inutiles, faute de flèches et de matériaux pour en faire de nouvelles ; personne n'avait d'armes tranchantes parmi toute la troupe.

L'extrémité à laquelle ils se voyaient réduits était certainement déplorable ; mais la situation où ils avaient mis la colonie n'était guère meilleure ; car, quoique nos retraites fussent conservées, les provisions s'y trouvaient ruinées pour la plupart ; la moisson était détruite, et il ne restait plus de ressource que le bétail de la vallée, près de la grotte, un petit champ de blé qui se trouvait aussi de ce côté-là, et les plantations de Guillaume Atkins et de son camarade. L'autre avait perdu la vie dans la première action par une flèche qui lui avait traversé la tête à la tempe. Il est à remarquer que c'était le scélérat qui avait donné cet affreux coup de hache au pauvre esclave, et projeté ensuite de faire main basse sur les Espagnols.

A mon avis, ils furent alors dans un cas plus triste que je n'avais été quand je m'avisai de semer du millet et du riz, et que je commençai à apprivoiser des chèvres. Ils avaient dans les sauvages une centaine de loups qui dévoraient tout ce qu'ils pouvaient trouver et qu'il était impossible d'atteindre.

La première chose dont ils purent convenir dans cet embarras, ce fut de pousser les ennemis vers l'endroit le plus reculé de l'île, afin que si d'autres sauvages abordaient, ils ne pussent les découvrir. Ils résolurent encore de les harasser continuellement, d'en tuer autant qu'ils pourraient, pour en diminuer le nombre, et s'ils réussissaient à la fin à les apprivoiser, de leur enseigner à semer, et de les faire vivre de leur propre travail.

Conformément à ces résolutions, ils les poursuivirent avec tant de chaleur, et les effrayèrent tellement par leurs armes à feu, dont le seul bruit les faisait tomber à terre, qu'ils s'éloignèrent de plus en plus : leur nombre diminuait de jour en jour, et enfin ils furent réduits à se cacher dans les bois et dans les cavernes, où plusieurs périrent de faim, comme il parut dans la suite, par leurs cadavres qu'on trouva.

La misère de ces pauvres gens remplit les nôtres d'une généreuse compassion, surtout le gouverneur espagnol, qui était l'homme du monde qui avait le cœur le mieux placé, il proposa aux autres de chercher à prendre un des sauvages pour lui faire entendre l'intention de la colonie, et pour l'envoyer parmi les siens, afin de les amener à une capitulation qui assurât leur vie, et qui rendît à la colonie le repos qu'elle avait perdu depuis la dernière invasion.

Ils furent assez longtemps avant de pouvoir parvenir à leur but; mais enfin la disette ayant affaibli les sauvages, on en saisit un. Il était au commencement tellement accablé de son malheur, qu'il ne voulut ni manger ni boire; mais voyant qu'on le traitait avec douceur, et qu'on lui donnait ce qu'il fallait pour sa subsistance, sans lui faire le moindre mal, il revint de ses frayeurs et se tranquillisa peu à peu.

On lui amena le père de Vendredi, qui entrait souvent en conversation avec lui et l'assurait de l'intention qu'on avait, non-seulement de sauver la vie à lui et à tous ses compagnons, mais encore de leur donner une partie de l'île, à condition qu'ils se tiendraient dans certaines limites, sans en sortir jamais pour causer le moindre dommage à la colonie. Il lui promit aussi de leur faire donner du grain pour ensemencer des terres, ajoutant qu'on leur fournirait du pain jusqu'à ce qu'ils fussent en état d'en faire pour eux-mêmes. De plus, il lui ordonna d'aller parler à ses compatriotes, et de leur déclarer que s'ils ne voulaient pas accepter des conditions si avantageuses, ils seraient tous détruits.

Les malheureux sauvages, extrêmement humiliés par leur misère et réduits au nombre d'environ trente-sept, reçurent cette proposition sans balancer et demandèrent qu'on leur donnât quelques aliments. Là-dessus, douze Espagnols et deux Anglais bien armés marchèrent vers l'endroit où ils se trouvaient alors, avec trois esclaves et le père de Vendredi. Ces derniers portaient une bonne quantité de pain, quelques gâteaux de riz séchés au soleil et trois chevreaux vivants. On leur ordonna de se placer au pied d'une colline pour manger ensemble, ce qu'ils firent avec toutes les marques possibles de reconnaissance.

Dans la suite, ils se montrèrent observateurs religieux de leur parole; ils ne sortaient jamais de leur territoire que quand ils étaient obligés de venir demander des vivres et des conseils pour diriger leur plantation.

C'est encore dans ce même endroit qu'ils vivaient quand je débarquai dans l'île, et que je leur rendis une visite.

On leur avait enseigné à semer du blé, à faire du pain, à traire les chèvres; rien en un mot ne leur manquait. On leur avait assigné une partie de l'île, bordée de rochers par derrière, et de la mer par devant. Elle était située du côté du sud-est, et ils avaient autant de terres fertiles qu'il leur en fallait; elles étaient étendues d'un mille et demi en largeur, et d'environ quatre en longueur.

Nous leur enseignâmes ensuite à fabriquer des pelles de bois, comme j'en faisais autrefois, et on leur fit présent de douze haches et de trois couteaux ; à l'aide de ces outils, ils facilitaient leur travail, et vivaient avec toute la tranquillité et toute l'innocence qu'on pouvait désirer.

Après cette guerre, la colonie jouit d'une sécurité parfaite, relativement aux sauvages, jusqu'à l'époque où je revins la voir. Les canots des Indiens ne laissaient pas d'y aborder de temps en temps pour faire leurs repas inhumains; mais comme ils étaient de différentes nations, et qu'ils n'avaient apparemment jamais entendu parler de ce qui était arrivé aux autres, ils ne firent aucune recherche dans l'île pour trouver nos sauvages, et quand ils l'auraient fait, c'eût été un grand hasard qu'ils les eussent rencontrés.

Tel est le récit fidèle et complet de tout ce qui arriva de considérable à ma colonie pendant mon absence. Elle avait extrêmement civilisé les Indiens, et leur rendait de fréquentes visites ; mais elle leur défendait, sous peine de mort, de la venir voir à leur tour, de peur d'en être trahie.

Ce qu'il y a de remarquable encore, c'est que nos gens avaient enseigné aux sauvages à façonner des paniers et d'autres ouvrages d'osier ; mais bientôt ils avaient surpassé leurs maîtres. Ils savaient faire en ce genre les choses du monde les plus curieuses, des tamis, des cages, des tables, des garde-manger, des chaises, des lits, etc.

Mon arrivée leur fut d'un grand secours, puisque je les pourvus abondamment de couteaux, de ciseaux, de pelles, de bêches, de pioches, en un mot de tous les outils dont ils pouvaient avoir besoin. Ils s'en servirent bientôt avec beaucoup d'adresse, et ils eurent assez d'industrie pour se fabriquer des maisons entières d'un tissu d'osier; ce qui, malgré la singularité, était d'un grand avantage contre toutes sortes d'insectes.

Cette invention plut tant à mes gens qu'ils firent venir les sauvages afin d'exécuter la même chose pour eux ; quand je retournai voir la colonie des deux Anglais, leurs huttes parurent de loin à mes yeux être de grandes ruches. Guillaume Atkins, qui commençait à devenir sobre, industrieux, appliqué, s'était fait une tente d'ouvrage de vannier qui passait l'imagination. Elle avait cent vingt pas de circuit ; les murailles en étaient aussi serrées que le meilleur panier ; elles consistaient en trente-deux compartiments fort épais, et de la hauteur de sept pieds. Il y avait au milieu une autre hutte qui n'allait pas au-delà de vingt-deux pas de contour. Elle était beaucoup plus forte et plus épaisse que la tente extérieure ; la forme en était octogone, et chacun des huit coins était soutenu d'un bon poteau. Sur le haut de ce poteau, on avait posé de grandes pièces de même ouvrage, jointes ensemble par des chevilles de bois ; ces pièces servaient de base à huit solives qui faisaient le dôme de tout le bâtiment, et qui étaient parfaitement bien unies, quoiqu'au lieu de clous il n'eût que quelques chevilles de fer qu'il avait trouvé moyen de faire avec de la vieille ferraille que j'avais laissée dans l'île.

Certainement il montrait une grande industrie dans plusieurs choses où il n'avait jamais eu occasion de s'appliquer. Il se fit non-seulement une forge, avec deux soufflets de bois, et de fort bon charbon, mais encore une enclume de médiocre grandeur dont il avait trouvé la matière dans un levier de fer ; ce qui lui donna le moyen de forger des crochets, des gâches de serrures, des chevilles de fer, des verroux et des gonds.

Quand à son bâtiment, après avoir dressé le dôme de sa tente intérieure, il remplit les vides entre les solives d'ouvrage de vannier aussi bien tissu qu'il fût possible. Il le couvrit d'un second tissu de paille de riz, et sur le tout il mit encore des feuilles fort larges d'un certain arbre, ce qui rendait le toit aussi impénétrable à la pluie que s'il eût été couvert de tuiles ou d'ardoises : il fit tout lui-même, excepté l'ouvrage de vannier que les sauvages avaient tissu pour lui.

La tente extérieure formait comme une espèce de galerie couverte ; de ses trente-deux angles de solives s'étendaient les poteaux qui soutenaient le dôme, et qui étaient éloignés du circuit de l'espace de vingt pieds, de manière qu'il y avait entre les murailles extérieures et intérieures une promenade large de vingt pieds à peu près.

Il partagea tout l'intérieur en six appartements par le moyen de ce même ouvrage d'osier, mais plus proprement tissu et plus fin que le reste. Dans chacune de ces six branches de plain-pied, il y avait une porte qui servait à entrer par la tente du milieu, et une autre donnant dans la galerie extérieure, qui était aussi partagée en six pièces égales, propres non-seulement à servir de retraite, mais encore de décharge. Ces six espaces n'emportaient pas toute la circonférence, et les autres appartements de la tente extérieure étaient arrangés de la manière suivante : dès qu'on était entré par la porte du dehors, on avait devant soi un petit passage qui menait à la porte de la maison intérieure : à chaque côté du passage il y avait une muraille d'ouvrage de vannier, avec une porte par où l'on entrait dans une espèce de magasin large de vingt pieds et long de quarante, et de là dans un autre un peu moins long : de sorte que dans la tente extérieure il y avait dix belles chambres, dans six desquelles on ne pouvait entrer que par les appartements de la tente intérieure dont elles étaient, pour ainsi dire, les cabinets. Les quatre autres, comme je viens de dire, étaient de grands magasins : deux d'un côté et deux de l'autre du passage qui menait de la porte du dehors à celle de la maison intérieure.

Je crois qu'on n'a jamais entendu parler d'un pareil ouvrage de vannier, ni d'une hutte faite avec autant de propreté et de symétrie. Cette grande ruche servait de demeure à trois familles, savoir : à celle d'Atkins, de son compagnon, et de la femme du troisième Anglais qui avait perdu la vie dans la dernière guerre, et qui avait laissé sa veuve avec trois enfants.

Les autres en usèrent parfaitement bien envers cette famille, et lui fournirent avec libéralité tout ce dont elle avait besoin, du grain, du lait, des raisins secs, etc. S'ils tuaient un chevreau, ou s'ils trouvaient une tortue, elle en avait toujours sa part, de manière qu'ils vivaient tous ensemble assez bien, quoiqu'il s'en fallût de beaucoup qu'ils eussent la même application que les Anglais qui formaient une colonie à part.

Il y avait dans la conduite de tous ces derniers une particularité que je ne dois pas omettre. La religion était une chose absolument inconnue parmi eux. Il est vrai qu'ils se faisaient souvenir assez souvent les uns les autres qu'il y avait un Dieu, mais cette espèce d'hommage qu'ils rendaient à la divinité était fort éloignée d'être un acte de dévotion, et leurs femmes, pour être mariées à des chrétiens, n'en étaient pas plus éclairées. Ils étaient eux-mêmes fort ignorants dans la religion, et par conséquent fort incapables d'en donner quelque idée à leurs épouses. Toutes les lumières qu'elles avaient acquises par leur hymen, c'est que leurs maris leur avaient enseigné à parler l'anglais passablement, ainsi qu'à leurs enfants, qui étaient environ au nombre de vingt, et qui apprenaient à s'énoncer en anglais dès qu'ils étaient en état de former des sons articulés, quoiqu'ils s'en acquittassent d'abord d'une manière assez burlesque, aussi bien que leurs mères.

Parmi tous ces enfants, pas un ne passait l'âge de six ans quand j'arrivai. A peine sept années s'étaient écoulées depuis que les Anglais avaient amené ces femmes dans l'île. Il ne s'en trouvait pas une qui ne fût pas douce, modérée, laborieuse, modeste, et prompte à secourir ses compagnes. Il ne leur manquait plus rien que d'être instruites dans le christianisme, et mariées légitimement.

Il me reste maintenant à entrer dans quelques détails sur les Espagnols, qui constituaient le corps le plus puissant de mes sujets, et dont l'histoire n'est pas moins remarquable.

Ils m'informèrent dans plusieurs de nos conversations de la situation où ils s'étaient trouvés parmi les sauvages. Ils me dirent avec franchise qu'ils n'avaient pas songé seulement à chercher dans l'industrie quelque secours contre la misère, et que quand même cela se fût trouvé, ils avaient été si fort accablés par le fardeau de leurs infortunes, si abîmés par le désespoir, qu'ils s'étaient abandonnés à la résolution de se laisser mourir de faim.

Un homme fort grave et fort sensé d'entre eux ajouta qu'il sentait bien qu'ils avaient eu tort, puisque le sage, au lieu de se laisser entraîner à sa misère, doit tirer du secours de tous les moyens que lui offre la raison, afin d'adoucir le malheur présent, et se préparer une délivrance entière pour l'avenir; ce qui le conduisait naturellement à porter ses réflexions sur toutes les commodités que je m'étais autrefois procurées dans ma solitude, et sur les soins infatigables par lesquels, d'un état plus triste que le leur n'avait jamais été, j'en avais su faire un plus heureux que n'était le leur alors même qu'ils se trouvaient tous ensemble dans l'île.

Je lui répondis qu'il y avait une grande différence entre leur cas et le mien, puisqu'ils avaient été jetés à terre sans aucune chose nécessaire pour subsister ; qu'en effet mon malheur avait été accompagné de ce désavantage que j'étais seul, mais qu'en récompense les secours que la Providence m'avait mis entre les mains en poussant les débris du vaisseau si près du rivage, auraient été capables de ranimer le courage de l'homme du monde le plus faible. — Si nous avions été dans votre situation, reprit l'Espagnol, nous n'aurions jamais tiré du vaisseau la moitié des choses utiles que vous sûtes en tirer ; nous n'aurions jamais eu l'esprit de faire un radeau pour les porter à terre ou de le faire aborder à l'île sans voiles et sans rames : nous ne nous en serions pas avisés tous ensemble, bien loin qu'un seul d'entre nous eût été capable de l'entreprendre et de l'exécuter. Ensuite, continuant le récit de leur embarcation dans l'endroit où ils avaient si mal passé leur temps, il me dit que par malheur ils étaient abordés dans une île où il y avait un peuple sans provisions, et que s'ils eussent eu la prudence de se remettre en mer, et d'aller vers une île peu éloignée de là, ils auraient eu des provisions sans habitants ; que les Espagnols de l'île de la Trinité, s'y étant rendus fréquemment, n'avaient rien négligé pour la remplir de boucs et de porcs ; que d'ailleurs les tourterelles et les oiseaux de mer y abondaient tellement, que s'ils n'y avaient pas trouvé du pain, du moins ils n'auraient jamais pu manquer de viande. Dans l'endroit où ils avaient abordé, au contraire, ils n'avaient eu que quelques herbes et quelques racines sans goût et sans suc, dont la charité des sauvages les avait pourvus, encore fort sobrement, parce que ces bonnes gens n'étaient pas en état de les nourrir mieux, à moins qu'ils n'eussent voulu avoir part à leurs festins de chair humaine.

Les Espagnols me firent encore le récit de tous les moyens qu'ils avaient employés pour civiliser les sauvages leurs bienfaiteurs, et pour leur donner des coutumes et des sentiments plus raisonnables que ceux dont ils avaient hérité de leurs ancêtres ; mais tous leurs soins avaient été inutiles. Les sauvages avaient trouvé fort étrange que des gens qui étaient venus là pour chercher de quoi vivre voulussent se donner le ton d'instruire ceux qui leur procuraient leur subsistance ; selon eux, il ne fallait se mêler de donner ses idées aux autres que quand on pouvait se passer d'eux.

Les Espagnols avaient été souvent exposés à de terribles extrémités, étant quelquefois absolument sans vivres. L'île où le malheur les avait portés était habitée par des sauvages indolents, et par conséquent plus pauvres et plus misérables que d'autres peuples de cette même partie du monde. En récompense, ceux-ci étaient moins barbares et moins cruels que ceux qui étaient plus à leur aise.

Les sauvages, à ce qu'ils me racontèrent encore, avaient voulu, pour prix de leur hospitalité, les conduire avec eux à la guerre. Il est vrai qu'ils possédaient des armes à feu, et s'ils n'avaient pas eu le malheur de perdre leurs munitions, non-seulement ils auraient été en état de rendre des services considérables à leurs hôtes, mais encore de se faire respecter par leurs amis et par leurs ennemis ; mais n'ayant ni poudre ni plomb, obligés pourtant de suivre leurs bienfaiteurs dans les combats, ils y étaient plus exposés que les sauvages eux-mêmes. Ils n'avaient ni arcs ni flèches, et ils ne savaient pas faire usage de ces sortes d'armes que leurs amis auraient pu leur fournir; ils étaient donc forcés de rester dans l'inaction, en butte aux dards des ennemis, jusqu'à ce que les deux armées se serrassent de près. Alors effectivement ils étaient d'un grand service : avec leurs hallebardes et leurs mousquets, dans le canon desquels ils mettaient des morceaux de bois pointus au lieu de baïonnettes, ils rompaient quelquefois des bataillons entiers.

Il ne laissait pas d'arriver fort souvent qu'environnés par une grande multitude d'ennemis, ils ne se sauvaient d'une grêle de flèches que par une espèce de miracle. Mais enfin ils avaient su se garantir de ce danger en se couvrant de larges boucliers de bois couverts de peaux de certains animaux dont ils ne savaient pas le nom. Un jour cependant le malheur avait voulu que cinq d'entre eux fussent jetés à terre par les massues des sauvages, ce qui avait donné occasion à l'ennemi d'en faire un prisonnier; c'était précisément l'Espagnol que j'avais eu la satisfaction d'arracher à la cruauté de ses vainqueurs. Ses compagnons le crurent mort dans le commencement, mais en apprenant qu'il avait été pris, ils auraient hasardé volontiers leur vie tous tant qu'ils étaient pour le délivrer.

Au moment où ces Espagnols avaient été terrassés, les autres les avaient renfermés au milieu d'eux sans les abandonner, jusqu'à ce qu'ils fussent revenus à eux-mêmes. Alors formant tous ensemble un petit bataillon, ils s'étaient fait jour au travers de mille sauvages, renversant tout ce qui s'opposait à eux, et procurant à leurs amis une victoire entière, mais peu satisfaisante pour eux-mêmes, à cause de la perte de leur compagnon.

On peut juger par-là quelle avait été leur joie en revoyant un ami qu'ils avaient cru dévoré par les sauvages, la plus terrible espèce d'animaux féroces. Cette joie était parvenue au plus haut degré par la nouvelle qu'il y avait près de là un chrétien assez humain pour former le dessein de finir leurs malheurs, et capable de l'exécuter.

Ils me firent encore la description la plus pathétique de la surprise que leur avait causée le secours que je leur avais envoyé, le pain surtout, qu'ils n'avaient pas vu depuis tant d'années, ils l'avaient béni mille et mille fois, comme un aliment descendu du ciel, et en le goûtant ils y avaient trouvé le plus restaurant de tous les cordiaux. Plusieurs autres choses que je leur avais envoyées pour subsistance leur avaient causé à peu près le même ravissement.

Mes Espagnols, en me faisant ce récit, trouvaient des termes pour exprimer leurs sentiments ; mais ils n'en avaient point pour donner une idée de la joie qu'avait excitée dans leur âme la vue d'une barque et de pilotes tout prêts à les tirer de cette île malheureuse, et à leur faire voir le lieu d'où ce secours inespéré leur était venu.

Il est temps que j'entre dans le détail de ce que je fis pour ma colonie, et de la situation où je la laissai en sortant de l'île. Ces gens étaient persuadés aussi bien que moi qu'ils ne seraient plus importunés par les visites des sauvages, et que, s'ils revenaient, il étaient en état de les repousser, quand ils seraient deux fois plus nombreux qu'auparavant : il n'y avait donc rien à craindre de ce côté-là. Un point plus important que je traitai avec le gouverneur, c'était leur demeure dans l'île. Mon intention n'était pas d'en amener un seul avec moi; aussi n'était-il pas juste de faire cette grâce à quelques-uns, et de laisser là les autres, qui auraient été au désespoir d'y rester, si j'eusse diminué leur nombre.

Je leur dis donc à tous que j'étais venu pour les établir dans l'île et non pour les en retirer; que, dans ce dessein, j'avais fait des dépenses considérables, afin de les pourvoir de tout ce qui était nécessaire pour leur subsistance et leur sûreté; que, de plus, je leur amenais des personnes non-seulement propres à augmenter avantageusement leur nombre, mais encore à leur rendre de grands services, étant artisans et capables de faire pour la colonie mille choses nécessaires qui lui avaient manqué jusqu'à présent.

Avant de leur livrer tout ce que j'avais apporté pour eux, je leur demandai à chacun, l'un après l'autre, s'ils avaient absolument banni de leur cœur leurs anciennes animosités, et s'ils voulaient bien se toucher réciproquement dans la main, en se promettant une étroite amitié et un attachement sincère pour l'intérêt commun de toute la société.

Guillaume Atkins répondit d'une manière gaie et cordiale qu'ils avaient eu assez de malheur pour devenir modérés, et assez de discordes pour devenir amis; que pour sa part il promettait de vivre et de mourir avec les autres; que bien loin de nourrir quelque haine contre les Espagnols, il avouait qu'il avait mérité de reste tout ce qu'ils avaient fait à son égard, et que s'il avait été à leur place, et eux à la sienne, ils n'en auraient pas été quittes à si bon marché; qu'il était prêt à leur demander pardon, s'ils le voulaient, de ses folies et de ses brutalités; qu'il souhaitait leur amitié de tout son cœur, et qu'il ne négligerait aucune occasion de les en convaincre, qu'au reste il se résignait à ne pas revoir sa patrie de vingt ans.

Pour les Espagnols, ils dirent qu'en effet ils avaient dans le commencement désarmé et exilé Atkins et ses compagnons à cause de leur mauvaise conduite, et qu'ils s'en rapportaient à moi pour décider s'ils l'avaient fait sans raison, mais qu'Atkins avait déployé tant de bravoure dans la grande bataille contre les sauvages, et qu'ensuite il avait donné tant de marques de l'intérêt qu'il prenait à toute la société, qu'ils avaient oublié tout le passé, et qu'ils le croyaient aussi digne d'être fourni d'armes et de tout ce qui lui était nécessaire que tout autre; qu'ils avaient parfaitement, lui et ses compagnons, mérité leur confiance par tout ce qui peut porter les hommes à se fier les uns aux autres ; enfin qu'ils embrassaient avec plaisir l'occasion de m'assurer qu'ils n'auraient jamais d'autre intérêt que celui de toute la colonie.

Sur ces déclarations qui paraissaient pleines de franchise et d'amitié, je les priai tous à dîner pour le lendemain, et véritablement je leur donnai un repas magnifique. Pour le faire préparer, je fis venir à terre le cuisinier du vaisseau et son compagnon, et je leur donnai pour aide le cuisinier qui était dans l'île. On apporta du vaisseau six pièces de bœuf et quatre de porc, une grande jatte de porcelaine pour faire du punch, avec les ingrédiens nécessaires, dix bouteilles de vin rouge de Bordeaux, et dix bouteilles de bière d'Angleterre. Toutes ces douceurs furent d'autant plus agréables à mes convives, qu'ils n'avaient goûté rien de pareil depuis bien des années.

Les Espagnols ajoutèrent à nos mets cinq chevreaux entiers que les cuisiniers firent rôtir, et dont on envoya trois bien couverts dans le vaisseau, afin que l'équipage se régalât de viande fraîche pendant que mes insulaires faisaient bonne chère avec les provisions salées du vaisseau.

Après avoir savouré avec eux tous les plaisirs innocents de la table, je fis porter à terre la cargaison que je leur avais destinée, et pour empêcher qu'il y eût des disputes sur le partage, j'ordonnai que chacun prît une portion égale de tout ce qui devait servir à les vêtir pour lors. Je commençai par leur distribuer autant de toile qu'il leur en fallait pour faire quatre chemises, et j'augmentai ensuite le nombre jusqu'à six, à l'instante prière des Espagnols. Rien au monde n'était capable de leur faire plus de plaisir, il y avait si longtemps qu'ils n'en avaient porté que l'idée même leur en était presque sortie de la mémoire.

Je destinai les étoffes minces d'Angleterre à leur faire à chacun un habit long et peu serré, à cause de la chaleur du climat. J'ordonnai en même temps qu'on leur en confectionnât de nouveaux dès que ceux-ci seraient usés. Je donnai à peu près les mêmes ordres pour ce qui regardait les escarpins, les souliers, les bas et les chapeaux

Il m'est impossible d'exprimer la joie qui éclatait dans les regards de tous ces pauvres gens en voyant le soin que j'avais pris de leur fournir tant de choses utiles et commodes. Ils me dirent que j'étais leur véritable père, et que tant que, dans un endroit si éloigné de leur patrie, ils auraient un correspondant comme moi, ils oublieraient qu'ils étaient dans un désert. Ils déclarèrent tous qu'ils s'engageaient à ne jamais abandonner l'île sans mon consentement

Je leur présentai ensuite les ouvriers que j'avais amenés avec moi, surtout le tailleur, le serrurier, les deux charpentiers, et mon artisan universel, qui leur était plus utile que personne au monde. Le tailleur, afin de leur témoigner son zèle, se mit d'abord à travailler, et avec ma permission il commença par leur faire à chacun une chemise En même temps il enseigna aux femmes la manière de manier l'aiguille, de coudre et de piquer, et les employa de suite à faire les chemises de leurs maris et de tous les autres.

Pour les charpentiers, il n'est pas nécessaire de dire de quelle utilité ils furent à ma colonie. Ils mirent d'abord en pièces tous mes meubles grossiers, et les remplacèrent en très peu de temps par des tables fort propres, des chaises, des bois de lit, des buffets, etc.

Pour leur faire voir comment la nécessité avait instruit mes artisans, je menai mes charpentiers voir la maison d'Atkins. Ils m'avouèrent tous deux qu'ils n'avaient jamais vu pareil exemple de l'industrie humaine : l'un d'eux même, après avoir rêvé pendant quelques moments, se tournant de mon côté : En vérité, dit-il, cet homme n'a pas besoin de nous ; il ne lui manque que des outils.

Ce mot me fit souvenir de montrer ceux que j'avais apportés ; je distribuai à chaque homme une bêche, une pelle et un râteau, afin de suppléer à la charrue et à la herse. Je donnai encore à chaque colonie une pioche, un levier, une grande hache et une scie, en leur permettant d'en prendre de nouveaux dans le magasin général dès qu'ils seraient usés ou rompus.

J'avais amené avec moi à terre le jeune homme dont la mère était morte de faim, et la servante. C'était une jeune fille douce, bien élevée, et pieuse, dont la conduite charmait tout le monde : elle avait vécu sans beaucoup d'agrément sur le vaisseau, où il n'y avait point d'autre femme qu'elle : mais elle s'était soumise à son sort avec beaucoup de résignation. Quand elle vit l'ordre qui régnait dans mon île, et l'air florissant qui y éclatait partout, considérant qu'elle n'avait aucune affaire dans les Indes orientales, elle me pria de la laisser dans l'île et de l'agréer comme un membre de ma famille. Le jeune homme m'adressa la même prière, et j'y consentis avec plaisir. Je leur donnai un petit terrain, où on leur fit trois tentes entourées d'ouvrages de vannier, construites comme la maison d'Atkins.

Ces tentes étaient liées ensemble d'une telle manière que chacun avait son appartement, et que celle du milieu pouvait servir de salle à manger pour l'usage de l'un et de l'autre. Les deux Anglais trouvèrent à propos de changer de demeure, d'approcher davantage de ces nouveaux venus. C'est ainsi que l'île resta toujours partagée en trois colonies.

Les Espagnols, avec le père de Vendredi et les premiers esclaves, étaient toujours dans mon vieux château sous la colline, lequel devait passer à juste titre pour la capitale de mon empire ; ils l'avaient tellement étendu, qu'ils y pouvaient vivre fort au large, quoique entièrement cachés : et je suis sûr qu'il n'y eut jamais au monde une petite ville dans un bois si parfaitement à l'abri de toute insulte. Mille hommes auraient parcouru toute l'île pendant un mois entier sans la trouver, à moins d'être avertis qu'elle y était réellement. Les arbres qui l'entouraient étaient si serrés, et leurs branches tellement entrelacées les unes dans les autres, qu'il aurait fallu les abattre pour voir le château ; il devenait presque impossible de découvrir les deux petits chemins par lesquels les habitants eux-mêmes entraient et sortaient. L'un était tout au haut de la petite baie, à plus de deux cents verges derrière l'habitation ; l'autre, encore plus caché, menait par-dessus la colline par le moyen d'une échelle. Ils avaient planté encore au-dessus de la colline un bois fort épais d'un are d'étendue, où il n'y avait pas la moindre ouverture, excepté une fort petite entre deux arbres, par laquelle on entrait de ce côté-là.

La seconde colonie était celle de Guillaume Atkins, de son compagnon et de la famille de leur camarade défunt. Dans celle-là, demeuraient encore les deux charpentiers et le serrurier, d'autant plus utiles à tous les habitants, qu'ils étaient encore bons armuriers, et capables par conséquent de tenir toujours en bon état les armes à feu ; ils avaient avec eux mon artisan universel, qui valait lui seul vingt autres ouvriers. Ce n'était pas seulement un garçon fort industrieux, mais encore fort gai et fort divertissant, en sorte qu'on trouvait chez lui l'agréable et l'utile. Enfin, la troisième colonie était celle des deux autres Anglais, du jeune homme et de la servante.

Cependant, pour en revenir à mon jeune religieux français qui avait voulu nous suivre, je trouvai en lui non-seulement un homme bien élevé, mais encore un cœur bien placé, une grande érudition et de grandes vertus.

Il me fit un récit très intéressant de sa vie et des événements extraordinaires dont elle avait été comme tissue. Parmi ses nombreuses aventures pendant les deux années qu'il avait employées à voyager, la plus remarquable, à mon avis, était sa dernière course, dans laquelle il s'était vu forcé cinq fois de changer de vaisseau, sans que jamais aucun des cinq fût parvenu à l'endroit pour lequel il avait été destiné. Son premier dessein était d'aller à Saint-Malo dans un vaisseau prêt à faire ce voyage ; mais contraint par le mauvais temps d'entrer dans le Tage, le navire avait donné contre un banc, et l'on avait été obligé d'en tirer toute la cargaison. Dans cet embarras, il avait trouvé un vaisseau prêt à faire voile pour l'île de Madère, et il s'y était embarqué ; mais le maître n'étant pas un fort excellent marin, s'était trompé dans son estime, et avait laissé dériver son navire jusqu'à Fial, où, par un heureux hasard, il avait trouvé une bonne occasion de se défaire de sa marchandise, qui consistait en grains. Ce bonheur l'avait fait résoudre à ne point aller à Madère, mais à charger du sel dans l'île de Mai, et à se diriger de là vers Terre-Neuve. Dans cette conjoncture, mon religieux n'avait pu que suivre la destinée du vaisseau, et le voyage avait été heureux jusqu'aux bancs où l'on prend le poisson. Rencontrant là un vaisseau français destiné pour Québec, dans la rivière du Canada, et de là pour la Martinique, pour y porter des vivres, il avait cru trouver l'occasion d'exécuter son premier dessein; mais après être arrivé à Québec, le maître du bâtiment étant mort, le vaisseau n'était pas allé plus loin. Se voyant traversé de cette manière, il s'était mis dans le vaisseau destiné pour la France, qui avait été consumé en pleine mer, et nous l'avions reçu à bord d'un navire destiné pour les Indes orientales. C'est ainsi qu'il avait échoué successivement en cinq voyages qui étaient pour ainsi dire les parties d'une seule course, sans parler de ce qui lui arriva dans la suite.

Mais racontons l'heureux changement qui s'opéra dans l'île, grâce à mon religieux. Comme il était logé avec nous pendant tout le temps de mon séjour, il me vint voir un matin que j'avais résolu d'aller visiter la colonie des Anglais, qui était dans l'endroit le plus éloigné de l'île. Il me dit avec beaucoup de gravité que depuis quelques jours il avait attendu avec impatience l'occasion de m'entretenir, espérant que ce qu'il avait à me dire ne me déplairait pas, parce qu'il tendait à mon dessein général, à la prospérité de ma colonie, qu'il se flattait qu'une telle mesure y attirerait les bénédictions du ciel, dont jusqu'ici elle ne jouissait pas autant qu'il l'aurait souhaité.

Surpris de la fin de son discours, je lui répondis d'une manière assez précipitée : — Comment pouvez-vous avancer, Monsieur, que nous ne jouissons pas des bénédictions du ciel, nous à qui Dieu a daigné accorder des secours si merveilleux et une délivrance si peu attendue, comme vous avez pu voir par le récit que je vous ai fait?

— S'il vous avait plu, me répliqua-t-il d'une manière aussi prompte que modeste, d'attendre la fin de mon discours, vous n'auriez point eu lieu de vous fâcher contre moi, et de me croire assez dépourvu de sens pour douter de l'assistance miraculeuse dont Dieu vous a favorisé. J'espère par rapport à vous que vous êtes en état de jouir des faveurs du ciel, parce que effectivement votre dessein est extrêmement bon ; mais quand il serait encore meilleur, il peut y en avoir parmi vos gens dont les actions n'ont pas la même pureté.

Son discours me toucha fort, et je lui dis que son raisonnement était juste, et que son dessein me paraissait si sincère et si plein de piété, que, mortifié de l'avoir interrompu, je ne pouvais que le prier de vouloir bien continuer. Persuadé que ce qu'il avait à me dire demandait quelque temps, je l'avertis de mon intention d'aller voir les plantations des Anglais, et je lui proposai de m'y accompagner et de m'expliquer ses vues en chemin. Il me répondit qu'il y consentait avec d'autant plus de plaisir que ce qu'il avait à me dire regardait ces mêmes Anglais. Là-dessus nous nous mîmes en route, et je le conjurai de me parler avec toute la franchise possible.

— Monsieur, me dit-il alors, mon dessein n'est pas que vous sépariez des couples unis depuis plusieurs années, mais que vous les fassiez épouser légitimement; et comme il me serait difficile de les y engager moi-même, je vous crois assez d'ascendant sur eux pour pouvoir les y porter.

Nous prendrons leur consentement libre devant tous les témoins qui peuvent se trouver dans l'île, et je les marierai selon les lois de l'Église et en Dieu : cette union ne peut qu'être avantageuse aux uns et aux autres ; car étant légitimement contractée, Dieu se plaira à répandre ses bénédictions sur votre colonie.

Je puis dire que je n'ai jamais vu une charité plus grande et plus délicate. Je lui dis que je tombais d'accord de tout ce qu'il venait de dire, que je le remerciais de sa charité généreuse, et que je ferais la proposition de cette affaire à mes Anglais ; mais que je ne croyais pas qu'ils pussent apporter la moindre résistance à se faire marier ainsi, puisque cela les arrachait à la voie de perdition et mettait leur conscience en repos.

Je le pressai ensuite de m'expliquer le reste de ses pensées.

Il me dit qu'il le ferait avec la même candeur, persuadé que je ne le trouverais pas mauvais.

Sa censure avait pour objet la négligence inexcusable de mes compatriotes qui, ayant vécu avec leurs femmes l'espace de sept années, leur ayant enseigné à parler, à lire l'anglais, et leur voyant de la pénétration et du jugement, n'avaient pas songé à leur dire un mot de la religion chrétienne, de l'existence d'un seul Dieu, et de la manière de le servir, bien loin de les instruire à fond, et de les désabuser de la grossière absurdité de leur idolâtrie.

Il traita cette négligence de crime, dont non-seulement ils auraient à rendre compte devant le tribunal de Dieu, mais que peut-être par une juste punition ils ne trouveraient plus occasion de réparer, Dieu leur pouvant arracher ces femmes dont il leur avait confié, pour ainsi dire, le salut.

— Je suis persuadé, continua-t-il avec beaucoup de ferveur, que s'ils avaient été obligés de vivre parmi les sauvages d'entre lesquels ils ont tiré leurs femmes, ces idolâtres auraient pris plus de peine pour les engager dans le culte de leurs idoles qu'ils n'en ont pris pour donner à leurs prisonniers la connaissance de Dieu. Nous devons être ravis de voir les païens instruits des principes généraux du christianisme : ils seraient du moins alors plus près de la véritable Église qu'à présent qu'ils font une profession ouverte de l'idolâtrie.

Ne pouvant plus résister à la tendresse que la vertu éclairée de cet honnête homme m'inspirait pour lui, je le serrai entre mes bras avec passion. — Combien n'ai-je pas été éloigné, lui dis-je, de bien connaître ce qu'il y a de plus essentiel dans les vertus chrétiennes qui consistent à aimer l'Église de Jésus-Christ et le salut du prochain. — Ne parlez pas ainsi, mon cher Monsieur, me répondit-il ; vous n'êtes point coupable de toutes ces négligences. — Il est vrai, répliquai-je ; mais je n'ai pas pris ces sortes de choses à cœur comme vous. — Il est temps encore de remédier à tous ces inconvénients, repartit-il : ne soyez pas si prompt à vous condamner vous-même. — Mais que ferai-je ? lui dis-je,

Vous savez que mon départ ne saurait être différé. — Eh bien! me répondit-il, voulez-vous me permettre de parler à ces pauvres gens ? — De tout mon cœur, lui dis-je ; et je ne négligerai rien pour appuyer de mon autorité tout ce que vous leur direz. — Pour ce qui regarde ce point, répliqua-t-il, nous devons les abandonner à la grâce de Jésus-Christ. Notre devoir se borne à les instruire, à les exhorter, à les encourager : si vous voulez me laisser faire, si le ciel daigne bénir mes faibles efforts, je ne désespère pas de porter ces âmes ignorantes dans le sein du christianisme, et de leur faire embrasser les dogmes de notre sainte religion : j'espère même réussir pendant que vous serez encore dans l'île.

Je le priai alors de passer au troisième article sur lequel il s'était offert de m'éclairer. — Cet article est de la même nature, me dit-il : il s'agit de vos pauvres sauvages, qui sont devenus vos sujets, pour ainsi dire, par le droit de la guerre. C'est une maxime qui devrait être reçue de tous les chrétiens, de quelque secte qu'ils puissent être, que la connaissance de notre sainte religion doit être étendue par tous les moyens honorables, et dans toutes les occasions.

C'est pour ce principe que notre Eglise envoie des missionnaires dans la Perse, les Indes, la Chine, et que nos prélats eux-mêmes s'engagent dans des voyages dangereux, et demeurent parmi des barbares et des meurtriers pour leur donner la connaissance de Dieu, et les faire entrer dans le sein de l'Eglise chrétienne. Vous avez ici toute prête l'occasion d'une pareille charité ; vous pouvez détourner de l'idolâtrie trente-sept sauvages et les conduire à la foi. Auriez-vous le courage de négliger un pareil moyen d'exercer votre piété, et de faire une bonne œuvre qui vaut la peine qu'un chrétien y emploie tout le temps de sa vie?

Ces paroles me rendaient muet d'étonnement, et j'étais charmé d'avoir devant mes yeux un véritable modèle du zèle chrétien, quels que pussent être les sentiments particuliers de cet homme de bien. J'avoue que jamais pareille pensée ne m'était venue dans l'esprit, et sans lui j'aurais été peut-être incapable toute ma vie d'en avoir de semblables.

La confusion de mes pensées dura longtemps sans que je fusse en état de répondre un mot à son discours ; il regarda mon désordre, et mi regardant d'un air sérieux. — Je serais au désespoir, me dit-il, d'avoir laissé échapper la moindre expression qui pût vous offenser. — Effectivement, lui répondis-je, je suis en colère, mais c'est contre moi-même. Je suis confus de n'avoir jamais formé quelque idée à ce sujet, et de ne pas savoir comment pourra servir la notion que vous m'en donnez à présent. Vous savez, continuai-je, dans quelles circonstances je me trouve. Le vaisseau où je suis est destiné pour les Indes ; il est équipé par des marchands particuliers, et ce serait une injustice criante de l'arrêter plus longtemps ici, sachant que les provisions que consomme l'équipage et les gages qu'il tire jettent les marchands dans des dépenses inutiles. Il est vrai que j'ai stipulé de pouvoir demeurer douze jours ici, et si je demeure plus longtemps, de payer trois livres sterling par jour : cependant il ne m'est même pas permis de prolonger de cette manière-là mon séjour dans l'île que de huit jours. Je ne peux donc absolument entreprendre l'exécution d'un dessein si louable, à moins de souffrir qu'on me laisse de nouveau dans l'île, et de m'exposer, si le vaisseau ne réussit pas dans le voyage, à rester ici toute ma vie à peu près dans le même état d'où la Providence m'a tiré d'une manière si miraculeuse.

Il m'avoua qu'il m'en coûterait beaucoup si je voulais exécuter cette entreprise ; mais il s'en rapportait à ma conscience sur cette importante question ; si le salut d'un si grand nombre d'âmes ne valait pas la peine que je hasardasse tout ce que j'avais dans le monde. N'ayant pas le cœur aussi touché de cette vérité que lui : Je conviens, Monsieur, lui dis-je, que c'est quelque chose de très glorieux que d'être un instrument dans la main de Dieu pour convertir trente-sept païens à la connaissance de Jésus-Christ ; mais vous êtes ecclésiastique, votre vocation particulière vous porte naturellement de ce côté-là, et je m'étonne qu'au lieu de m'y exhorter, vous ne songiez pas vous-même à l'entreprendre.

A ces mots il s'arrêta tout-à-coup, se plaça devant moi, et me faisant un profond salut : — Je rends grâce à Dieu, et à vous, Monsieur, me dit-il, de me donner pour une œuvre si excellente une vocation si manifeste. Si vous croyez être dispensé d'y mettre la main, par la situation où vous vous trouvez et si vous voulez bien vous confier à moi, je m'y livrerai avec la plus grande satisfaction, et je me croirai dédommagé de tous les malheurs de mon triste voyage, en me voyant employé dans un dessein si glorieux.

Pendant qu'il parlait je découvrais dans l'air de son visage une espèce d'extase ; ses yeux brillaient d'un feu nouveau, ses joues étaient rouges, et cette couleur allait et venait comme on le voit arriver à un homme agité par différentes passions ; je me tus pendant quelque temps, faute de trouver des termes propres à exprimer mes sentiments : j'étais extraordinairement surpris de voir dans cet homme tant de zèle et tant de candeur, et un dévoûment aussi surnaturel.

Après avoir réfléchi quelques moments, je lui demandai s'il parlait sérieusement ; s'il était réellement résolu de s'enfermer dans ce désert, peut-être le reste de sa vie, uniquement pour entreprendre la conversion de ces malheureux, et s'il était capable de s'y hasarder sans aucune espérance certaine de réussir dans cette entreprise.

— Qu'appelez-vous me hasarder ? me répliqua-t-il vivement. Dites-moi, je vous prie, dans quelle vue vous croyez que j'ai pris la résolution de vous suivre aux Indes ? Je n'en sais rien, lui dis-je ; à moins que ce ne soit pour aller prêcher l'Evangile aux Indiens. — Vous devinez juste, me répondit-il ; et si je puis convertir ces trente-sept sauvages à la foi de Jésus-Christ, pensez-vous que je n'aurai pas bien employé mon temps, quand je devrais être enterré ici ? Le salut de tant d'âmes ne vaut pas seulement toute ma vie, mais encore celle de vingt autres de ma profession. Oui, Monsieur, je bénirais toujours Jésus-Christ si je pouvais être le moindre instrument du salut de tant d'âmes, quand je devrais ne jamais revoir ma patrie. Mais puisque vous voulez me faire l'honneur de m'employer à ce saint ouvrage, ce qui me portera à prier pour vous tous les jours de ma vie, j'espère que vous ne me refuserez pas une seule grâce que je vous demanderai : c'est de me laisser Vendredi, afin de me seconder et de me servir d'interprète, car vous savez que sans un pareil secours il m'est impossible d'entrer en conversation avec ces pauvres idolâtres.

Je fus fort troublé à cette demande, ne pouvant me résoudre à me séparer de ce fidèle domestique, pour plusieurs raisons. Il avait été mon compagnon dans tous mes voyages ; non-seulement il était plein de franchise, mais il m'aimait avec toute la tendresse possible, et j'avais résolu de faire quelque chose de considérable pour sa fortune, s'il me survivait, ce qui était très présumable.

Une pensée qui me vint tout d'un coup me tranquillisa ; je déclarai à mon religieux que je ne pouvais dire avec sincérité que j'étais prêt à me défaire de Vendredi, par quelque motif que ce pût être, quoique naturellement je ne dusse pas me faire une affaire de sacrifier l'usage de mon domestique à cette charité à laquelle il sacrifiait sa vie même ; que ce qui m'en détournait le plus était la persuasion où j'étais que Vendredi ne consentirait jamais à me quitter, et que je ne pouvais pas l'y forcer sans une injustice criante, puisqu'il y aurait une affreuse dureté à éloigner de moi un homme qui avait bien voulu s'engager solennellement à ne m'abandonner jamais.

Cette réponse l'embarrassa fort : il lui était impossible de communiquer ses pensées à ces pauvres sauvages, pour qui son langage était aussi barbare que le leur l'était pour lui. Afin de remédier à cet inconvénient, je lui dis que le père de Vendredi avait appris l'espagnol : qu'il l'entendait aussi lui-même, et que par conséquent ce vieillard pouvait lui servir d'interprète.

Il fut fort satisfait de cette proposition, et rien n'était désormais capable de le détourner de ce dessein ; mais la Providence donna un autre tour à cette affaire, et la fit réussir par un autre moyen.

Tous mes colons ayant accepté avec bonheur la proposition de rendre légitimes leurs mariages, mon religieux baptisa ceux qui n'avaient pas reçu ce sacrement.

La cérémonie du baptême achevée, se tournant ensuite du côté d'Atkins, il l'exhorta d'une manière très pathétique non-seulement à persévérer dans ses bonnes dispositions, mais encore à répondre par une sainte vie aux lumières qui venaient d'éclairer sa conscience ; il lui dit qu'il ferait en vain profession de se repentir, si actuellement il ne renonçait à tous ses crimes. Il lui représenta que puisque Dieu leur avait fait la grâce de se servir de lui comme d'un instrument pour la conversion de sa femme, il devait bien prendre garde de ne pas rendre inutile cette faveur du ciel.

Il ajouta un grand nombre d'autres excellentes leçons, et les recommandant l'un et l'autre à la bonté divine, il leur donna sa bénédiction de nouveau, se servant toujours de moi comme de son interprète. Ainsi finit toute la cérémonie.

Pour mon religieux, il n'avait pas encore rempli tous ses pieux desseins ; ses pensées continuaient toujours à rouler sur la conversion des trente-sept sauvages, et il serait resté de tout son cœur dans l'île pour y travailler ; mais je lui fis voir que son entreprise était impraticable, et que je trouverais peut-être moyen de la faire réussir sans qu'il fût besoin qu'il se condamnât à rester dans ce désert.

J'avais fait espérer à mon religieux que la conversion des trente-sept sauvages pouvait se faire sans lui d'une manière dont il serait satisfait. Je lui fis sentir que cette affaire s'avançait, et que ces gens étant ainsi distribués, parmi les chrétiens, il serait facile de leur faire goûter les principes de notre religion, pourvu que chacun de leurs maîtres voulût bien redoubler d'efforts pour y réussir. Il en convint. — Mais, dit il, comment les porterons-nous à y travailler avec application ? Je lui répondis qu'il fallait les y engager en les assemblant tous, ou bien en leur parlant à chacun en particulier. Ce second parti lui parut le plus convenable. Il entreprit donc d'aller voir les Espagnols pendant que j'irais adresser mes exhortations aux Anglais. Nous recommandâmes aux uns et aux autres de se contenter de leur enseigner les principes généraux de la religion chrétienne, comme l'existence de Dieu, les mérites de Jésus-Christ. etc. C'est ce qu'ils nous promirent.

En allant à la maison, ou plutôt à la ruche d'Atkins, je vis avec plaisir que la jeune femme de mon machiniste et l'épouse de l'Anglais étaient devenues amies intimes, et que cette personne pieuse avait perfectionné l'ouvrage que son mari avait commencé. Quoiqu'il n'y eût que quatre jours d'écoulés depuis le jour du baptême de la femme d'Atkins, elle était déjà devenue si bonne chrétienne, que je n'ai de ma vie entendu parler d'une conversion si subite, et poussée si loin en si peu de temps.

J'avais un livre pieux en arrivant à la maison d'Atkins. Je remarquai que les deux femmes venaient de parler religion. — Ah ! Monsieur, dit Atkins dès qu'il me vit, quand Dieu veut que les pêcheurs se réconcilient avec lui, il sait bien en trouver les moyens. Mon épouse a rencontré un prédicateur nouveau je sais que j'étais aussi indigne qu'incapable de mettre la main à un pareil ouvrage : cette jeune femme paraît nous être envoyée du ciel, elle est en état de convertir une île pleine de sauvages.

La jeune femme rougit à ces mots, et se leva pour s'en aller ; mais en la priant de demeurer, je lui dis qu'elle avait entrepris une œuvre excellente, et que je souhaitais de tout mon cœur que le ciel voulût bénir ses soins.

Nous continuâmes sur ce sujet pendant quelque temps, et les voyant sans livre, je tirai le mien de ma poche. — Voici du secours que je vous apporte, Atkins, lui dis-je, et je ne doute point que vous ne le receviez avec plaisir. Il prit le livre avec respect, et se tournant du côté de sa femme : — Ne vous ai-je pas dit, ma chère, dit-il, que, quoique Dieu soit dans le ciel, il peut entendre nos prières ? Voici le livre que je lui ai demandé ; il m'a entendu et me l'a envoyé. Après avoir fini ce discour il tomba dans de si grands transports de joie, qu'au milieu des actions de grâces qu'il adressait au ciel, il versait un torrent de larmes.

Certes, jamais homme ne fut plus reconnaissant de quelque présent que ce puisse être, qu'il le fut du don de cette Imitation de Jésus-Christ, et jamais non plus mortel ne se réjouit d'un don pareil, par un meilleur principe. Après avoir été un des plus grands scélérats de l'univers, il prouva par son changement que les pères ne doivent jamais désespérer du succès des instructions qu'ils donnent à leurs enfants, quelque insensibles qu'ils y paraissent. Si Dieu trouve bon dans la suite de toucher leur cœur, la force de l'éducation se saisit de nouveau de leur âme, les instructions qu'ils ont reçues dans leur jeunesse opèrent sur eux avec tout le succès imaginable. Les préceptes qui ont été endormis, pour ainsi dire, pendant longtemps, se réveillent alors et produisent des effets merveilleux.

Il en était ainsi du pauvre Atkins. Il n'était pas des plus éclairés, mais voyant que le ciel l'appelait à instruire une personne plus ignorante que lui, il cherchait à se ressouvenir des leçons de son père et s'en servait avec beaucoup de fruit.

Je ne jugeai point à propos de parler à mes colons de la chaloupe que j'avais eu soin d'embarquer par pièces détachées, avec l'intention de les faire joindre ensemble dans l'île. J'en fus détourné d'abord en y arrivant, par les semences de discorde répandues dans la colonie ; persuadé qu'au moindre mécontentement, ils se serviraient de cette chaloupe pour se séparer les uns des autres ; peut-être aussi en auraient-ils fait usage pour pirater, et de cette manière mon île serait devenue un repaire de brigands, au lieu d'être une colonie de gens modérés et pieux. Je ne voulus pas leur laisser non plus les deux canons de bronze, ni les deux petites pièces de tillac que je leur avais destinés. Je les crus assez forts sans cet arsenal, et assez bien armés pour soutenir une guerre défensive ; mon but n'était nullement de les mettre en état d'entreprendre des conquêtes.

Je revins à bord, après avoir passé vingt-cinq jours dans l'île, promettant à ceux de mes gens qui avaient pris la résolution d'y rester jusqu'à ce que je les en tirasse, de leur envoyer du Brésil de nouveaux secours si je pouvais en trouver l'occasion. Je m'étais engagé surtout à leur procurer quelque bétail, tels que vaches, moutons, etc.

Le jour suivant nous fîmes voile, après avoir salué la colonie de cinq coups de canon.

Le troisième jour après avoir mis à la voile, la mer étant calme et le courant allant avec force vers l'est-nord-est, nous fûmes un peu entraînés hors de notre cours, et nos gens crièrent jusqu'à trois fois : Terre du côté de l'est! sans qu'il nous fût possible de savoir si c'était le continent ou une île. Vers le soir nous vîmes la mer, du côté de la terre, toute couverte de quelque chose de noir, que nous ne pûmes distinguer : mais notre contre-maître étant monté sur le grand mât avec une lunette d'approche, se mit à crier que c'était toute une armée. Je ne savais ce qu'il voulait dire avec son armée, et je le traitai d'extravagant. — Ne vous fâchez pas, Monsieur, dit-il, c'est une armée navale de plus de mille canots, et je les vois distinctement venir droit à nous.

Je fus un peu surpris de cette nouvelle, ainsi que mon neveu le capitaine, qui avait entendu raconter dans l'île de si terribles choses de ces sauvages, et qui n'étant jamais allé dans ces mers, ne savait qu'en penser. Il s'écria deux ou trois fois qu'il fallait nous attendre à être dévorés. J'avoue que voyant la mer calme et le courant qui nous portait vers le rivage, je n'étais pas sans frayeur. Je l'encourageai pourtant, en lui conseillant de laisser tomber l'ancre aussitôt qu'on verrait qu'il serait inévitable d'en venir aux mains avec ces barbares.

Le calme continuant et cette flotte étant fort près de nous, je commandai qu'on jetât l'ancre, et qu'on ferlât les voiles. Afin d'empêcher qu'ils ne missent le feu au vaisseau, je fis remplir les deux chaloupes d'hommes bien armés, et les fis bien placer l'une à la poupe, et l'autre à la proue. Je leur fis prendre un bon nombre de seaux, pour éteindre le feu que les sauvages pourraient s'efforcer de mettre au-dehors du navire.

Nous attendîmes les ennemis dans cette position, et bientôt nous les vîmes de près : je ne crois pas que jamais un plus terrible spectacle se soit offert aux yeux d'un Européen. Le contre-maître s'était prodigieusement trompé dans son calcul : au lieu de mille canots, il n'y en avait que cent vingt-six, mais ils étaient tellement chargés, que plusieurs contenaient dix-sept personnes; les plus petits étaient montés de sept hommes.

Ils s'avançaient hardiment et paraissaient avoir le projet d'environner le vaisseau; nous ordonnâmes à nos chaloupes de ne pas permettre qu'ils nous approchassent de trop près.

Cet ordre nous engagea, contre notre intention, dans un combat avec les sauvages. Cinq ou six de leurs canots approchèrent tellement de la plus grande de nos chaloupes, que nos gens leur firent signe de la main de se retirer; ils le comprirent fort bien, mais en se retirant ils lancèrent une cinquantaine de javelots, et blessèrent dangereusement un de nos hommes. Je criai à nos gens de ne point faire feu, et je leur fis jeter des planches pour se mettre à couvert contre les flèches, en cas qu'ils vinssent à tirer de nouveau.

Environ une demi-heure après ils avancèrent du côté de la poupe, et ils approchèrent assez pour que je visse sans peine que c'étaient de mes anciens ennemis. Un moment après ils s'éloignèrent de nouveau, jusqu'à ce qu'ils fussent tous réunis, et alors ils firent force de rames pour venir sur nous. Ils approchèrent si près qu'ils pouvaient nous entendre parler : je commandai à tout l'équipage de se tenir en repos, jusqu'à ce qu'ils tirassent leurs flèches une seconde fois, et qu'on tînt le canon tout prêt.

En même temps j'ordonnai à Vendredi de se mettre sur le tillac, et de leur demander quel était leur dessein ; immédiatement après Vendredi s'écria qu'ils allaient tirer, et ils firent voler en effet dans le vaisseau plus de trois cents flèches dont personne ne fut blessé, si ce n'est mon fidèle sauvage lui-même, qui eut à mes yeux le corps percé de trois blessures mortelles.

La vive douleur que j'éprouvai en voyant tomber ce compagnon dévoué de tous mes travaux m'inspira un violent désir de vengeance. Voyant la grêle de flèches qu'ils lançaient sur nous sans raison, et la mort du pauvre Vendredi, qui méritait si bien mon estime et toute ma tendresse, je crus être en droit, devant Dieu et devant les hommes, de repousser la force par la force.

J'ordonnai qu'on chargeât cinq canons à cartouches, et quatre à boulets, et nous leur envoyâmes une telle bordée que le souvenir doit en être resté parmi ces nations.

Ces sauvages féroces n'étaient éloignés de nous que de la moitié de la longueur d'un câble, et nos canonniers pointèrent si juste, que quatre de leurs canots furent renversés, selon toutes les apparences, d'un seul et même coup de canon.

Notre bordée fit une exécution terrible : je ne saurais dire précisément combien nous en tuâmes, mais il est certain que jamais il n'y eut dans une multitude de gens une pareille frayeur et une consternation semblable. Treize ou quatorze de leurs canots, tant brisés que renversés, furent coulés à fond ; une partie de ceux qui les montaient furent tués, et les autres s'efforçaient de se sauver à la nage ; le reste ne songeait qu'à s'éloigner, sans se mettre en peine de leurs camarades.

Leur fuite fut si précipitée, qu'en trois heures ils furent hors de notre vue, excepté trois ou quatre canots qui faisaient eau, selon toute apparence, et qui ne pouvaient suivre le gros de la flotte avec la même rapidité. Nous n'en prîmes qu'un seul qui nageait encore une heure après le combat.

Notre prisonnier était tellement étourdi de son malheur, qu'il ne voulait ni parler ni manger, et nous crûmes tous qu'il avait l'intention de se laisser mourir de faim. Je trouvai pourtant le moyen de lui rendre la parole : on feignit de le jeter à la mer, puis on l'y jeta effectivement, et on s'éloigna de lui. Il suivit la chaloupe à la nage, et y étant rentré, il devint plus traitable et se mit à parler un langage dont personne de nous ne pouvait entendre un seul mot.

Un vent frais s'étant élevé, nous remîmes à la voile. Tout le monde était charmé de s'être tiré de cette affaire, excepté moi qui étais au désespoir de la perte du pauvre Vendredi.

Notre prisonnier commençait à comprendre quelques mots anglais, et à s'apprivoiser avec nous. Nous lui demandâmes de quel pays il était venu avec ses compagnons ; mais il nous fut impossible d'entendre un mot de sa réponse. Il tirait sa voix du gosier d'une manière si creuse et si étrange, qu'il ne paraissait pas seulement former des sons articulés. Nous ne pûmes pas remarquer qu'il se servît des dents, des lèvres, de la langue, ni du palais : ses paroles ressemblaient aux différents sons qui sortent d'un cor de chasse. Lorsqu'enfin il sut quelques mots d'anglais, il nous fit entendre que la flotte qui nous avait attaqués était destinée par leurs rois à donner une grande bataille. Nous lui demandâmes combien de rois ils avaient. Il dit qu'ils étaient cinq nations, qu'ils avaient cinq rois, et que leur dessein était d'aller combattre deux nations ennemies. Nous lui demandâmes encore par quelle raison ils s'étaient approchés de nous. Il répondit que leur intention n'avait été d'abord que de contempler notre vaisseau. Tout fut exprimé dans un langage plus incorrect encore que ne l'avait été celui de Vendredi, quand il commençait à s'énoncer en anglais.

Un dernier mot sur ce fidèle serviteur. Nous lui rendîmes les derniers honneurs avec toute la solennité possible ; nous assistâmes à l'office funèbre qui lui fut fait ; nous le mîmes dans un cercueil, et après l'avoir jeté à la mer, nous prîmes congé de lui par onze coups de canon.

Continuant notre voyage avec un bon vent, nous découvrîmes la terre, le douzième jour après cet événement, au cinquième degré de latitude méridionale : c'était la partie de toute l'Amérique qui s'avance le plus vers le nord-est. Nous fîmes cours vers le sud quart à l'est, en ne perdant point le rivage de vue pendant quatre jours, au bout desquels nous doublâmes vers le cap Saint-Augustin ; et trois jours après nous laissâmes tomber l'ancre dans la baie de Todos-los-Santos, lieu d'où était venue toute ma bonne et mauvaise fortune.

Jamais il n'y était arrivé de vaisseau qui eût moins d'affaires ; et cependant nous n'obtînmes qu'avec beaucoup de peine l'autorisation d'avoir la moindre correspondance avec les habitants du pays, ni mon associé qui jouissait dans ce pays d'une très grande considération, ni mes deux facteurs, ni le bruit de la manière miraculeuse dont j'avais été tiré de mon désert, ne me purent obtenir cette faveur. Mon associé, à la fin, se souvenant que j'avais donné autrefois cinq cents moidores au prieur du monastère des Augustins, et deux cents aux pauvres, pria ce religieux d'aller parler au gouverneur et de lui demander la permission d'aller à terre pour moi, le capitaine et huit hommes. On nous l'accorda, mais à condition que nous ne débarquerions aucune denrée, et que nous n'emmènerions personne avec nous sans une permission expresse.

Ils nous firent observer ces conditions avec tant de sévérité que j'eus toutes les peines du monde à débarquer trois balles de draps fins, d'étoffes et de toiles que j'avais apportées pour en faire présent à mon associé. C'était un homme très généreux et qui avait de nobles sentiments ; sans savoir que j'eusse le moindre dessein de lui faire un cadeau, il m'envoya du vin, du tabac, des confitures pour plus de trente moidores, et quelques médailles d'or. Mon présent n'était pas de moindre valeur que le sien et devait lui être très agréable ; j'y joignis la valeur de cent livres sterling en marchandises et le priai de faire dresser ma chaloupe afin de l'employer pour envoyer à ma colonie ce que je lui avais promis.

L'affaire se trouva faite en fort peu de jours, et quand ma barque fut équipée, je donnai au pilote de telles instructions pour reconnaître mon île, qu'il était absolument impossible qu'il la manquât ; aussi la trouva-t-il, comme je l'ai appris dans la suite.

Bientôt elle fut chargée de la cargaison que je destinais à mes gens : un de nos matelots, qui était allé à terre en même temps que moi dans l'île, s'offrit d'aller avec la chaloupe et de s'établir dans ma colonie, pourvu que j'ordonnasse par une lettre au gouverneur espagnol de lui donner des habits, du terrain, et les outils nécessaires pour commencer une plantation, genre d'industrie qu'il entendait fort bien, ayant été planteur autrefois et boucanier à Maryland. Je l'encourageai dans ce dessein, en lui accordant tout ce qu'il me demandait, et je lui fis présent du sauvage que nous avions pris dans la dernière rencontre, de plus, je chargeai le gouverneur espagnol de lui remettre une portion de tout ce qui lui était nécessaire, égale à celle qui avait été distribuée aux autres.

J'envoyai, ainsi que je l'avais promis, trois vaches à lait, cinq veaux, vingt-deux porcs et un cheval.

Toute cette cargaison arriva en bon état dans l'île, et l'on croira sans peine qu'elle y fut reçue avec plaisir par mes sujets, qui se trouvaient alors au nombre de soixante ou soixante-dix, sans compter les enfants, dont il y avait un grand nombre.

Au lieu d'abandonner ainsi pour toujours une île que j'avais voulu revoir malgré mon âge et les dangers du voyage, j'aurais pu m'assurer la propriété de ce pays en le soumettant à la Grande-Bretagne. J'aurais pu y transporter des canons, des munitions et des planteurs ; en faire une colonie florissante et m'y fixer moi-même ; expédier mon petit navire chargé de riz et prier mes correspondants de me le renvoyer avec tout ce qui pourrait être utile et agréable à la colonie. Mais j'étais seulement possédé du démon des aventures, qui me forçait à courir le monde, uniquement pour courir. Je ne songeai pas même à donner un nom à cette île où j'avais trouvé un asile contre la fureur des flots ; je négligeai d'établir un lien social entre elle et le reste du monde civilisé. Au lieu de consacrer ma fortune et le reste de ma vie à faire le bonheur des hommes qu'un puéril orgueil me faisait appeler mes sujets, je n'eus alors aucune idée des choses auxquelles était appelé par la Providence le fondateur de cet état naissant.

Nous trouvâmes dans la baie de Todos-los-Santos un navire en charge pour Lisbonne, et le jeune prêtre français me demanda la permission d'en profiter pour retourner en Europe ; j'y consentis malgré le plaisir que je trouvais dans le commerce de cet homme à la fois si pieux et si aimable.

Du Brésil nous allâmes par la mer Atlantique au cap de Bonne-Espérance ; nous eûmes des vents contraires et quelques tempêtes ; mais le temps de mes malheurs sur mer était fini : mes disgrâces futures devaient m'arriver sur terre.

Notre vaisseau étant uniquement destiné au commerce, nous avions à bord un subrécargue qui devait en régler tous les mouvements lorsque nous serions arrivés au cap de Bonne-Espérance. Tout avait été confié à ses soins : il n'était limité que dans le nombre de jours qu'il fallait rester dans chaque port. Ainsi je n'étais pour rien dans la marche du vaisseau. le subrécargue et mon neveu délibéraient entre eux sur ce qu'il y avait à faire.

Nous ne nous arrêtâmes au Cap que pour prendre de l'eau fraîche et les autres choses nécessaires, et nous nous hâtâmes pour arriver à la côte de Coromandel, parce que nous étions informés qu'un vaisseau de guerre français de cinquante canons et deux grands vaisseaux marchands avaient pris la route des Indes. Nous étions en guerre avec les Français ; nous craignions leur rencontre : heureusement il n'en fut rien.

Nous touchâmes d'abord à l'île de Madagascar. Le peuple qui l'habite est féroce et traître, armé d'arcs et de lances dont il se sert avec beaucoup d'adresse. Cependant nous y fûmes fort bien pendant quelque temps ; les habitants nous traitèrent avec civilité, et pour de légers cadeaux que nous leur fîmes, tels que des couteaux, des ciseaux, etc., il nous amenèrent onze jeunes bœufs gras et bons ; nous en destinâmes une partie à notre nourriture pendant notre séjour dans cette île, et nous salâmes le reste pour la provision du vaisseau.

Lorsque nous débarquions dans l'île, les habitants, qui s'y trouvent en grand nombre, se pressaient autour de nous, et d'une certaine distance ils nous regardaient avec attention. Etant traités par eux fort honnêtement, nous ne nous croyions pas en danger ; nous coupâmes seulement trois branches d'arbre que nous plantâmes en terre à quelques pas de nous, ce qui dans ce pays est une marque de paix et d'amitié ; les insulaires firent de même de leur côté, pour indiquer qu'ils acceptaient la paix. Après cette cérémonie il ne leur est pas permis de passer vos branches, et vous ne sauriez passer les leurs sans leur déclarer la guerre. De cette manière chacun est en sûreté derrière ses limites ; la place qui est entre deux sert de marché ; et de côté et d'autre on y trafique librement. En y allant il n'est pas permis de porter des armes, et les gens du pays même, avant d'avancer jusque-là, plantent leurs lances en terre ; mais si on rompt la convention en leur faisant quelque violence, ils s'élancent d'abord sur leurs armes, et cherchent à repousser la force par la force.

Un soir que nous étions venus à terre, les insulaires s'assemblèrent en plus grand nombre que de coutume ; mais tout se passa avec le bon accord ordinaire. Ils nous apportèrent différentes sortes de provisions qu'ils échangèrent contre quelques bagatelles ; et leurs femmes nous fournirent du lait et des racines, que nous reçûmes avec plaisir. Tout était si paisible que nous résolûmes de passer la nuit à terre dans une hutte que nous nous étions faite de quelques branches : je ne sais par quel pressentiment je n'étais pas si content que les autres d'y rester toute la nuit. Notre chaloupe était à l'ancre à un jet de pierre du rivage, avec deux hommes pour la garder ; j'en fis venir un pour couper quelques branches, afin de nous en couvrir dans la chaloupe ; ayant étendu la voile je me couchai dessus, abrité par cette verdure.

Vers deux heures du matin nous entendîmes les cris terribles d'un de nos marins qui nous priait de faire approcher la chaloupe, si nous ne voulions pas qu'ils fussent massacrés ; aussitôt j'entendis cinq coups de fusil qui furent répétés deux fois immédiatement après.

Ce tumulte m'ayant réveillé en sursaut, je fis avancer la chaloupe, et me voyant trois fusils sous la main, je pris la résolution d'aller à terre avec les deux matelots et de secourir nos gens.

Nous fûmes près du rivage en un instant ; aussitôt nos matelots, poursuivis par trois ou quatre cents de ces barbares, se jetèrent à la nage pour venir à nous. Ils n'étaient que neuf et n'avaient que cinq fusils ; il est vrai que les autres étaient armés de pistolets et de sabres ; mais ces armes leur avaient été de peu d'usage.

Nous en sauvâmes sept avec bien de la peine, parmi lesquels il y en avait trois grièvement blessés. Pendant que nous étions occupés à les faire entrer dans la chaloupe, nous nous trouvâmes aussi exposés qu'eux, car les barbares nous jetèrent une grêle de dards, et nous fûmes obligés de barricader ce côté avec nos bancs et quelques planches qui étaient là par hasard.

Si l'affaire fût arrivée en plein jour, ces sauvages visent si juste qu'ils nous eussent percés de leurs flèches. La lumière de la lune ne nous les laissait voir que peu distinctement, pendant qu'ils faisaient voler une quantité de dards vers notre barque. Nous fîmes feu sur eux, et leurs cris nous donnèrent assez à entendre que nous en avions blessé plusieurs ; ce qui ne les empêcha pas de rester sur le rivage en ordre de bataille jusqu'au matin, espérant sans doute avoir meilleur marché de nous dès qu'ils pourraient nous voir.

Nous fûmes forcés de rester dans cet état, sans savoir comment faire pour lever l'ancre et mettre à la voile, ne pouvant y réussir sans nous tenir debout, ce qui leur eût donné plus de facilité pour nous tuer. Tout ce que nous pûmes faire, ce fut d'indiquer au vaisseau, par des signaux, que nous étions en danger ; et quoiqu'il fût à une lieue de là, mon neveu, entendant nos coups de fusil, et voyant par sa lunette que nous faisions feu du côté du rivage, comprit d'abord toute l'affaire, et leva l'ancre au plus vite. Il vint aussi près de nous qu'il fut possible, et nous envoya l'autre chaloupe avec dix hommes ; mais nous leur criâmes de ne pas approcher, en leur apprenant notre situation. Alors un des matelots prenant le bout d'une corde, nageant entre les deux chaloupes, de manière qu'il était difficile aux sauvages de l'apercevoir, alla à bord de ceux qui étaient envoyés pour nous tirer de ce danger. Nous coupâmes alors notre petit câble, et, laissant l'ancre, nous fûmes remorqués par l'autre chaloupe, jusqu'à ce que nous nous vîmes hors de la portée des flèches. Pendant tout ce temps nous nous étions tenus cachés derrière notre barricade.

Dès que nous ne fûmes plus entre le vaisseau et le rivage, le capitaine ayant fait charger plusieurs canons à cartouches, envoya une bordée terrible aux barbares, et le carnage fut horrible.

Revenus à bord, et hors de danger, nous examinâmes la cause de cette émeute des sauvages. Notre subrécargue, qui était allé souvent à Madagascar, nous assura qu'il fallait absolument qu'on eût irrité les habitants, car ils ne nous auraient jamais attaqués après nous avoir reçus comme amis. Tout fut à la fin découvert, et nous apprîmes qu'un de nos matelots avait enfreint le traité et dépassé la limite pour insulter les barbares. Cependant un des nôtres avait été tué d'un coup de javelot en sortant de la hutte. Tous les autres s'étaient tirés d'affaire, excepté celui qui avait été la cause de ce malheur. Nous fûmes assez longtemps à savoir ce qu'il était devenu ; pendant deux jours nous longeâmes le rivage avec la chaloupe, quoique le vent nous exhortât à partir, et nous fîmes toutes sortes de signaux pour lui apprendre que nous l'attendions, mais inutilement. Nous le crûmes perdu.

Je ne pus cependant me résoudre à partir sans hasarder d'aller une seconde fois à terre, pour voir si je pouvais découvrir ce malheureux. Je résolus de débarquer pendant la nuit, de peur d'essuyer une seconde attaque des noirs. Mais je fus fort imprudent en me hasardant de mener avec moi une troupe de marins féroces, sans m'en être fait donner le commandement, ce qui m'engagea malgré moi dans une entreprise aussi malheureuse que criminelle.

Nous choisîmes, le subrécargue et moi, vingt des plus déterminés de l'équipage, et nous débarquâmes dans le même endroit où les Indiens s'étaient assemblés quand ils nous avaient attaqués avec tant de fureur. Mon dessein était de voir s'ils avaient quitté le champ de bataille et d'en surprendre quelques-uns pour les échanger contre le matelot égaré, s'il existait encore.

Arrivés à terre, sans bruit, à dix heures du soir, nous partageâmes notre troupe en deux pelotons, dont je commandai l'un et le bosseman l'autre. Nous ne vîmes ni n'entendîmes personne d'abord, et nous nous avançâmes, en laissant quelque distance entre nos deux petits corps, vers l'endroit où l'action s'était passée; nous ne découvrîmes rien, à cause des ténèbres; mais quelques moments après, notre bosseman tomba, ayant donné du pied contre un cadavre. Il fit halte jusqu'à ce que je l'eusse joint, et nous résolûmes de nous arrêter, en attendant le lever de la lune, qui devait paraître en moins d'une heure. Nous découvrîmes alors distinctement le carnage que nous avions fait parmi les Indiens : nous en vîmes trente-deux à terre, parmi lesquels il y en avait deux qui respiraient encore.

J'étais d'avis de retourner à bord; mais le bosseman me fit dire qu'il était résolu, avec les siens, d'aller rendre une visite à la ville où les Indiens demeuraient, et me fit prier de l'y accompagner, ne doutant point que nous n'y pussions faire un butin considérable, et avoir des nouvelles de Thomas Jeffery (c'était le nom du matelot que nous avions perdu).

S'ils m'avaient demandé la permission de tenter cette entreprise, je leur aurais positivement ordonné de se rembarquer à l'instant; mais ils se contentèrent de me faire savoir leur intention, et de me prier d'être de la partie. Quoique je sentisse combien un tel dessein, où l'on pouvait perdre beaucoup de monde, serait peut-être préjudiciable à un vaisseau dont l'unique but était d'aller faire des affaires de négoce, je n'avais pas l'autorité nécessaire pour détourner le coup, je refusai de les accompagner, et priai ceux qui me suivaient de rentrer dans la chaloupe. Deux ou trois de ces derniers commencèrent à murmurer, et à dire qu'ils voulaient y aller malgré moi, que je n'avais aucun commandement sur eux. — Jean, s'écria l'un, veux-tu y venir? pour moi j'y vais. Jean y consentit, il fut suivi d'un autre et de plusieurs, et ils m'abandonnèrent tous, excepté un seul que je priai instamment de rester et qui voulut bien y consentir. Le subrécargue et moi nous retournâmes vers la chaloupe, où il n'y avait qu'un mousse. Je leur représentai encore combien leur entreprise était criminelle, et qu'ils pourraient avoir le sort de Jeffery Ils me répondirent qu'ils agiraient prudemment; qu'ils étaient d'ailleurs certains de réussir, et qu'ils seraient de retour dans moins d'une heure. La ville des Indiens n'était, disaient-ils, qu'à un demi-mille du rivage; mais ils se trompaient de plus de deux milles.

Ils prirent d'ailleurs toutes les précautions possibles. Ils étaient tous parfaitement armés; car outre leur fusil, ils avaient chacun un pistolet et une baïonnette; quelques-uns avaient des sabres; le bosseman et deux autres avaient des haches d'armes. Ils étaient tous pourvus de treize grenades : jamais hommes plus hardis et mieux armés n'entreprirent un dessein plus abominable et plus extravagant.

Ils partirent animés par le désir du butin, mais une circonstance imprévue les remplit de l'esprit de vengeance. Arrivés à un petit nombre de maisons indiennes qu'ils avaient prises pour la ville même, ils se virent fort éloignés de leur compte, puisqu'il n'y avait là que treize huttes. Ils délibérèrent longtemps pour savoir s'ils attaqueraient ce hameau, et s'ils en égorgeraient tous les habitants, sans en laisser un seul qui pût aller donner l'alarme à la ville.

Ils se déterminèrent enfin à épargner ce hameau, voulant pénétrer jusqu'à la ville, pour exercer leur vengeance et satisfaire leur avarice sur un plus grand théâtre. Après avoir marché quelque temps ils trouvèrent une vache attachée à un arbre, et ils résolurent de s'en faire un guide. Voici quel fut leur raisonnement : la vache appartient au hameau ou à la ville ; une fois déliée, elle cherchera sans doute son étable ; si elle va en avant, nous n'avons qu'à la suivre, elle nous mènera où nous devons aller. Ils coupèrent la corde; la vache marcha devant eux, et par ce singulier stratagème ils arrivèrent à la ville, composée de deux cents cabanes, dont quelques-unes contenaient plusieurs familles.

Il y régnait le plus profond silence : tous les habitants dormaient tranquillement, comme dans un lieu qui n'est point susceptible d'être attaqué. Ils tinrent alors un nouveau conseil de guerre et résolurent de se partager en trois corps, de mettre le feu à trois maisons, dans trois différentes parties du bourg, de saisir et de garrotter les habitants à mesure qu'ils sortiraient de leurs maisons embrasées. Ils commencèrent à visiter toute la ville, sans faire le moindre bruit, afin d'en examiner l'étendue et de juger si leur dessein était praticable.

Tandis qu'ils s'animaient les uns les autres, ceux qui s'étaient le plus avancé crièrent qu'ils avaient trouvé Thomas Jeffery, ce qui les fit courir tous de ce côté. Ils trouvèrent effectivement ce malheureux, à qui on avait coupé la gorge, nu et pendu par un bras à un arbre. La vue de leur camarade égorgé leur inspira une telle fureur qu'ils jurèrent de le venger, et de ne faire quartier à aucun Indien qui tomberait entre leurs mains : aussitôt ils se mirent à l'œuvre. Les maisons étaient basses et couvertes de chaume ; ils y mirent le feu, et en moins d'un quart d'heure toute la ville brûlait ; ils commencèrent par une cabane dont les habitants s'étaient éveillés depuis leur arrivée. Dès que le feu commença, ces malheureux, effrayés, cherchèrent la porte pour se sauver, mais ils y rencontrèrent un danger qui n'était pas moindre : le bosseman en tua deux avec sa hache d'armes. La hutte étant fort grande et remplie de monde, il ne voulut pas y entrer pour en achever le massacre; mais il y jeta une grenade qui en tua et blessa plusieurs ; d'autres furent massacrés à coups de baïonnettes; nos gens forcèrent le reste à demeurer dans la maison en proie aux flammes, jusqu'à ce que le toit leur fût tombé sur la tête.

Pendant cette exécution, ils ne tirèrent pas un coup de fusil, ne voulant éveiller le peuple qu'à mesure qu'ils étaient en état de l'exterminer; mais le feu fit sortir les Indiens de leur sommeil, ce qui força les assaillants à se tenir réunis. L'incendie ne trouvant que des matières extrêmement combustibles, se répandit en un instant par toute la ville et rendit les rues presque impraticables. Il leur fallut pourtant suivre le feu pour exécuter leur affreux dessein avec plus de sûreté ; et dès que la flamme faisait sortir les habitants hors de leurs maisons, ils étaient assommés par ces furieux, qui, pour entretenir leur rage, ne cessaient de crier les uns aux autres de se souvenir du *pauvre Jeffery.*

Pendant ce temps j'étais dans de grandes inquiétudes, particulièrement quand j'aperçus l'incendie que l'obscurité de la nuit me faisait paraître comme s'il n'était qu'à quelques pas de moi.

Mon neveu voyant ces flammes, en fut dans une grande surprise; il n'en pouvait deviner la cause, et il craignit que je ne fusse dans quelque grand danger aussi bien que le subrécargue. Mille pensées lui roulaient dans l'esprit, et quoiqu'il ne pût guère tirer plus de monde du vaisseau, il se jeta dans l'autre chaloupe et vint lui-même à notre secours avec treize hommes.

Il fut fort étonné de me trouver avec le subrécargue dans la chaloupe, accompagné d'un matelot et du mousse. Quoique fort aise de nous voir sains et saufs, il était très impatient d'avoir des nouvelles des autres. La flamme augmentait de moment à autre; les fréquents coups de fusil que nous entendions nous causaient de vives inquiétudes.

Le capitaine dit qu'il voulait donner du secours aux siens, quelque chose qui pût arriver. Je tâchai de l'en détourner par les mêmes raisons que j'avais employées contre les autres; je lui offris d'aller avec les deux hommes qui m'étaient restés, pour découvrir quelle pouvait être la cause de cet incendie, et ce que nos gens étaient devenus.

Mais mon neveu était aussi peu capable d'entendre raison que tout le reste. Il voulait partir, et il était fâché d'avoir laissé plus de dix matelots dans le vaisseau. Il n'était pas, disait-il, homme à laisser périr ses gens faute de secours; et il résolut de leur en donner quand il devrait perdre le vaisseau, et même la vie.

Bien loin de persuader au capitaine de rester, je fus obligé de le suivre. Il ordonna à deux hommes de retourner à bord et d'y prendre encore douze de leurs camarades, dont six devaient garder les chaloupes pendant que les six autres marchaient vers la ville. Il ne resta que seize hommes dans le vaisseau.

Guidés par le feu, nous allâmes droit vers la ville. Si les coups de fusil nous avaient étonnés de loin, nous fûmes remplis d'horreur quand nous fûmes près de là, par les cris des malheureux habitants.

Je n'avais jamais été présent au sac d'une ville; j'avais bien entendu parler de Drogheda en Irlande, où Cromwell avait fait massacrer tout le peuple, hommes, femmes et enfants. J'avais lu la description de la prise de Magdebourg par le comte de Tilly, et du massacre de plus de vingt-deux mille personnes de tout sexe et de tout âge; mais je n'avais jamais vu rien de pareil, et il m'est impossible d'en donner une idée, ni d'exprimer la terrible impression que cette scène horrible fit sur mon esprit.

Parvenus jusqu'à la ville, nous ne vîmes aucun moyen d'entrer dans les rues, nous fûmes donc obligés de la côtoyer, et les premiers objets qui s'offrirent à nos yeux furent les cendres d'une cabane où nous vîmes à la lumière du feu les cadavres de quatre hommes et de trois femmes; nous crûmes en découvrir quelques autres au milieu des flammes.

Nous vîmes trois femmes poussant les cris les plus affreux, s'enfuir de notre côté, comme si elles eussent eu des ailes : seize ou dix-sept hommes du pays les suivaient, poursuivis par quatre de nos féroces matelots qui, ne pouvant les atteindre, firent feu sur eux et en renversèrent un tout près de nous. Quand les pauvres fuyards nous découvrirent, ils nous prirent pour un autre corps de leurs ennemis, et firent des hurlements épouvantables, persuadés que nous allions les massacrer. Cet affreux spectacle me remplit d'horreur, et je crois que si nos matelots étaient venus jusqu'à nous, j'aurais tiré sur eux. Nous nous mîmes un peu à l'écart pour faire comprendre aux pauvres Indiens qu'ils n'avaient rien à craindre de nous. Ils s'approchèrent, se jetèrent à nos pieds, et semblaient nous demander, par les cris les plus lamentables, que nous leur fissions grâce de la vie.

Nous leur fîmes comprendre que c'était notre dessein : calmés par cette promesse, ils se mirent tous en peloton derrière un retranchement. J'ordonnai à mes gens de se tenir réunis, et de n'attaquer personne, mais de tâcher de saisir quelques Anglais, pour savoir quelle intention dirigeait leur fureur. Je leur dis que s'ils rencontraient leurs camarades engagés, ils s'efforçassent de les faire retirer, en leur assurant que s'ils restaient là jusqu'au jour, ils se verraient environnés de cent mille Indiens. Je les quittai, et suivi seulement de deux hommes, je me mêlai aux fuyards que nous avions sauvés. Quel spectacle affreux! quelques-uns avaient les pieds grillés à force de courir à travers le feu ; une des femmes, étant tombée dans les flammes, avait le corps à moitié rôti ; trois hommes avaient plusieurs coups de sabre sur le dos et sur les cuisses; un quatrième, percé d'un coup de fusil, mourut à mes yeux.

Cette horrible entreprise m'effraya tellement que je résolus de retourner vers nos gens, de pénétrer dans la ville à travers les flammes, pour mettre fin à cette boucherie, à quelque prix que ce fût.

Au moment où je communiquais ma résolution aux miens, nous vîmes quatre de nos Anglais, avec le bosseman à leur tête, courir comme des furieux par-dessus les corps de ceux qu'ils avaient tués. Ils étaient couverts de sang et de poussière. nous leur criâmes de venir à nous, ce qu'ils firent aussitôt.

Dès que le bosseman nous aperçut, il poussa un cri de triomphe, charmé de voir arriver du secours.

— Ah! mon brave capitaine, s'écria-t-il, je suis ravi de vous voir, nous n'avons pas encore à moitié fait avec ces maudits Indiens ; j'en tuerai autant que le pauvre Jeffery avait de cheveux. Nous avions juré de ne pas en épargner un seul, et d'exterminer cette exécrable nation.

En prononçant ces mots il se remit à courir tout échauffé et hors d'haleine.

— Arrête, barbare! lui dis-je : je te défends de toucher à un seul de ces malheureux ; si tu ne t'arrêtes à l'instant, tu es mort.

— Comment donc, Monsieur! répondit-il ; savez-vous ce qu'ils ont fait? Si vous voulez voir la raison de notre conduite, vous n'avez qu'à vous approcher. Alors il nous montra le cadavre du malheureux Jeffery pendu à un arbre.

Ce triste objet inspira aussitôt à mon neveu et à ceux qui le suivaient une rage aussi difficile à calmer que celle du bosseman et de ses camarades. Mon neveu me dit qu'il craignait seulement que les siens ne fussent pas les plus forts, et qu'au reste il croyait qu'il ne fallait pas faire quartier à un seul de ces Indiens, qui tous avaient trempé dans un meurtre si abominable. Aussitôt huit des derniers venus volèrent sur les pas du bosseman pour mettre la dernière main à ce cruel attentat; et moi-même, voyant devenir inutile tout ce que je faisais pour les modérer, je m'en revins triste et pensif, ne pouvant plus soutenir la vue des infortunés qui tombaient entre les mains de nos barbares matelots.

Je n'étais accompagné que du subrécargue et de deux autres hommes, et j'avoue qu'il y avait de l'imprudence à retourner vers nos chaloupes en si petit nombre. Le jour approchait, et l'alarme qui s'était répandue par tout le pays avait rassemblé près du petit hameau une quarantaine d'Indiens armés de lances, d'arcs et de flèches : heureusement j'évitai cet endroit en allant droit au rivage; quand nous y arrivâmes, il était grand jour. Nous nous mîmes aussitôt dans la pinasse, et après être revenus à bord, nous la renvoyâmes, pour que nos gens pussent s'en servir afin de se sauver.

Je vis alors que le feu commençait à s'éteindre et que le bruit cessait, mais une demi-heure après j'entendis une salve de mousqueterie : les nôtres l'avaient faite sur les Indiens qui s'étaient attroupés près du petit hameau. Ils en tuèrent seize ou dix-sept et mirent le feu à leurs cabanes, mais ils épargnèrent les femmes et les enfants. Lorsque nos gens s'approchèrent du rivage avec la pinasse, ceux qui venaient de faire cette affreuse expédition commençaient à paraître sans aucun ordre, répandus çà et là, dans une telle confusion, qu'ils auraient pu être facilement défaits par un très petit nombre d'hommes déterminés.

Heureusement pour eux ils avaient jeté la terreur dans tout le pays, et les Indiens étaient tellement effrayés par une attaque si peu attendue, qu'une centaine de leurs braves n'auraient pas attendu de pied ferme six de nos matelots · aussi dans toute l'action il n'y en eut pas un seul qui se défendit. Ils étaient tellement étonnés du feu d'une part, et de l'attaque de nos gens de l'autre, que dans l'obscurité de la nuit ils ne savaient de quel côté se tourner, la mort se présentant partout à eux. Dans toute cette affaire aucun de nos Anglais ne reçut le moindre mal.

excepté deux, dont l'un s'était brûlé la main, et dont l'autre s'était donné une entorse au pied.

J'étais fort en colère contre tout l'équipage, mais surtout contre mon neveu, qui avait non-seulement négligé son devoir en hasardant le succès de tout le voyage, mais en animant la fureur des siens plutôt que de la calmer. Il répondit à mes reproches avec beaucoup de respect, en disant que la vue de Jeffery, égorgé d'une manière si cruelle, l'avait transporté d'une fureur dont il n'avait pas été le maître ; qu'il n'aurait pas dû s'y laisser entraîner en qualité de commandant du vaisseau, mais que comme homme il avait été incapable de raisonner dans cette occasion. Pour les matelots, comme ils n'étaient pas soumis à mes ordres, ils s'inquiétaient fort peu que leur expédition me déplût ou non.

Le lendemain nous remîmes à la voile : nous étions destinés pour le golfe Persique, et de là pour la côte de Coromandel ; nous n'avions le projet d'aller à Surate qu'en passant. Le principal dessein du subrécargue regardait la baie de Bengale, et s'il ne trouvait pas occasion d'y faire ses affaires, il devait aller à la Chine et revenir ensuite au Bengale.

Le premier désastre qui nous arriva fut dans le golfe de Perse, où cinq de nos gens étant allés à terre sur la côte d'Arabie, furent tués ou emmenés comme esclaves par les naturels du pays. Leurs compagnons ne furent point en état de les délivrer, ayant assez à faire eux-mêmes pour se sauver dans la chaloupe. Je leur dis que je regardais ce malheur comme une punition méritée du massacre de Madagascar, expression dont je me servais toujours, quelque choquante qu'elle fût pour l'équipage.

Les sermons fréquents que je leur faisais sur ce sujet eurent pour moi de plus fâcheuses suites que je n'aurais cru. Le bosseman, qui avait été le chef de cette entreprise, m'étant venu trouver un jour, me dit d'un ton fort résolu que j'avais grand tort de remettre toujours cette affaire sur le tapis, et de m'étendre sur des reproches mal fondés et injurieux, que l'équipage en était fort mécontent, et lui surtout, que j'avais le plus en vue ; qu'étant seulement passager, sans aucun commandement dans le vaisseau, je ne devais pas m'imaginer que j'eusse le moindre droit de les insulter, comme je le faisais continuellement.

Je répondis que dans mes reproches je n'avais pas plus appuyé sur lui que sur un autre ; qu'il était vrai que je n'avais aucun commandement dans le vaisseau, et que je n'avais jamais prétendu y exercer la moindre autorité ; que j'avais seulement dit mon opinion avec franchise sur des choses qui nous concernaient tous également ; mais qu'ayant une part considérable dans la charge du navire, j'avais droit de parler avec encore plus de liberté que je ne me l'étais permis jusqu'alors, sans être obligé de rendre compte de ma conduite ni à lui, ni à qui que ce fût. Je lui tins ce discours avec fermeté, et comme il ne répliqua rien, je crus que c'était fini.

Nous étions alors dans un port du Bengale, et voulant voir le pays, je m'étais fait mettre à terre quelques jours après notre arrivée, avec le subrécargue, pour nous divertir pendant quelques heures. Vers le soir, comme je me préparais à retourner à bord, un de nos marins vint me dire de ne pas aller jusqu'au rivage, parce que ceux de la chaloupe avaient ordre de ne me point ramener. Frappé de ce compliment insolent comme d'un coup de foudre, j'allai trouver le subrécargue, et lui racontai le fait; je dis que je prévoyais quelque mutinerie dans le vaisseau, et je le priai de s'y transporter dans une barque pour informer le capitaine de ce qui m'arrivait. J'aurais pu m'épargner cette peine, car l'affaire était déjà faite à bord du navire. Le bosseman, le canonnier, le charpentier, en un mot tous les officiers subalternes, dès qu'ils m'avaient vu dans la chaloupe, étaient montés sur le tillac, et avaient demandé à parler au capitaine. Après avoir répété toute la conversation que nous avions eue ensemble, le bosseman dit au capitaine qu'ils étaient bien aises que j'eusse pris de mon propre mouvement le parti de m'en aller, puisqu'autrement ils m'y auraient obligé; qu'ils s'étaient engagés à servir dans le vaisseau sous son commandement, et qu'ils étaient dans l'intention de continuer à le faire avec la plus exacte fidélité; mais que si je ne voulais quitter le vaisseau de bon gré, et qu'il ne voulût pas m'y forcer, ils abandonneraient tous le vaisseau. En prononçant ce dernier mot, il se tourna du côté du grand mât où étaient assemblés les matelots, qui se mirent aussitôt à crier d'une seule voix: Oui, tous, tous.

Mon neveu était un homme de courage et d'une grande présence d'esprit. Quoiqu'il fût très surpris d'un discours si peu attendu, il répondit avec calme qu'il prendrait l'affaire en considération, mais qu'il ne pouvait rien résoudre avant de m'avoir parlé.

Il se servit alors de plusieurs raisonnements pour leur faire voir l'injustice de leur proposition, mais en vain, ils se donnèrent la main en sa présence, et jurèrent qu'ils iraient tous à terre, à moins qu'il ne leur promit positivement qu'il ne souffrirait pas que je remisse le pied dans le vaisseau.

Cette résolution était affligeante pour lui, qui m'avait de si grandes obligations, et qui ne savait comment je prendrais cette affaire; il crut pouvoir détourner le coup d'une autre manière; et le prenant sur un ton fort haut, il leur dit avec beaucoup de fermeté que j'étais un des principaux intéressés dans le vaisseau, et qu'il était ridicule de vouloir me chasser pour ainsi dire de ma propre maison; que s'ils quittaient le navire ils paieraient cher cette désertion, en cas qu'ils fussent jamais assez hardis pour remettre le pied en Angleterre; que pour lui, il aimerait mieux risquer le fruit du voyage et perdre le vaisseau que de me faire un pareil affront, qu'ils n'avaient donc qu'à prendre le parti qu'ils jugeraient convenable. Il leur proposa ensuite d'aller lui-même à terre avec le bosseman pour voir de quelle manière on pourrait arranger ce différend.

Ils rejetèrent unanimement cette proposition, en disant qu'ils ne voulaient plus rien avoir de commun avec moi, ni à terre ni à bord du vaisseau, et que si j'y rentrais, ils étaient tous résolus de l'abandonner.

— Eh bien! lui répliqua le capitaine, si vous êtes tous dans cette intention, j'irai seul parler à mon oncle. Il le fit, et il vint justement à l'instant où l'on venait de m'apprendre la résolution qu'on avait prise à mon égard.

J'étais ravi de le voir, car j'avais craint qu'ils ne l'emprisonnassent et qu'ils ne partissent avec le navire, ce qui m'aurait forcé à demeurer seul, sans argent et dans une situation plus terrible que celle où je m'étais trouvé autrefois dans mon île.

Heureusement ils ne poussèrent pas leur insolence jusque-là; et lorsque mon neveu me raconta qu'ils avaient juré de s'en aller tous si je rentrais dans le vaisseau, je lui dis de ne point s'en embarrasser, et que j'étais résolu de rester à terre, qu'il eût soin seulement de me faire apporter mes effets et une bonne somme d'argent, et que je trouverais bien le moyen de revenir en Angleterre.

Quoique mon neveu fût au désespoir de me laisser là, il vit bien qu'il n'y avait pas d'autre parti à prendre. Il retourna donc à bord, et dit à ses gens que son oncle cédait à leur importunité. Ce discours calma l'orage, et l'équipage rentra dans le devoir; il n'y eut que moi d'embarrassé, ne sachant quel parti prendre.

Je me trouvais dans l'endroit le plus reculé du monde, éloigné de l'Angleterre de trois mille lieues de plus que quand j'étais dans mon île. Il est vrai que je pouvais revenir par terre, en passant par le pays du Grand-Mogol jusqu'à Surate; de là je pouvais me rendre par mer à Bassora dans le golfe Persique, d'où je pouvais aller avec les caravanes, par les déserts de l'Arabie, jusqu'à Alep et Sanderon; de là je passais en France par l'Italie: toutes ces courses, jointes à celles que j'avais faites, égalaient le diamètre entier du globe, et peut-être davantage.

Il y avait encore un autre parti à prendre, c'était d'attendre quelques vaisseaux anglais qui, venant d'Achem dans l'île de Sumatra, devaient passer au Bengale; mais comme j'étais venu là sans avoir rien à démêler avec la compagnie anglaise des Indes orientales, il m'aurait été difficile de sortir sans son consentement, qu'il m'était impossible d'obtenir, sinon par une grande faveur des capitaines de ses vaisseaux, ou des facteurs de la compagnie, et je n'avais pas la moindre relation ni avec les uns ni avec les autres.

Tandis que j'étais dans cet embarras, j'eus la douleur de voir partir le vaisseau sans moi; ce qui peut-être n'était jamais arrivé à un homme dans une situation comme la mienne, à moins que l'équipage ne se fût révolté, et n'eût mis à terre ceux qui ne voulaient pas consentir à son mauvais dessein.

Ce qui me consolait un peu, c'est que mon neveu m'avait laissé un domestique et un compagnon. Ce dernier était le commis du caissier du vaisseau, et l'autre était le valet du capitaine. Je pris un appartement chez une Anglaise où logeaient plusieurs autres marchands anglais, français et juifs italiens. J'y fus parfaitement bien traité, et j'y restai quelque temps pour considérer mûrement par quel moyen je pourrais revenir en Angleterre le plus commodément et avec le plus de sûreté.

J'avais des marchandises anglaises d'une assez grande valeur, et une somme assez considérable. Mon neveu m'avait laissé mille pièces de huit, et une lettre de crédit pour une somme beaucoup plus considérable ; de sorte que je ne courais pas le moindre risque de manquer d'argent.

Je me défis d'abord de mes marchandises très avantageusement ; et suivant l'intention que j'avais eue en commençant le voyage, j'achetai des diamants ; ce qui réduisit mon bien dans un petit volume, qui ne pouvait m'embarrasser pendant le voyage.

Après y être demeuré assez longtemps, sans goûter aucune des propositions qu'on m'avait faites touchant les moyens de retourner en Europe, un marchand anglais qui logeait dans la même maison, et avec qui j'avais lié une étroite amitié, vint un matin dans ma chambre. — Mon cher compatriote, me dit-il, je viens vous communiquer un projet qui me plaît fort, et qui pourra bien vous plaire aussi ; nous sommes placés, vous par accident, et moi par mon propre choix, dans un endroit du monde fort éloigné de notre patrie, mais dans un pays où il y a beaucoup à gagner pour des hommes comme vous et moi, qui entendons le commerce. Si vous voulez joindre mille livres sterling à mille autres que je fournirai, nous louerons ici le premier vaisseau qui nous conviendra : vous serez capitaine et moi marchand, et nous ferons le voyage de la Chine. Tout roule, tout s'agite dans le monde ; il n'y a de fainéants que parmi les hommes ; par quelle raison demeurerions-nous dans une lâche oisiveté ?

Je goûtai fort cette proposition, d'autant plus qu'elle me fut faite avec beaucoup de marques d'amitié et de franchise. L'incertitude de ma situation contribua beaucoup à m'engager dans le commerce, qui n'était pas naturellement l'élément qui me fût le plus propre : en récompense, le projet de voyager touchait la véritable corde de mes inclinations, et jamais une proposition d'aller voir une partie du monde qui m'était inconnue, ne pouvait m'être faite mal à propos.

Quelque temps s'écoula avant que nous pussions trouver un navire qui nous convînt, et quand nous l'eûmes trouvé, il nous fut très difficile d'avoir des matelots anglais autant qu'il nous en fallait pour diriger ceux du pays, que nous pouvions comprendre sans peine. Bientôt pourtant nous engageâmes un contre-maître, un bosseman et un canonnier, tous anglais, un charpentier hollandais et trois matelots portugais, qui suffisaient pour veiller sur nos mariniers indiens.

Nous allâmes d'abord à Achem, dans l'île de Samatra, puis à Siam, où nous échangeâmes quelques-unes de nos marchandises contre de l'opium ou de l'arack, sachant que la première de ces marchandises surtout est d'un grand prix à la Chine, particulièrement à cette époque, où ce vaste empire en manquait. Dans cette première course, nous allâmes jusqu'à Jurkan, nous fîmes un très bon voyage, qui nous prit neuf mois, et nous retournâmes au Bengale, très contents de ce coup d'essai.

Mes compatriotes sont fort surpris des fortunes prodigieuses que font dans ces pays-là les officiers de la compagnie, qui y gagnent en peu de temps soixante, soixante-dix, et quelquefois jusqu'à cent mille livres sterling. Mais la chose n'est pas surprenante pour ceux qui considèrent le grand nombre de ports où nous avons un libre commerce, où les habitants cherchent avec la plus grande ardeur tout ce qui vient des pays étrangers, et qui plus est, où l'on a la liberté d'acheter un si grand nombre de choses qu'on vend ailleurs en faisant un profit considérable.

Je gagnai beaucoup dans ce premier voyage; j'acquis des lumières pour faire de plus grands bénéfices, et si j'avais eu vingt années de moins, j'y serais resté avec plaisir, bien sûr d'y acquérir une immense fortune: mais j'étais plus que sexagénaire; je possédais assez de richesses, et j'étais sorti de ma patrie moins pour amasser des trésors que pour satisfaire un désir inquiet de courir le monde.

Mon associé avait des idées toutes différentes des miennes. Je ne le dis pas pour faire entendre que les siennes fussent les moins raisonnables; au contraire, je conviens qu'on doit généralement les trouver plus justes et mieux assorties aux vues d'un marchand, dont la sagesse consiste à s'attacher aux objets lucratifs. Cet honnête homme ne songeait qu'au solide, et il eût été content d'aller et de venir toujours par les mêmes chemins, et de loger dans le même gîte, pourvu qu'il y eût trouvé son compte, selon la phrase marchande. Dans le temps que mes délibérations ne faisaient que me rendre plus irrésolu, mon ami, qui cherchait toujours des occupations nouvelles, me proposa un autre voyage vers les îles d'où l'on tire les épiceries, afin d'y charger une cargaison entière de clous de girofle. Son intention était d'aller aux îles Manilles, où les Hollandais font le principal commerce, quoiqu'elles appartiennent en partie aux Espagnols.

Nous ne trouvâmes pas à propos cependant de pousser si loin, n'ayant pas grande envie de nous hasarder dans des endroits où les Hollandais ont un pouvoir absolu, comme à Java et à Ceylan. Tout ce qui retarda le plus notre course, c'était mon incertitude; mais dès que mon ami m'eut gagné, les préparatifs furent bientôt faits. Nous touchâmes à l'île de Bornéo et à plusieurs autres dont j'ai oublié le nom; et notre voyage, qui ne réussit pas moins bien que le premier, ne dura en tout que cinq mois.

Nous vendîmes nos épiceries, qui consistaient principalement en clous de girofle et en noix muscades, à des marchands de Perse ; nous gagnâmes cinq pour un, et par conséquent nous fîmes un profit extraordinaire.

Quand nous réglâmes nos comptes, mon ami me regardant en souriant : — Eh bien ! me dit-il, ceci ne vaut-il pas mieux que d'aller courir de côté et d'autre ? C'est ce dont je convins sans peine.

Peu de temps après notre retour, un vaisseau hollandais de deux cents tonneaux à peu près arriva au Bengale ; il était destiné à visiter les côtes, et non à passer d'Europe en Asie, et d'Asie en Europe. On nous débita que tout l'équipage était tombé malade, et le capitaine n'ayant pas assez de monde pour tenir la mer, le navire avait été forcé de relâcher au Bengale ; que le capitaine ayant assez gagné d'argent, avait envie de retourner en Europe, et voulait vendre son vaisseau.

Je sus cette affaire plus tôt que mon associé, et désirant faire cet achat, je courus au logis pour l'en informer. Il réfléchit pendant quelque temps, car il n'était nullement homme à précipiter ses résolutions. — Ce bâtiment est un peu trop gros, me dit-il ; mais cependant il faut que nous l'ayons.

Nous achetâmes le vaisseau, et nous nous décidâmes à en garder les matelots pour les joindre à ceux que nous avions déjà ; mais tout d'un coup ayant reçu chacun, non leurs gages, mais leur portion de l'argent qui avait été donné pour le navire, ils s'en allèrent. Nous ignorâmes pendant quelque temps ce qu'ils étaient devenus, et nous découvrîmes à la fin qu'ils avaient pris la route d'Agra, lieu de la résidence du Grand-Mogol ; que de là ils avaient dessein d'aller à Surate, afin de s'y embarquer pour le golfe Persique.

Rien ne m'avait si fort affligé depuis longtemps que de ne les avoir pas suivis ; une telle course dans une grande compagnie m'eût procuré en même temps et du divertissement et de la sûreté, et m'aurait rapproché de ma patrie. Mais ce chagrin se passa en peu de jours quand je sus quelle sorte de gens étaient ces Hollandais. L'homme qu'ils appelaient le capitaine n'était que le canonnier. Attaqués à terre par les Indiens, qui avaient tué le véritable commandant du vaisseau avec trois matelots, ces coquins, au nombre de onze, avaient pris la résolution de s'en aller avec le vaisseau ; ils le firent, après avoir laissé en effet à terre le contre-maître et cinq hommes.

Quoi qu'il en soit, nous crûmes avoir un bon droit à la possession du vaisseau, quoique nous sentissions bien que nous ne nous étions pas informés assez exactement du titre de propriété de ces malheureux, avant de conclure le marché. Si nous les avions questionnés comme il le fallait, ils se seraient coupés, selon toutes les apparences ; ils seraient tombés en contradiction les uns avec les autres, et peut-être chacun avec soi-même. Il est vrai qu'ils nous montrèrent un transport où était nommé un Emmanuel Clonsterhoven : je m'imagine que tout cela était supposé ; mais lorsque nous traitâmes, nous n'avions aucune raison de les soupçonner.

Nous voyant maîtres d'un aussi considérable bâtiment, nous engageâmes un plus grand nombre de matelots anglais et hollandais, et nous nous déterminâmes à un second voyage du côté du sud, vers les îles Philippines et Moluques, pour chercher des clous de girofle.

Je passai six ans dans ce pays à faire le négoce avec beaucoup de succès, et la dernière année je pris avec mon associé le parti d'aller sur notre vaisseau même faire un tour dans la Chine, après avoir acheté du riz dans le royaume de Siam.

Je ne vous raconterai point ce voyage, car il vous intéresserait peu ; je me bornerai à vous dire que j'arrivai à Londres, le 20 janvier 1705, dix ans et neuf mois après mon départ d'Angleterre.

L'amour des voyages n'est pas encore éteint en moi ; mais je suis enfin convaincu que le repos et une vie paisible peuvent seuls donner le bonheur ; le souvenir de mes infortunes et des scènes si variées dont j'ai été le témoin, ajoute au plaisir que j'éprouve en me voyant de retour dans ma patrie. Devenu sage à soixante-douze ans, il est temps que je me prépare à un voyage plus long que tous ceux que je viens de décrire, c'est-à-dire à une sainte mort.

FIN.

LIMOGES ET ISLE. — Typographies EUGENE ARDANT et C. THIBAUT.

www.ingramcontent.com/pod-product-compliance
Lightning Source LLC
Chambersburg PA
CBHW071901160426
43198CB00011B/1186